二级注册建造师继续教育教材

注册建造师执业法律案例解析

2019版

何佰洲　宿　辉　郑宪强　主编

中国财经出版传媒集团
中国财政经济出版社

图书在版编目（CIP）数据

注册建造师执业法律案例解析：2019 版/何佰洲，宿辉，郑宪强主编. —北京：中国财政经济出版社，2019.5
二级注册建造师继续教育教材
ISBN 978－7－5095－8822－2

Ⅰ.①注⋯　Ⅱ.①何⋯　②宿⋯　③郑⋯　Ⅲ.①建筑法－案例－中国－继续教育－教材　Ⅳ.①D922.297.5

中国版本图书馆 CIP 数据核字（2019）第 025827 号

责任编辑：张怡然　　　　　　　责任校对：胡永立
封面设计：北京诚智博天

中国财政经济出版社 出版

URL: http://www.cfeph.cn
E-mail: cfeph@cfeph.cn

（版权所有　翻印必究）

社址：北京市海淀区阜成路甲 28 号　邮政编码：100142
营销中心电话：010－88191537
北京富生印刷厂印刷　各地新华书店经销
787×1092 毫米　16 开　14.75 印张　346 000 字
2019 年 5 月第 1 版　2020 年 4 月北京第 3 次印刷
定价：46.00 元
ISBN 978－7－5095－8822－2
（图书出现印装问题，本社负责调换）
本社质量投诉电话：010－88190744
打击盗版举报热线：010－88191661　QQ：2242791300

审定委员会

主　任：刘　哲
副主任：朱和平　吴昌平　贾亚利　姚宽一　范　强
　　　　梁　军　陈英松　殷时奎　柴林奎　章雪儿
　　　　刘贺明　赵冬晓　李纯刚　张国印　杨存成
委　员：(按姓氏笔画排序)
　　　　王晓魁　王松波　古琳娜　冯　江　李振军
　　　　肖　星　时建明　罗宇萍　岳利强　赵泽生
　　　　梁　羽　戚　波　甄兰琼　解国风　熊士泊

编写委员会

主　编：缪长江
编　委：(按姓氏笔画排序)
　　　　王　莹　王晓峥　王海滨　王雪青　王清训
　　　　刘伊生　刘雪迎　孙继德　李启明　何孝贵
　　　　何佰洲　陆文华　张云富　杨卫东　杨　柳
　　　　杨秋波　庞南生　贺　铭　胡　慨　高尔新
　　　　高金华　唐江华　焦永达　潘名先

序

　　历经八载，2002年12月5日，人事部、建设部联合颁发了《建造师执业资格制度暂行规定》（人发〔2002〕111号），标志着我国建造师执业资格制度的创立。

　　注册建造师作为从事建设工程项目总承包和施工管理关键岗位的专业技术人员，需要懂管理、懂技术、懂经济、懂法规，既要有理论水平，还要有丰富的实践经验和较强的组织能力。为开阔注册建造师的视野，拓展注册建造师的知识面，进一步提升注册建造师的执业能力，进而提高建设工程项目的管理水平，根据《注册建造师管理规定》（建设部第153号令）《关于印发〈注册建造师继续教育管理暂行办法〉的通知》（建市〔2010〕192号）规定，注册建造师需要接受继续教育。通过继续教育学习，使注册建造师及时掌握与工程建设有关的法律法规、标准规范和政策，熟悉工程建设的新技术、新材料、新设备、新工艺以及建设工程项目管理新理论、新方法，以适应建设工程项目管理发展的需要。

　　为此，我们组织有关单位及行业专家编写了二级注册建造师继续教育教材，包括：《管理综合》《建筑工程》《公路工程》《机电工程》《市政公用工程》《水利水电工程》《矿业工程》和《注册建造师执业指南》《注册建造师施工成本管理案例解析》《注册建造师执业法律案例解析》《建造师执业资格制度释义及文件汇编》《注册建造师施工管理签章文件填表示范》（上、下册）《注册建造师法律法规及政策选编》等。

　　本系列教材既是二级注册建造师继续教育教材，也可作为工程建设领域项目管理及工程技术人员的参考用书。

编委会
2019年2月

编写说明

继续教育工作是我国注册建造师执业资格制度的重要组成部分。原建设部 153 号令《注册建造师管理规定》第二十三条规定："注册建造师在每一个注册有效期内应当达到国务院建设主管部门规定的继续教育要求。继续教育分为必修课和选修课，在每一注册有效期内各为 60 学时。经继续教育达到合格标准的，颁发继续教育合格证书"。注册建造师继续教育证书可作为申请逾期初始注册、延续注册、增项注册和重新注册的证明。

党的十八大以来，以法治国的理念，深入人心，建设行业的规范管理离不开法律的保障。

为了能够使注册建造师掌握建设工程领域前沿立法动态，持续更新建设工程法规及相关知识，做到知法、守法、用法、护法，我们组织长期从事工程法律制度研究和实践工作的专家学者编写了这本《注册建造师执业法律案例解析 2019 版》。

本书十分注重知识先进性和实际应用性的整合，以案说法。全书分为三个部分："案例精解"选取了具有典型性和权威性的案例或判例进行详细的解析并提供适用法律指引，绝大部分案例为最高人民法院公布的指导案例，保证了案例的权威性，案例类别涵盖了各部门法，保证了案例的典型性；"案例释疑"针对建设工程领域热点问题，依据相关法律规范阐明了解决方法和裁判依据；"案例参考"作为精解部分的补充，对于一些涉及法律关系相对简单的案例进行解析，为读者提供更加丰富的案例资源。

本书既可以作为注册建造师继续教育使用，也可以作为工程管理人员处理工程纠纷的工具书，还可以作为高等院校建设法规课程的案例分析教材。

本书由何佰洲、宿辉、郑宪强主编，万俊伟、王玉、石磊、卢晓宇、生青杰、刘晨、孙杰、李竹、李素蕾、何乐、何红锋、何笛、张帆、张敏莉、张智芊、张磊、范飞翔、赵建超、赵根山、顾永才、温炜（以姓氏笔划排序）编写整理了部分案例参考，全书由何佰洲、宿辉统稿。

鉴于建设工程纠纷具有动态性、时效性和复杂性，因此本书对于案例的解析观点也许存有偏颇甚至谬误之处，希望广大读者批评指正。

本书编写组

2019 年 2 月

目　录

上篇　案例精解

案例1　第一候选人放弃中标的法律后果 …………………………………………（ 3 ）
案例2　投标保证金的法律性质 ……………………………………………………（ 6 ）
案例3　财政评审的审核结论不能作为结算工程价款的依据 ……………………（ 10 ）
案例4　实际施工人利益应当得到保护 ……………………………………………（ 12 ）
案例5　建设工程施工合同纠纷案件中让利承诺书效力的认定 …………………（ 19 ）
案例6　未完工程承包人是否可以主张优先受偿工程款 …………………………（ 23 ）
案例7　施工合同无效但工程经竣工验收合格如何结算工程价款 ………………（ 25 ）
案例8　建设单位分立或合并后工程款给付义务的承担 …………………………（ 28 ）
案例9　工人在施工过程中人身伤害责任如何承担 ………………………………（ 39 ）
案例10　工程验收后质保金的支付及维修费用的负担 …………………………（ 41 ）
案例11　实际施工人在项目上以承包人名义购买建材活动属于职务行为还是
　　　　构成表见代理 ……………………………………………………………（ 44 ）
案例12　工程质量问题及工程款的给付问题 ……………………………………（ 48 ）
案例13　工期延误工程违约金的给付 ……………………………………………（ 51 ）
案例14　建设工程公司总经理对工程事故的领导和管理责任 …………………（ 53 ）
案例15　工程质量问题所产生的维修责任及相关费用的承担问题 ……………（ 56 ）
案例16　建设工程各方施工纠纷责任判定问题 …………………………………（ 59 ）
案例17　仲裁解决建设工程纠纷典型案例 ………………………………………（ 62 ）
案例18　行政诉讼解决建设工程纠纷典型案例 …………………………………（ 66 ）
案例19　行政诉讼解决建设工程纠纷典型案例2 ………………………………（ 71 ）
案例20　刑事诉讼解决建设工程纠纷的典型案例 ………………………………（ 75 ）
案例21　刑事诉讼解决建设工程纠纷的典型案例2 ……………………………（ 76 ）

中篇　案例释疑

1. 在承包人索要工程价款案件中，发包人提出工程质量有问题，发包人的请求

属抗辩还是应当反诉？ ……………………………………………………（85）
2. 财政评审中心作出的审核结论能否作为工程结算的依据？ …………（85）
3. 未取得施工许可证，建设工程施工合同是否有效？ ……………………（85）
4. 何时需要进行建设工程造价鉴定？ ………………………………………（85）
5. 固定总价合同履行中，承包人未完成工程施工的，工程价款如何确定？ ………（86）
6. 被挂靠企业起诉要求发包人支付工程款，应否追加实际施工人为第三人？ …（86）
7. 建设施工合同双方当事人约定以固定价结算工程款，是否支持？ ……（86）
8. 承包人对装修装饰工程款是否享有《合同法》第二百八十六条规定的优先受
   偿权？ ……………………………………………………………………（86）
9. 施工合同签订后，双方当事人能否以补充协议的方式对中标的合同价款进行
   调整？ ……………………………………………………………………（87）
10. 是进行工程造价鉴定还是重新审价？ …………………………………（87）
11. 工程质量鉴定合格的，施工方因停工造成的损失是否可以向发包人主张？ …（87）
12. 施工合同无效且验收不合格时的工程款支付？ ………………………（87）
13. 经建设单位聘用的监理工程师签认的工程量月报表，能否直接作为工程结算
    依据？ ……………………………………………………………………（88）
14. 建设未按照合同约定支付形象进度款，施工单位是否可按《合同法》第六十
    六条行使抗辩权？ ………………………………………………………（89）
15. 工程竣工结算完毕，发包方也已支付完工程款，工期延误得到发包方和监理
    方的书面同意，事后发包方能否再追究承包方工期违约责任？ ………（89）
16. 对在建工程，承发包双方能否约定留置？ ……………………………（89）
17. 建设工程的发包人收到承包人竣工结算文件后28天内不予答复，能否视为
    其认可该竣工结算文件，并判决其承担违约责任？ …………………（90）
18. 农民建房是否适用《建筑法》？ ………………………………………（90）
19. 因未经竣工验收合格，开发商逾期两年多没交房，购房者不起诉是否会过时
    效？ ………………………………………………………………………（91）
20. 发包人与房屋产权人不一致，承包人起诉发包人的，法院可否追加房屋的产
    权人作为诉讼参加人？ …………………………………………………（91）
21. 承包人将工程款的债权转让给第三人，新的债权人起诉发包人要求给付工程
    款的，是否追加承包人作为诉讼参加人？ ……………………………（91）
22. 建设施工合同的债权人转让债权后，债权的受让人起诉的，被告可否以工程
    质量问题向债权的受让人提出抗辩？ …………………………………（91）
23. 合同未履行，发包方起诉要求承包方赔偿因其迟延履行而给自己造成的损失，
    承包人反诉要求发包方返还保证金并赔偿其停工、窝工的损失，法院应如何
    处理？ ……………………………………………………………………（92）
24. 法律对合作开发房地产合同合作主体资质有何特殊要求？ …………（92）
25. 建设工程施工合同被确认无效，工程尚未完工的，应如何处理？ …（92）
26. 建设工程的承包人逾期竣工的，违约金如何计算？ …………………（92）
27. 建设工程的竣工日期该如何确定？ ……………………………………（93）

28. 建设施工合同无效，工程款如何结算？……………………………（93）
29. 因发包人原因致使工程建设无法按约定的进度进行，发包人是否应承担承包人的停工、窝工损失？………………………………………………（93）
30. 承包人将建设工程肢解分包的，各分包合同是否有效？……………（93）
31. 未经竣工验收的工程，发包人擅自使用的，质量责任由谁承担？……（94）
32. 因发包人的原因导致勘察、设计工作返工、停工的，费用如何承担？……（94）
33. 对大型复杂的工程，两个以上的单位联合共同承包资质等级如何确定？……（94）
34. 承包人将建设工程非法转包或违法分包的，工程质量责任如何承担？……（94）
35. 施工单位在何种情况下不承担其建设工程的质量保修责任？……（94）
36. 何种情况下发包人有权解除建设工程施工合同？……………………（95）
37. 何种情况下承包人有权解除建设工程施工合同？……………………（95）
38. 当事人的诉讼请求须"解除合同"才能实现，但诉讼请求中无"解除合同"要求的如何处理？……………………………………………………（95）
39. 《中华人民共和国合同法》第二百八十六条关于建设工程价款的优先受偿权的规定的适用范围？……………………………………………（95）
40. 《中华人民共和国合同法》第二百八十六条关于建设工程价款的优先受偿权是否优先于约定抵押权或其他债权？……………………………（96）
41. 无资质的承包人建设的工程，工程款如何计算？……………………（96）
42. 甲公司与乙公司签订建筑工程承包合同，约定由乙公司为甲的下属独立法人单位丙公司建办公房，如拖欠工程款，义务人是甲公司还是丙公司？……（96）
43. 甲公司将其所有的建设工程项目发包给乙公司，乙公司又将工程转包给丙公司，如果丙公司起诉索要工程款，应以谁为被告？…………………（97）
44. 承包人或者发包人超过法定期限请求变更或者撤销合同的，如何处理？……（97）
45. 工程竣工后，但建设单位迟迟不做工程验收，承包人应该怎么办？……（98）
46. 发包人未及时提供施工图纸，承包人能否要求顺延竣工日期？……（98）
47. 建设工程施工合同中，债务人将其合同的义务全部或部分转移给第三人的，如何处理？………………………………………………………………（98）
48. 拖欠工程款利息起算时间如何确定？…………………………………（99）
49. 建设工程合同中垫资条款的效力如何处理？…………………………（99）
50. 分包单位完成工程质量不合格，发包人如何主张权利？……………（99）
51. 在房地产合资、合作开发中设立的项目公司作为独立法人，如何行使权利？………………………………………………………………………（100）
52. 房地产合资、合作开发中设立的项目公司成立后，原合资、合作合同是否自行终止，关联方是否仍应履行原合同义务？…………………………（100）
53. 房地产开发中，一方供地、一方出资，供地方只参与项目申报而按比例取得部分新建房屋产权，此种情况下的合同性质如何认定？……………（100）
54. 如何界定房地产开发规划范围内的相关设施？………………………（100）
55. 建设施工合同无效的法定情形有哪些？………………………………（101）
56. 合作开发房地产合同的超额投资比例如何确定？……………………（101）

57. 合作开发建设的房屋实际建筑面积与合作开发房地产合同的约定的面积不符的，如何分配？ ……………………………………………………………… (101)
58. 依法需经批准的房地产建设项目，未经有批准权的人民政府主管部门批准，合作开发房地产合同的当事人请求分配房地产项目利益的，人民法院如何处理？ ……………………………………………………………………… (101)
59. 房地产建设项目未取得建设工程规划许可证，合作开发房地产合同的当事人请求分配房地产项目利益的，人民法院如何处理？ …………………… (102)
60. 擅自变更建设工程规划，合作开发房地产合同的当事人请求分配房地产项目利益的，人民法院如何处理？ ………………………………………… (102)
61. 当事人隐瞒建设工程规划变更的事实所造成的损失，如何处理？ ………… (102)
62. 合作开发建设的房屋被拆除的，如何处理？ …………………………………… (103)
63. 名为合作开发房地产合同，但约定一方只收取固定利益，不承担风险的，如何定性？ …………………………………………………………………… (103)
64. 设立房地产开发企业有何具体条件？ …………………………………………… (103)
65. 享有优先权保护的建筑工程价款范围如何界定？ ……………………………… (104)
66. 转包合同被认定无效后，发包人管理费如何确定？ …………………………… (104)
67. 施工企业项目部对外借款性质应如何认定？ …………………………………… (105)
68. 非法转包人对实际施工人用于工程项目的对外借款应如何承担责任？ ……… (105)
69. 建设工程经竣工验收合格后，实际施工人与发包人所签订的建设工程价款结算协议，人民法院应如何认定？ ………………………………………… (105)
70. 实际施工人与承包人约定仲裁的情况下能不能起诉发包人？ ……………… (105)

下篇　案例参考

案例 1 ………………………………………………………………………………… (109)
案例 2 ………………………………………………………………………………… (109)
案例 3 ………………………………………………………………………………… (110)
案例 4 ………………………………………………………………………………… (111)
案例 5 ………………………………………………………………………………… (111)
案例 6 ………………………………………………………………………………… (112)
案例 7 ………………………………………………………………………………… (113)
案例 8 ………………………………………………………………………………… (114)
案例 9 ………………………………………………………………………………… (115)
案例 10 ……………………………………………………………………………… (116)
案例 11 ……………………………………………………………………………… (118)
案例 12 ……………………………………………………………………………… (120)
案例 13 ……………………………………………………………………………… (121)
案例 14 ……………………………………………………………………………… (122)
案例 15 ……………………………………………………………………………… (124)

案例 16	（125）
案例 17	（126）
案例 18	（127）
案例 19	（128）
案例 20	（129）
案例 21	（131）
案例 22	（132）
案例 23	（133）
案例 24	（134）
案例 25	（135）
案例 26	（137）
案例 27	（138）
案例 28	（140）
案例 29	（142）
案例 30	（144）
案例 31	（146）
案例 32	（147）
案例 33	（148）
案例 34	（150）
案例 35	（152）
案例 36	（155）
案例 37	（159）
案例 38	（160）
案例 39	（164）
案例 40	（165）
案例 41	（166）
案例 42	（168）
案例 43	（168）
案例 44	（170）
案例 45	（171）
案例 46	（173）
案例 47	（174）
案例 48	（175）
案例 49	（176）
案例 50	（178）
案例 51	（180）
案例 52	（181）
案例 53	（182）
案例 54	（183）

案例	页码
案例 55	（185）
案例 56	（185）
案例 57	（186）
案例 58	（186）
案例 59	（187）
案例 60	（187）
案例 61	（187）
案例 62	（188）
案例 63	（188）
案例 64	（189）
案例 65	（189）
案例 66	（190）
案例 67	（190）
案例 68	（190）
案例 69	（191）
案例 70	（191）
案例 71	（192）
案例 72	（193）
案例 73	（193）
案例 74	（193）
案例 75	（194）
案例 76	（194）
案例 77	（194）
案例 78	（194）
案例 79	（195）
案例 80	（197）
案例 81	（199）
案例 82	（200）
案例 83	（202）
案例 84	（204）
案例 85	（206）
案例 86	（208）
案例 87	（211）
案例 88	（215）
案例 89	（216）
案例 90	（220）

上篇　案例精解

案例1　第一候选人放弃中标的法律后果

一、基本案情

某工业园市政工程于2013年9月6日上午10:00准时开标。开标后,有一家投标人未按要求提供担保,界定为其投标不予受理,有两家报价超过标底。剩下5家投标人入围。其报价分别为:甲投标人,4 359 502元;乙投标人,5 690 045元;丙投标人,5 714 293元;丁投标人,5 746 092元;戊投标人,5 768 395元。标底价:5 879 774元。招标人按照有关规定确定甲投标人为拟中标人,并于9月7日开始,在当地工程交易中心网站上公示三天。9月8日,甲投标人向招标人和有关部门发出书面通知,声称自己的报价存在严重失误,要求将其评为不合理报价(按照招标文件的规定,不合理报价除取消中标资格外无任何惩罚)。遂产生争议:甲投标人认为仅以丧失投标保证金为代价即可;招标人认为甲投标人应向其赔偿甲投标人与乙投标人的报价差额,即1 330 543元。

二、处理结果

10月18日,招投标领导小组召开会议,决定取消甲投标人的中标资格,没收投标保证金,将其列入失信黑名单,并由工业园加入黑名单拒绝其参与今后该园所有工程建设项目的投标;确定乙投标人为拟中标人并予以公示。

三、案件评析

根据当地有关规定,评标结果必须经至少两个工作日的公示,在各投标人报价悬殊时,增大了第一候选人放弃的可能性。探讨第一候选人放弃的民事责任承担,具有理论与现实意义。

1. 投标是附生效期限的要约。投标文件内容具体而确定,对投标报价、施工组织方案、工程质量目标、工期目标等均作出了详尽的陈述,是对招标文件的实质性响应。一旦中标,投标文件的内容都将落实为合同,其与合同的其他组成部分如协议书、通用条款、专用条款能够相互解释。在合同履行过程中,中标人受这些条款的约束,否则构成违约。投标人针对招标公告(要约邀请)作出的投标行为符合《中华人民共和国合同法》(以下简称《合同法》)规定的要约的构成要件,其性质为要约。

按照阶段来划分,从发出招标公告开始至投标截止日期为止的期间属于要约邀请阶段,从开标至中标通知书发出之前为要约阶段,中标通知书(承诺)发出之后为合同阶段。一般来说,要约到达受要约人时生效,《合同法》第十六条即明确了这一点。但若认为各投标人的投标书到达招标人时要约生效,则在要约邀请阶段就出现了要约行为,在逻辑上说不通。但投标不同于一般的要约,投标书具有一定期限的保密性,开标之时,投标内容才对各方公开。此外,《中华人民共和国招标投标法》(以下简称《招标投标法》)第二十九条规定:"投标人在招标文件要求提交投标文件的截止时间前,可以补充、修改或者撤回已提交的投标文件,并书面通知招标人。补充、修改的内容为投标文件的组成部分。"该法使用了"撤回"而不是"撤销"的概念。根据《合同法》的有关规定,要约在生效之前可以撤回,生效之后则应使用撤销。由此看来,前述阶段划分的基础可称为"投标整体生效说",即投标截止日到来之前,各投标人的要约不生效,各投标人对投标的生效仅有期待权,各投标行为从法律性质上说并不强于要约邀请;开标期限到来时,所有未撤回的要约生效,即所有投标整体发生法律效力。如此便解决了"要约邀请阶段"的整体性与"投标为要约"的个体性之间的冲突。因此,应进一步明确投标是附生效期限的要约。

2. 投标的撤销是否应受到限制。在投标截止日之前,要约尚未生效,则可以撤回,且不承担民事责任。但进入投标有效期后,因要约已生效,能否撤销、应否承担民事责任则较为复杂。

《中华人民共和国政府采购法》(以下简称《政府采购法》)第四十三条明确了政府采购合同适用《合同法》,则《合同法》关于合同订立的规定也当然适用于政府采购合同。根据《合同法》第十八条的规定,要约可以撤销,撤销要约的通知应当在受要约人发出承诺通知之前到达受要约人。第十九条规定了不得撤销的情形如下:

(1) 要约人确定了承诺期限或者以其他形式明示要约不可撤销。

(2) 受要约人有理由认为要约是不可撤销的,并已经为履行合同做了准备工作。

一般来说,在现有市场状况下,不会出现(1)的情形;开标之后,是否满足(2)的条件则值得推敲。招标人"有理由认为要约是不可撤销的"这一规定较为弹性,理由比较容易找。问题在于招标人在开标之后的工作是为了订立合同而做准备,严格说来,与"并已经为履行合同做了准备工作"在性质上并不吻合。我国《合同法》借鉴了《国际商事合同通则》和《联合国国际货物买卖合同公约》,但在要约撤销的限制问题上范围较窄。根据《通则》,受要约人有理由信赖该项要约是不可撤销的,而且已依赖该项要约行事,则要约不得撤销;《公约》的规定也相类似,使用了"行事"的概念。可以看到,"行事"的范围较为宽泛,足以将"为订立合同而做的准备工作"纳入调整范围,但《合同法》"为履行合同做了准备工作"的规定并不能起到这种作用,也就不能援引为开标后投标不得撤销的法律依据。

那么能否认为《招标投标法》第二十九条关于允许投标人在投标截止日之前撤回投标的规定蕴含了开标后不得撤销的意思?笔者认为,《招标投标法》不是行政法,投标人也不是行政机关,不能适用"法无明文授权不可为"的原则,而应适用"法不禁止即可为之"的原则。既然《招标投标法》没有开标后投标人不得撤销投标的禁止性规定,那么按照法理,投标人撤销投标的自由应得到保障。至于七部委联合发布的《工程建设项目施工招标投标办法》,由于其法律效力层级太低,不能作为特别法优于《合同法》而适用。

但从事实的角度来看,与其他选择承包人的方式相比,招标是一种成本高昂的选择方式,招标人为订立合同做了相当的准备工作,若不对投标人随意撤销投标的行为加以限制,则有失公允。因此令随意撤销投标的投标人承担民事责任具有合理性基础。由于《合同法》与《招标投标法》这两部法律关于投标撤销的限制性规定存在瑕疵,导致了招标人据以限制投标人随意撤销投标的法律基础并不坚稳。法律途径既然走不通,在法律尚未修正之前,招标人可以考虑通过约定的方式，如要求投标人提交投标保证金，来加以限制。

3. 第一候选人放弃应承担缔约过失责任。第一候选人放弃发生于开标到发出中标通知书这一阶段。此阶段承诺尚未生效，但要约生效，适用前述关于投标撤销的限制。违背此限制，则应承担缔约过失责任。缔约过失责任是指缔约一方当事人因故意或者过失违反依诚实信用原则所应承担的先合同义务，从而造成对方信赖利益的损失时应依法承担的民事赔偿责任。

第一候选人的放弃符合缔约过失责任的构成要件如下：

（1）第一候选人的行为违反了先合同义务。所谓先合同义务是自缔约双方为订立合同而互相磋商开始产生的注意义务，包括互相协助、互相照顾、互相保护、互相通知等诚实信用义务。第一候选人发现与第二候选人报价差额巨大，在公示期间即宣布放弃，有违诚信，违反了先合同义务。一般认为，先合同义务的起始时间为要约生效时，终止时间为合同成立。第一候选人的放弃行为发生在公示期间，符合先合同义务的时间要求。若放弃行为发生于中标通知书发出之后，合同已经成立，则其违反的是合同义务，而非先合同义务。

（2）第一候选人存在过错。该过错应采取主客观相结合的方法来认定：在候选人名单公示期间，若有证据表明候选人之间因存在串谋而放弃，或者假借订立合同，恶意进行磋商，故意隐瞒与订立合同有关的重要事实或者提供虚假情况等，则可认定其主观上存在故意；如无充分证据，也可根据其行为违反了相应的注意义务，认定存在过失。

（3）招标人受到损害。缔约过失责任一般以损害事实的存在为成立条件，只有缔约一方违反先合同义务造成相对方损失时，才能产生缔约过失责任。一般认为，该损失主要指信赖利益的损失，即当事人因信赖合同的成立和有效，但合同却不成立或无效而遭受的损失。其赔偿范围也主要是与订立合同有关的费用支出，而非与履行合同有关的费用。因此，第一候选人在公示期间内放弃，所应承担责任的范围应以此为限，并非第一候选人与第二候选人的报价差额。

（4）第一候选人的违反先合同义务的行为与损害事实之间存在因果关系。按照通说，只要依社会一般观念认为该放弃行为有发生该损害的可能性，就认为放弃行为与损害存在相当的因果关系。第一候选人于公示期间即告放弃，虽然往往不足以判断招标人发生与该放弃行为直接相关的现实损害，但可以肯定的是，招标人信赖评标结果，但因第一候选人的放弃使得合同未能成立而遭受信赖利益损失。因此，二者之间存在法律上的因果关系。

第一候选人在公示期间的放弃发生于要约生效后，承诺生效前，招标人已为订立合同做了准备工作，因此其应就放弃行为承担一定的民事责任。由于现行法律存在瑕疵，不足以保护招标人，在法律修订之前操作性较强的办法是招标人通过约定的方式追究第一候选人的民事责任。该责任符合缔约过失责任的构成要件，其性质应为缔约过失责任，第一候选人的民事赔偿范围也应以与订立合同有关的费用支出为限，较为简单的处理办法是没收投标保证金，而不是招标人认为的赔偿报价差额。

四、法律索引

1. 《合同法》。

第十六条 要约到达受要约人时生效。采用数据电文形式订立合同，收件人指定特定系统接收数据电文的,该数据电文进入该特定系统的时间,视为到达时间;未指定特定系统的,该数据电文进入收件人的任何系统的首次时间,视为到达时间。

第十七条　要约可以撤回。撤回要约的通知应当在要约到达受要约人之前或者与要约同时到达受要约人。

第十八条　要约可以撤销。撤销要约的通知应当在受要约人发出承诺通知之前到达受要约人。

第十九条　有下列情形之一的,要约不得撤销:
(一)要约人确定了承诺期限或者以其他形式明示要约不可撤销;
(二)受要约人有理由认为要约是不可撤销的,并已经为履行合同做了准备工作。

第二十条　有下列情形之一的,要约失效:
(一)拒绝要约的通知到达要约人;
(二)要约人依法撤销要约;
(三)承诺期限届满,受要约人未作出承诺;
(四)受要约人对要约的内容作出实质性变更。

第四十二条　当事人在订立合同过程中有下列情形之一,给对方造成损失的,应当承担损害赔偿责任:
(一)假借订立合同,恶意进行磋商;
(二)故意隐瞒与订立合同有关的重要事实或者提供虚假情况;
(三)有其他违背诚实信用原则的行为。

第四十三条　当事人在订立合同过程中知悉的商业秘密,无论合同是否成立,不得泄露或者不正当地使用。泄露或者不正当地使用该商业秘密给对方造成损失的,应当承担损害赔偿责任。

2.《招标投标法》。

第二十九条　投标人在招标文件要求提交投标文件的截止时间前,可以补充、修改或者撤回已提交的投标文件,并书面通知招标人。补充、修改的内容为投标文件的组成部分。

3.《政府采购法》。

第四十三条　政府采购合同适用合同法。采购人和供应商之间的权利和义务,应当按照平等、自愿的原则以合同方式约定。

采购人可以委托采购代理机构代表其与供应商签订政府采购合同。由采购代理机构以采购人名义签订合同的,应当提交采购人的授权委托书,作为合同附件。

第四十四条　政府采购合同应当采用书面形式。

案例 2　投标保证金的法律性质

上诉人(原审被告):SZ 市 ZD 照明有限公司

被上诉人（原审原告）：ST市DC建筑总公司SZ分公司

一、基本案情

2000年7月4日，被告向SZ市建设局申请对ZD照明研发中心工程进行对外招标，7月11日获得批准。8月11日，原告向被告支付了保证金人民币100万元，并于8月18日向SZ市建设工程交易服务中心呈送《ZD照明研发中心标书》。8月29日，被告在SZ市建设工程交易服务中心第四会议室召开中照研发中心开标会。会上由SZ市建设工程造价管理站（以下简称"造价站"）公开宣读中照研发中心的标底为人民币19 010 550.12元，然后公开了6个投标单位的投标价，其中原告的投标价为人民币17 004 308.68元。9月20日，被告向造价站发函，以造价站的标底与其送审的预算数额有出入为由，要求标底按隐框玻璃幕墙进行调整并重新定标。造价站回函称，被告送交的资料没有任何说明铝合金固定窗修改为隐框玻璃幕墙，同意仅就该工程量清单中第143项（铝合金固定窗）用同一工程量按隐框玻璃幕墙单价计算调整。9月30日，被告以修改后的标底召开定标会，重新确定投标价为人民币1 991.7393万元，并宣布SZ市第三某建筑工程总公司（以下简称"三建"）得分最高为中标单位。

原告则以其已中标但被告拒发中标通知书为由诉至SZ市福田区人民法院，请求判令被告违约并双倍返还保证金人民币200万元。

二、案件审理

一审福田区人民法院经审理后认为，造价站于2000年8月29日公开的标底是根据被告提供的《工程实物工程量表》《招标书》《答疑会书面答复书》核算出来的，按被告《招标书》承诺的评审方法，原告的投标书经公开后达到被告公开承诺中标要求，原告应是中照研发中心的公开招标的中标单位。被告拒绝向原告发出中标通知书和签订施工合同属于违约，应承担违约责任。被告在公开标底前没有书面形式向造价站和投标单位说明其《工程实物量表》第143条由铝合金窗改为玻璃幕墙，被告须承担对其在标底公开后对工程量改动的责任。因此，被告辩称其与原告无任何关系以及在造价站公开标底后认为标底有误差为由进行修改标底是合法有效正常的，应驳回原告的诉讼请求的理由，本院不予采纳。依照《招标投标法》第五条之规定，判决如下：被告应在本判决发生法律效力之日起10日内双倍返还原告保证金人民币100万元。逾期则应当加倍支付迟延履行期间的债务利息。案件受理费人民币20 010元由被告负担。

上诉人SZ市ZD照明有限公司不服一审判决，上诉至SZ市中级人民法院。诉称：原审认定事实错误，适用法律、法规不当。

本案经二审SZ市中级人民法院主持原、被告进行调解，双方在自愿、平等的基础上进行协商，达成了如下调解协议：被告补偿原告人民币30万元了结本案纠纷，在本案招投标过程中产生的其他纠纷双方不再追究。上述款项被告于本调解书送达之日起10日内支付给原告。一、二审案件受理费双方各自负担。

三、案例分析

本案是SZ市首例招投标争议案，因而备受传媒和社会各界的广泛关注。尽管该案经过二审法院的努力，在分清是非责任的基础上得以调解解决。但是，该案所涉及的法律问题仍然值得探讨和研究。

1. 被告在开标后修改招标文件是无效的。《中华人民共和国招标投标法》第二十三条规定："招标人对已发出的招标文件进行必要澄清或者修改的，应当在招标文件要求提交投标文件截止时间至少十五日前，以书面形式通知所有招标文件接收人。该澄清或者修改的内容为招标文件的组成部分。"本条规定招标文件进行修改或者澄清的程序。这是法律强制性规范，没有遵守此规定的，其修改及其澄清是无效的。

本案中，《招标书》注明"外墙装饰：玻璃墙和灰色涂料。门窗：铝合金和高级柚木门。"工程清单第 189 项为"玻璃幕墙制作安装"，第 143 项为"铝合金固定窗"。因此，从被告提交的答疑会书面答复第 5 项"外墙按隐框幕墙制作安装"根本不能让人理解为修改招标书中的"门窗、铝合金和高级柚木门"及工程实物量清单第 143 项"铝合金固定窗"而其中原告无过错。因此，被告在公布标底之后，又以标底错误为由中止招投标程序，并修改招标文件和标底，显然是不符合法律强制性规定的。

2. 被告应承担缔约过失责任。招投标是以订立合同为目的的民事活动。招标人发出的招标公告或投标邀请书、投标人提交的投标文件、招标人向中标的投标人发出的中标通知书，按其法律性质分别属于合同法中的要约邀请、要约和承诺。但建设工程合同又是一种要式合同，其成立的标志是签订书面合同。在合同成立之前，招标人未履行向投标人发出中标通知的法定义务，致使合同不能成立，应承担缔约过失责任，而非违约责任。故一审法院认定招标人违约并承担违约责任值得商榷。

3. 保证金不应双倍返还。本案中，原告在招投标过程中交给被告 100 万元的保证金。原《SZ 建设工程招标投标条例》第十八第二款规定："定标后，发标人拒绝签订工程承包合同的，应向中标人双倍返还保证金。"（2002 年修订后的《条例》保留了类似条款）一审法院据此判决被告双倍返还保证金。但从二审法院调解的结果来看，并没有适用"双倍返还"的定金罚则。

我国《施工招标投标管理办法》中明确了投标保函和投标保证金两种投标担保方式。并说明"投标保证金可以使用支票、银行汇票等"，但是我们注意到在根据该规章所编制的《房屋建筑和市政基础设施工程施工招标文件范本》中投标人可以提交的投标担保包括在中国境内注册并经招标人认可的银行出具的银行保函和以银行汇票、支票和现金方式的投标保证金，由此可知包括提交现金在内的投标保证金是我国建设工程领域认可的担保方式，并且在实务操作中被广泛采用。在理论界也经常有人将工程担保与工程保证担保混淆使用。根据法律规定程度的不同，担保可分为典型担保和非典型担保。典型担保是指法律上明确规定的担保方式，我国《担保法》第二条规定：本法规定的担保方式为保证、抵押、质押、留置和定金。由此可见，保证、抵押、质押、留置和定金均属于典型的担保方式。非典型担保是指虽有一定的担保作用，但在法律上并未明确规定的担保方式。在以投标保证金方式提交的投标担保中，投标人随投标文件向招标人交付银行汇票或支票，担保投标人不会在投标有效期内撤回投标，并在中标后与业主签定合同，可以认为投标人以该汇票、支票所载权利出质，属于权利质押，是一种典型担保。

关于以现金作为投标担保的法律分析，在我国《担保法》中规定的五种典型担保方式中，涉及现金的只有定金担保一种。规定当事人可以约定一方向对方给付定金作为债权的担保,在传统民法上依目的和作用的不同,而将定金分为若干种:成约定金(即以定金的交付作为债之成立的要件);证约定金(即以定金的交付作为债之成立的证明);违约定金(即以定金作为债之不履行的赔偿);解约定金(即以定金作为保留解除权的代价);立约定金(即在订立合同前交付的定金),其目的在于保证订立正式合同。从合同订立的程序上看,投标人递交投标书的行为应视为要约,而招标人发出中标通知书的行为则属承诺。据此,应判定投标人提交投标保证金时,主合同即建设工程合同并未成立。

那么,现金方式的投标保证金是否属于所谓的"立约定金"呢?答案显然是否定的,因为定金作为合同担保的一个重要特征就是定金罚则的适用:即给付定金的一方不履行约定债务的,无权要求返还定金;收受定金一方不履行债务的应当双倍返还定金。

关于保证金的性质,《最高人民法院关于适用〈担保法〉若干问题的司法解释》第一百一十八条明确规定:"当事人交付留置金、担保金、保证金、订约金或者订金等,没有约定定金性质的,当事人主张定金权利的,人民法院不予支持。"因此,如无特别约定,投标保证金是不应适用定金罚则的。建设部第89号令《房屋建筑和市政基础设施施工招标投标管理办法》在第四十七条第三款则规定:"招标人无正当理由不与中标人签订合同,给中标人造成损失的,招标人应当给予赔偿。"这种赔偿应是一种缔约过失责任,以实际损失为限。而2003年3月8日国家计委、建设部、铁道部、交通部、信息产业部、水利部、中国民用航空总局联合发布的《工程建设项目施工招标投标办法》也没有明确规定"双倍返还"。

四、法律索引

1.《招标投标法》。

第五条　招标投标活动应当遵循公开、公平、公正和诚实信用的原则。

第二十三条　招标人对已发出的招标文件进行必要的澄清或者修改的,应当在招标文件要求提交投标文件截止时间至少15日前,以书面形式通知所有招标文件收受人。该澄清或者修改的内容为招标文件的组成部分。

2.《合同法》。

第十三条　当事人订立合同,采取要约、承诺方式。

第十四条　要约是希望和他人订立合同的意思表示,该意思表示应当符合下列规定:

(一)内容具体确定;

(二)表明经受要约人承诺,要约人即受该意思表示约束。

第十五条　要约邀请是希望他人向自己发出要约的意思表示。寄送的价目表、拍卖公告、招标公告、招股说明书、商业广告等为要约邀请。

商业广告的内容符合要约规定的,视为要约。

第二十一条　承诺是受要约人同意要约的意思表示。

3.《工程建设项目施工招标投标办法》。

第三十七条　招标人可以在招标文件中要求投标人提交投标保证金。投标保证金除现金外,可以是银行出具的银行保函、保兑支票、银行汇票或现金支票。

投标保证金一般不得超过投标总价的2%,但最高不得超过80万元人民币。投标保证金有效期应当超出投标有效期30天。

投标人应当按照招标文件要求的方式和金额,将投标保证金随投标文件提交给招标人。

投标人不按招标文件要求提交投标保证金的,该投标文件将被拒绝,作废标处理。

4.《担保法》。

第二条　在借贷、买卖、货物运输、加工承揽等经济活动中,债权人需要以担保方式保障其债权实现的,可以依照本法规定设定担保。

本法规定的担保方式为保证、抵押、质押、留置和定金。

5.《最高人民法院关于适用〈担保法〉若干问题的司法解释》。

第一百一十八条　当事人交付留置金、担保金、保证金、订约金或者订金等,没有约定定金性质的,当事人主张定金权利的,人民法院不予支持。

案例3　　财政评审的审核结论不能作为结算工程价款的依据

原告:重庆市某建筑工程总公司(以下简称"建筑公司")
被告:重庆市某电子控股有限公司(以下简称"电控公司")

一、基本案情

2008年9月,被告对其待建办公综合楼工程进行招标,原告中标,双方签订了该楼《建设工程施工合同》。合同规定:建筑公司承包电控公司办公综合楼建筑工程,工程价款执行预算定额和取费标准,以评标委员会审定的建筑公司投标书为准,结算价按某造价咨询公司出具的审价结论确定。工程于2009年12月竣工,经验收合格交付使用。工程造价经某造价咨询公司审定为5 418万元,双方对此结算无异议。

此后不久,市审计局对电控公司办公综合楼工程决算进行审计。审计结论认为,某造价咨询公司审定的工程造价多计343万元,应予审减。审计局作出处理决定:限期由电控公司向建筑公司收回该多计款。

2010年1月,建筑公司又承包了电控公司的某厂房工程。该工程完工后于2010年11月办理结算时,电控公司以执行审计局的决定为理由,从建筑公司的厂房工程款中扣除了办公楼多计工程款343万元。

建筑公司认为电控公司扣款是违约行为,据此向人民法院起诉,要求电控公司退回扣除的工程款。电控公司辩称其扣除有依据,不同意建筑公司的诉讼请求。

二、案件审理

一审法院经审理认为:建筑公司与电控公司签订的建筑工程承包合同有效,并已履行完毕。审计局作出的审计决定对建筑公司不具有法律效力,电控公司据此扣付建筑公司建筑工程款不当,判决电控公司退回扣付的343万元工程款给建筑公司。

电控公司不服此判决，提起上诉称：审计局是法定的审计监督机关，依法独立行使审计监督权。因此，审计局对我司基建项目作出的审计结论和决定具有法律效力。我司依此决定扣回工程款并无不当。建筑公司不同意扣款是对审计行为不服，属行政纠纷，不应由法院作经济纠纷处理。现审计决定未经法定程序撤销，我司仍应执行，建筑公司也应协助执行。建筑公司辩称：双方履行合同后经某造价咨询公司办理工程决算，合法有效。审计局的审计决定是对电控公司作出的，对我公司无约束力，因此，电控公司无权扣回该工程款。

二审法院认为：电控公司与建筑公司是平等主体间的合同关系，双方应全面履行合同。审计局作出的审计结论和处理决定，对建筑公司没有法律约束力。电控公司仅以执行审计决定为理由，扣回建筑公司的工程款没有合法根据，故其上诉理由不成立。原审判决认定事实清楚，适用法律正确，判决驳回上诉，维持原判。

三、案例评析

处理本案的关键，在于在平等主体的合同关系中，合同关系的一方主体有没有权利依据审计局的审计决定自行扣留依合同应付给对方主体的工程款。本案讼争法律关系性质为建设工程施工合同纠纷，争议焦点是以什么为标准确定工程价款数额。本案合同主体为发包人和承包人，并不涉及案外人，为平等民事主体之间的民事权益纠纷。既然是平等民事主体之间的权利义务纠纷，在不违反法律、行政法制强制性规定的情形下，就应当尊重当事人在民事合同中体现出的真实意思表示，即施工合同中有关当事人权利义务的约定内容。合同有效，就应当按照约定内容全面实际履行，当事人不能擅自改变合同约定变更履行，也不准许案外人介入到民事合同中以公权力改变合同约定。

本案建筑公司与电控公司之间，因签订和履行建筑工程承包合同而产生平等主体之间的合同关系，双方依据合同享有权利和承担义务。电控公司的主要义务就是依合同规定向建筑公司支付工程款；建筑公司的主要义务就是依合同规定按期交付承包的建筑工程。除此以外，双方之间都不享有合同以外的权利，也不承担合同以外的义务。现电控公司并不是依据合同规定来扣除工程款的，因此，其扣留应付给建筑公司的工程款没有法律依据，是无效的，应予退回。建筑公司是通过招投标与某开发公司签订的《建设工程施工合同》，《招标投标法》第四十五条第二款规定："中标通知书对招标人和中标人具有法律效力。中标通知书发出后，招标人改变中标结果的，或者中标人放弃中标项目的，应当依法承担法律责任"；第四十六条规定："招标人和中标人不得再行订立背离合同实质性内容的其他协议。"审计局以审核结论改变合同约定的结算条款的行为违反了上述法律规定。基于此，人民法院应按照《建设工程施工合同》约定作为裁判依据，否则，也违反了《招标投标法》的规定。

但电控公司认为其扣留建筑公司的工程款是以审计局的审计决定为依据，而审计局是国家审计监督机关，有权进行审计；建筑公司不同意扣款是对审计行为不服，应为行政纠纷；对于审计决定，除了本公司应予执行外，建筑公司也有义务执行。电控公司的这些理由似乎很有道理。但是，审计机关与被审计单位之间是一种审计行政法律关系，其审计监督行为只对被审计单位具有法律约束力。在本案中，被审计单位是电控公司，不是建筑公司，因此，建筑公司不是该审计行政法律关系的一方主体，故审计机关的审计决定对其不具有法律约束力。由于建筑公司不是审计对象，故不存在对审计决定不服的问题，其与审计局之间也不存在行政纠纷，其对审计决定也不存在执行义务。如果对审核结论赋予强制力，作为结算依据直接采信，将导致这样一个结果，即财政部门有权决定工程结算金额，改变民事合同约定内容，这显然与社会主义市场经济规律的本质要求相悖，与合同法精神相悖，违反平等自愿、等价有偿、诚实信用的民法原则。在签约阶段，合同当事人很难预测在履行合同中还会不会出现行政机关依行政职权改变合同约定、变更合同条款的情形发生；如果出现这种情况，对承包人而言是不公正的，也难以保障交易安全。如赋予审核结论以效力，允许以此作为变更合同履行合同依据，通过合同约定工程结算方式、价款的必要性就值得研究了。由于电控公司和建筑公司之间只存在建筑工程承包合同关系，故电控公司无权以审计决定为依据扣除应依合同付给建筑公司的工程款项。

四、法律索引

《招标投标法》。

第四十五条　中标人确定后，招标人应当向中标人发出中标通知书，并同时将中标结果通知所有未中标的投标人。

中标通知书对招标人和中标人具有法律效力。中标通知书发出后，招标人改变中标结果的，或者中标人放弃中标项目的，应当依法承担法律责任。

案例4　　实际施工人利益应当得到保护

上诉人（原审被告）：中国联合通信有限公司 XJ 分公司
上诉人（原审被告）：中国联合通信有限公司 KS 分公司
被上诉人（原审原告）：林源，男，汉族
住所地：XJ 维吾尔自治区 KS 市人民东路

一、案件基本事实

一审法院经审理查明：林源诉中国联合通信有限公司 XJ 分公司（以下简称"联通 XJ 分公司"）、中国联合通信有限公司 KS 分公司（以下简称"联通 KS 分公司"）建设工程施工合同纠纷一案，一审法院受理后，在提交答辩状期间，联通 XJ 分公司与联通 KS 分公司对本案提出管辖权异议，认为林源起诉所依据的联通 KS 分公司与案外人 KS 建工集团有限公司（以下简称"KS 建工集团"）签订的《建设工程施工合同》（以下简称《施工合同》）已约定在本合同履行过程中发生的争议，三双方当事人协商解决，协商不成提交乌鲁木齐仲裁委员会仲裁。因此，一审法院对本案不具有司法管辖权，请求将本案移送乌鲁木齐仲裁委员会仲裁。

林源答辩称，其是依据最高人民法院《关于审理建设工程施工合同纠纷案件适用法律问题的解释》（以下简称《解释》）第二十六条之规定，以实际施工人身份提起的本案诉讼，其并非联通 KS 分公司与 KS 建工集团签订《施工合同》的主体，《施工合同》约定的仲裁条款对其不具有法律约约力。因此，一审法院依法对本案具有管辖权。

二、当事人一审起诉与答辩

2006 年 3 月 7 日，林源以联通 KS 分公司违反合同约定为由向一审法院提起诉讼，请求判令联通 KS 分公司支付尚欠的工程款 7 650 万元，违约金及利息 240 万元。事实和理由是：2002 年 1 月，联通 KS 分公司与建工集团签订《施工合同》约定由建工集团承建"联通通信楼"工程，合同价款 5 743 714.35 元。2002 年 9 月 26 日，联通 KS 分公司与建工集团又签订《补充协议》约定增加工程室内外装修工程，价款为 3 096.685 元。其本人为职业经理人，全面履行了其与建工集团签订《内部承包合同》约定的开工前费用、施工人员工资、购买租赁设备、垫资、质量保修、交纳工程风险金劳保统筹及违约责任等各项义务。该"联通通信楼"工程已经于 2003 年 10 月验收竣工并交付使用。由于联通 KS 分公司尚欠工程款近 700 余万元，造成其与农民工工资无法兑现，使其个人信誉及社会评价受到影响，故请求依法判令联通 KS 分公司支付上述工程情况，联通 XJ 分公司作为联通 KS 分公司的主管上级应当共同承担给付工程款的责任。

联通 XJ 分公司答辩称：本案原告林源起诉的依据是联通 KS 分公司与建工集团签订的《施工合同》。该《施工合同》专用条款中已经明确约定："本合同履行过程中发生的争议，由双方当事人协商解决，协商不成的提交乌鲁木齐仲裁委员会裁决。"据此，依据《仲裁法》第五条："当事人达成仲裁协议，一方向人民法院起诉的，人民法院不予受理，但仲裁协议无效的除外"及《民事诉讼法》第一百一十一条"依照法律规定，双方当事人对合同纠纷自愿达成书面仲裁协议向仲裁机构申请仲裁，不得向人民法院起诉的，告知原告向仲裁机构申请仲裁"的规定，本案双方当事人选择了具体明确的仲裁机构，该《施工合同》约定的仲裁条款合法有效，排除了法院的管辖权。为此，请求依法确认其管辖权异议成立。

三、XJ 维吾尔自治区高级人民法院一审认定与裁定

一审法院经审理认为，林源依据最高人民法院《解释》第二十六条："实际施工人以转包人、违法分包人为被告起诉的，人民法院应当依法受理"的规定提起本案诉讼，符合法律规定，依法应予受理。联通 KS 分公司与 KS 建工集团签订《施工合同》中虽约定有仲裁条款，但该仲裁条款对本案林源不具有法律约束力，一审法院依法对本案具有管辖权。据此裁定：驳回联通 XJ 分公司和联通 KS 分公司提出的管辖权异议。

四、当事人上诉与答辩情况

联通 XJ 分公司与联通 KS 分公司均不服一审裁定，向本院提起上诉。联通 XJ 分公司上诉：请求撤销一审裁定，依法驳回林源的起诉。事实与理由是：联通 KS 分公司不是"联通通信楼"的转包人与违法分包人；林源是建工集团该工程项目经理，其身份是建工集团一名工程管理人员，不是实际施工人，其无权提起诉讼；联通信 KS 分公司与建工集团签订的《施工合同》已约定争议解决的仲裁条款，该约定排除了法院对本案的管辖权。因此，本案应由乌鲁木齐仲裁委员会仲裁，一审法院以最高人民法院《解释》第二十六

条之规定,驳回其对本案的管辖权异议,适用法律错误。

联通KS分公司上诉请求和理由与联通XJ分公司所述一致。

林源没有提交书面答辩意见,其委托代理人在二审庭审中口头答辩称,一审裁定认定事实清楚,适用法律正确,请求二审法院驳回联通XJ分公司和联通KS分公司上诉请求,依法维持原裁定。

五、最高人民法院二审查明的事实

本院二审庭审中,联通XJ分公司与联通KS分公司提交了2002年3月13日联通KS分公司与建工集团签订的《施工合同》及建工集团与林源签订的《KS建工(集团)有限责任公司项目内部承包经营合同书》(以下简称《内部承包合同》),以此证据证明林源不是"联通通信楼"项目实际施工人。一审法院以最高人民法院《解释》第二十六条为依据,认定林源为该项目的实际施工人,并驳回其对本案管辖权异议,适用法律错误。

林源的委托代理人对涉案《施工合同》及《内部承包合同》文本的真实性及合法性均无异议。双方亦认可《内部承包合同》虽没有落款时间,但该《内部承包合同》签约时间在《施工合同》之后。

二审法院还查明,联通XJ分公司和联通KS分公司均为中国联合通信有限公司的分支机构,两分公司获得的均为《营业执照》,对此事实双方当事人均无异议。

六、最高人民法院二审认定与判决

本院经审查认为,2002年12月13日,联通KS分公司就"联通通信楼"的建设与建工集团签订《施工合同》后,建工集团随即与林源签订《内部承包合同》,将《施工合同》约定建工集团应当履行的义务转给林源。

上述合同关系表明,林源是"联通通信楼"项目的实际施工人,依照最高人民法院《解释》第二十六条第二款关于"实际施工人以发包人为被告主张权利的,人民法院可以追加转包人或者违法分包人为本案当事人,发包人只在欠付工程价款范围内对实际施工人承担责任"之规定,林源以发包人联通KS分公司为被告提起诉讼,符合《中华人民共和国民事诉讼法》第一百零八条规定的起诉与受理条件,一审法院裁定对本案具有管辖权,适用法律并无不当。

另经审查,联通XJ分公司不是《施工合同》的当事人。林源在起诉状中称,联通KS分公司是非法人组织,应当由其上级单位联通XJ分公司共同承担民事责任。为此,联通XJ分公司成为本案被告。联通XJ分公司以联通KS分公司与建工集团签订的《施工合同》中的仲裁条款为由提出管辖权异议,没有合同依据和法律依据。至于联通XJ分公司是不是本案合适的被告,是否应当与联通KS分公司共同承担民事责任,需经审理确认,联通XJ分公司所提出的上诉应予驳回。

综上,一审裁定认定事实清楚,适用法律正确。依照《中华人民共和国民事诉讼法》第一百五十四条之规定,最高人民法院于2007年1月23日以(2006)民一终字第69号民事裁定:驳回上诉,维持原裁定。

二审案件审理费50元,由中国联合通信有限公司XJ分公司和中国联合通信有限公司KS分公司负担。

七、对本案的解析

根据当事人的上诉请求及答辩，二审裁定主要围绕双方当事人关于林源是否为"联通通信楼"的实际施工人，一审法院对本案是否具有管辖权之争议焦点而展开论证。

从联通 XJ 分公司和联通 KS 分公司上诉请求及林源抗辩的理由，不难发现，虽然双方当事人都在寻找各种不同的事实和理由支持其主张，但有一点是共同的，即在此争议焦点问题上，双方当事人都将最高人民法院《解释》第二十六条之规定作为主张的依据。由此，对该《解释》第二十六条如何理解，也就成为了二审法院解决双方当事人争议的关键。

具体说，如果林源符合该《解释》第二十六条规定的"实际施工人"条件，一审法院则对本案具有管辖权。反之，二审法院则应当采纳联通 XJ 分公司和联通 KS 分公司上诉请求依据的事实和理由，依法作出撤销一审裁定，驳回林源的起诉的裁决。

那么，如何理解该《解释》第二十六条规定的"实际施工人"，使建筑业市场领域那些实实在在付出劳务的实际施工人利益都得到保护，避免由于对该条款理解错误而发生人民法院行使管辖权不当的情形，首先应当对该《解释》第二十六条制定的背景、立意进行必要的了解和分析。

2006 年 10 月 26 日，最高人民法院公布了《解释》。这是最高人民法院为了统一建设工程施工合同纠纷案件的执法标准，根据《民法通则》《合同法》《建筑法》和《招标投标法》等法律规定，作出的一部专门调整建设工程施工合同纠纷案件的司法解释。该《解释》确定了尽量维护合同效力；合格工程应当按照合同约定支付工程款；质量不合格的不支付工程款；当事人对垫资款及其利息的约定应当认可；严格限制合同解除权；发包人对工程质量缺陷有过错也应承担责任；发包人收到结算报告不予答复的按照结算报告支付工程款；拖欠的工程款应当支付利息；招投标的建设工程未经备案的合同不能作为结算依据；保护实际施工人的利益等重大原则。这些原则对于维护建设工程施工合同各方当事人的合法权益，促进公平正义，维护建筑市场正常秩序，促进建筑业健康发展，具有重要的历史意义。

通常情况下，只有合同当事人可以就合同起诉和被诉。由于合同通常被界定为"（对同一权利或财产）有合法利益的人之间的关系。因此，合同权利只对合同的当事人才有约束力，而且，只有他们才能行使合同规定的权利"。就是说，合同主要在特定的合同当事人之间发生法律效力。合同主体、合同内容以及合同责任的相对性原则决定了只有合同当事人一方能基于合同向对方提出请求或者提起诉讼，而不能向与其无合同关系的第三人提出合同上的请求权，合同当事人也不能擅自为第三人设定合同上的义务。同理，第三人也不能向与其没有合同关系的当事人提出请求或者提起诉讼。

但是，从我国建筑业市场实际情况看，从事建设工程施工的主体主要来源于农村，由于建筑业市场行为不规范和这一部分群体法律意识和法律知识的欠缺，实践中经常出现以下情况：一方面，承包人与发包人订立建设施工合同后，往往又将建设工程转包或者违法分包第三人，承包人转包收取一定数额的管理费后，不积极主动进行工程结算。另一方面，又因为实际施工人与分包人之间没有合同关系，实际施工人在为自己的民事权利行使诉权和主张请求权时，因为没有证据而得不到支持，这种情形直接影响了实际施工人的利益。据不完全统计，在建设工程施工合同纠纷案件中，因为实际施工人与发包人之间没有合同关系，发包人拒绝支付实际施工人的工程款，实际施工人因投诉无门而引发的纠纷，占据了相当大的比例，这种情形扰乱了建筑业市场秩序，严重侵害了农民工的合法权益，影响了社会的稳定与和谐。

为了切实保护实际施工人的合法利益，维护建筑业市场秩序，该《解释》第二十六条规定："实际施工人以转包人、违法分包人为被告起诉的，人民法院应当依法受理。实际施工人以发包人为被告主张权利的人民法院可以追加转包人或者违法分包人为本案当事人。发包人只在欠付的工程价款范围内对实际施工人承担责任。"该条内容突破了合同相对性的原则，从根本上为那些从事建设工程的实际施工人提供了保护自己权益的司法救济手段。

从该《解释》第二十六条体例与内容看，为两层含意：

第一，"实际施工人以转包人、违法分包人为被告起诉的，人民法院当依法受理"。

何为转包呢？依据《建设工程质量管理条例》和《建筑安装工程总分包实施办法》之规定："转包，是指承包单位承包建设工程后，不履行合同约定的责任和义务，将其承包的全部建设工程转给其他单位承包的行为"；"所谓工程转包是指建筑安装工程承包合同的承包人不履行合同义务，将其承包的工程转给他人施工，不对工程承担技术、质量、经济等法律责任的行为"。"转包的表现形式主要是两种：一是将全部工程转包；二是将全部工程肢解后以分包的名义转包。总承包人违反分包合同约定，将工程的主要部分或者群体工程中半数以上的单位工程转给其他单位施工的，或者分包单位违反分包的规定，将承包的工程再次包给其他施工单位施工的。均属于转包的行为。"何为违法分包呢？依据《建设工程质量管理条例》之规定："违法分包，是指下列行为：（1）总承包单位将建设工程分包给不具有相应资质条件的单位的；（2）建设工程总承包合同中未有约定，由未经建设单位认可，承包单位将其承包的部分建设工程交由其他单位完成的；（3）施工总承包单位将建设工程主体结构的施工发包给其他单位的；（4）分包单位将其承包的建设工程再分包的。"该《解释》第二十六条所指的实际施工人就是转包人与违法分包人建设工程施工合同的承包或者发包的当事人。

《建筑法》从规范建筑业市场，保证建设工程质量的目的出发，明确规定禁止承包人非法转包、违法分包建设工程。禁止未取得组织等级证书的企业承揽建设工程。但是，在建筑业市场领域，承包人为追求更大的利益或者逃避风险，将承包的建设工程非法转包、违法分包。无资质的施工企业为承揽工程，以各种方式使用法定资质建筑施工企业名义与他人签订建设工程施工合同。转包与违法分包虽有不同之处，但其共同的特点是：两者都是建筑施工单位以赢利为目的，将承包的建设工程转包给其他施工单位，不对工程承担任何技术、质量、经济责任。上述违法行为，一方面导致建筑业市场发包、承包行为不规范，扰乱建筑业市场的正常秩序，另一方面直接导致建筑工程质量下降，危及人民生命及财产安全。因此，承包人非法转包、违法分包建设工程或者不具有资质的实际施工人借用有组织的建筑施工企业名义与他人签订的建设工程施工合同属于违反《建筑法》的强制性规定的无效合同。作为无效合同，一方当事人向另一方当事人主张权利的，人民法院应当予以受理。

第二，"实际施工人以发包人为被告主张权利的，人民法院可以追加转包人或者违法分包人为本案当事人。发包人只在欠付工程价款范围内对实际施工人承担责任"。

实践中，由于建设工程的转包人、违法分包人获取利润后，并不关心发包人是否依据合同约定的数额和支付期限支付工程款，在发包人欠付工程款时并不积极主动主张权利，造成实际施工人与发包人之间虽形成事实上的权利义务关系，但程序上又受到合同相对性的影响和制约，不能以发包人为被告提起追索工程款的诉讼权利的情形；实体上，即使发包人欠付工程款，只要转包人或者违法分包人不向发包人主张权利，实际施工人就无法以发包人为被告主张追索工程款的权利，又由于转包人或者违法分包人怠于主张权利，还可能使实际施工人请求超过诉讼时效，导致实体权利的丧失。此情况下，就会发生实际施工人主张权利却投诉无门的境地，如果不允许实际施工人向发包人主张权利，同样会导致实际施工人的利益不能得到保护。基于保护实际施工人权益和利益的考虑，该《解释》第二十六条第二款赋予实际施工人向发包人追索工程款的诉讼权利。同时由于实际施工人与转包人、违法发包人之间存在转包或者违法分包的无效合同关系，双方是合同的相对方，为了便于案件审理，查清案件事实，分清当事人的责任，人民法院可以追加转包人或者违法分包人为本案当事人。但在实体审理中，如果发包人已将工程款全部支付承包人，发包人就不应当再承担支付实际施工人工程款的责任。也就是说，发包人只在欠付的工程款范围内对实际施工人承担责任。该《解释》第二十六条这样规定，体现实事求是与公平原则。

综上分析，可以看出，该《解释》第二十六条规定的立意和宗旨，是为保护实际施工人利益而作出的特别规定，一定意义上，主要是保护建筑业市场中农民工的权益和利益而作出的特别规定。

本案林源是否为"联通通信楼"的实际施工人，影响到一审法院是否对本案具有管辖权。对此，应结合涉案《施工合同》及《内部承包合同》约定的内容以及实际履行情况综合进行判断。

依据已经查明的案件事实，2002年12月13日，联通KS分公司就"联通通信楼"的解释项目与建工集团签订《施工合同》后，即与林源签订《内部承包合同》，将《施工合同》约定的建工集团应当履行的义务转给了林源。该《内部承包合同》约定："施工前甲方（建工集团）给乙方（林源）递交甲方（建工集团）与建设单位签订的合同一份，乙方（林源）必须全面正确地履行；乙方（林源）必须遵守甲方（建工集团）所制定的一切规章制度，服从甲方（建工集团）的领导；自2002年3月12日起实行劳务用工保险金制度。即凡2002年3月1日之日后，各施工项目工程进度（备料）款进公司账户后，公司预扣该工程项目造价25%，作为劳务用工保证金；劳保统筹非由乙方（林源）按照3.12%收取后交纳，由甲方（建工集团）直接从工程款中扣除。"该《内部承包合同》同时还约定："如发生返工、事故，其责任全部由乙方（林源）承担；尽量减少工伤事故，一旦发生事故，其经济损失（包括上级处罚）全部由乙方（林源）承担；乙方（林源）必须向甲方（建工集团）交纳总价款的6%作为公司管理费；工程盈亏由乙方（林源）自理。"这些约定内容表明，该合同名称虽为《内部承包合同》，并以建工集团与林源的劳动关系、社会保险、福利等行政管理关系的存在为基础，但《施工合同》约定的承建"联通通信楼"项目、工程质量保修、工程风险等主要合同义务已经转到《内部承包合同》，作为林源承建履行"联通通信楼"的义务依据。而建工集团只收取工程管理费，没有履行《施工合同》约定的承建"联通通信楼"的义务。从这个意义上说，建工集团与联通KS分公司签订《施工合同》承包该"联通通信楼"后，既已与林源签订《内部承包合同》的形式，将其与联通KS分公司签订《施工合同》约定由其履行的承建"联通通信楼"义务全部转包给林源，其行为应当认定为该《解释》第二十六条规定的"转包"性质，林源承建了"联通通信楼"的全部工程建设，符合该《解释》第二十六条规定的"实际施工人"条件。

在林源与发包方联通KS分公司没有合同关系，又实际承建完成了《施工合同》约定的各项义务的情况下，其以"联通通信楼"项目发包人联通KS分公司及"联通通信楼"项目转包人建工集团为被告提起本案诉讼，该诉请亦符合《民事诉讼法》第一百零八条规定的起诉与审理条件。至此，纵观一审裁定认定的事实与适用法律，充分体现了该《解释》第二十六条规定设立的宗旨，切切实实保护了建筑市场中实际施工人的权益和利益，这是二审维持原审裁定的主要依据所在。应当说明的是，林源起诉状中所称"联通KS分公司是非法人组织，应当由其上级单位联通XJ分公司共同承担民事责任"与事实不符。据两分公司提供的《营业执照》所载，均为中国联合通信有限公司的分支机构，不是《施工合同》的一方当事人，亦不是《内部承包合同》。涉案两份合同享有民事权利并承担民事义务的主体、民事权利与民事义务所指向的客体及内容等民事法律关系均与联通XJ分公司无任何关联性。因此，联通XJ分公司以联通KS分公司与建工集团签订《施工合同》中约定的仲裁条款为依据，对本案建设工程施工合置纠纷案件的管辖权提出异议，显属不妥，理应裁定驳回。

八、法律索引

1. 最高人民法院《关于审理建设工程施工合同纠纷案件适用法律问题的解释》。

第二十六条　实际施工人以转包人、违法分包人为被告起诉的，人民法院应当依法受理。

实际施工人以发包人为被告主张权利的，人民法院可以追加转包人或者违法分包人为本案当事人。发包人只在欠付工程价款范围内对实际施工人承担责任。

2. 《中华人民共和国民事诉讼法》。

第一百零八条　起诉必须符合下列条件：

（一）原告是与本案有直接利害关系的公民、法人和其他组织；

（二）有明确的被告；

（三）有具体的诉讼请求和事实、理由；

（四）属于人民法院受理民事诉讼的范围和受诉人民法院管辖。

3. 《建设工程质量管理条例》。

第七条　建设单位应当将工程发包给具有相应资质等级的单位。建设单位不得将建设工程肢解发包。

4. 《建筑法》。

第二十八条　禁止承包单位将其承包的全部建筑工程转包给他人，禁止承包单位将其承包的全部建筑工程肢解以后以分包的名义分别转包给他人。

案例 5 建设工程施工合同纠纷案件中让利承诺书效力的认定

一、基本案情

2006 年 3 月 1 日，甲公司通过公开招投标中标奥林花园一期工程，随即依据招投标文件与乙公司订立《建设工程施工合同》，约定：乙公司将奥林花园一期工程交给甲公司施工，合同价款 4 500 万元，合同价款可调整，调整方法为施工图纸加变更、签证，根据定额工程量按实计算，材料价格按约定方式计算。同时，双方还签订一份《房屋建设工程质量保修书》，约定：质保金为工程总价的 3%，保修期满后 15 日内无息返还；属于保修范围、内容的项目，承包人应当在接到保修通知之日起 7 日内派人保修；承包人不在约定期限内派人保修的，发包人可以委托他人修理。2006 年 4 月 1 日，甲公司向乙公司出具一份《承诺书》，承诺对奥林花园工程予以让利，具体内容为：奥林花园一期 5 号楼、6 号楼按工程决算总额让利 20%；4 号楼、7 号楼、8 号楼及地下车库附属工程让利 20%。

2007 年 8 月 15 日，奥林花园一期工程经竣工验收合格，但双方因工程款纠纷诉至法院。

二、案件审理

一审期间，乙公司委托丙工程造价咨询有限公司对奥林花园一期项目进行工程造价鉴定。丙工程造价咨询有限公司出具《工程造价鉴定报告》，认定奥林花园一期 4 号楼至 8 号楼及地下车库附属工程，在扣除水电费、甲方提供材料及承诺让利后的工程总造价为 42 783 198.68 元，其中 4 号楼让利 1 230 794.07 元、5 号楼让利 2 325 531.03 元、6 号楼让利 2 472 490.16 元、7 号楼让利 456 775.08 元、8 号楼让利 456 949.96 元、地下车库让利 1 224 834.14 元、管网工程让利 112 561.80 元、中央水井工程让利 23 554.60 元、一期道路及其他工程让利 21 653.94 元、会所让利 663 905.96 元，合计让利 8 989 050.74 元。

一审法院认为，本案的焦点问题是甲公司于 2006 年 4 月 1 日向乙公司出具的《承诺书》应否作为确定工程价款的依据；丙工程造价咨询有限公司出具的《工程造价鉴定报告》能否作为认定工程价款的依据。因该《承诺书》违反了招投标法律强制性规定，承诺让利的部分也超出了承建工程所得利润，应为无效；另查，丙工程造价咨询有限公司具有工程造价咨询企业乙级资质证书，两位鉴定人员具有工程造价鉴定资质，并出庭接受了质询，故鉴定报告应该作为认定工程价款的依据。已查明，乙公司实际已支付甲公司工程款应为 57 036 761.92 元，而涉案的工程总造价为 51 772 249.42 元，甲公司应将多收的 5 264 512.50 元工程款返还给乙公司。据此，一审法院判决：甲公司于判决生效后 10 日内返还乙公司工程款 5 264 512.50 元；案件受理费 72 153 元，由乙公司负担 35 000 元，甲公司负担 37 153 元。

乙公司不服一审判决上诉称：原判决错误认定甲公司在建设工程施工合同签订后作出

的让利承诺为无效承诺。甲公司中标后的单方承诺让利不可能影响到招投标活动的公正性。现行的《招标投标法》及相关法律法规也没有任何一个法律条款禁止承包人在工程中标后作出单方让利的行为。同时，在甲公司没有提出有关承诺让利超出承建工程利润的抗辩观点的前提下，原审法院径直认定承诺让利超出承建工程利润显然无任何事实依据。因此，甲公司让利承诺依法应当作为双方结算工程价款的依据。请求二审法院在查清事实的基础上依法改判。

甲公司答辩称：其让利《承诺书》违反了《招标投标法》及相关法律法规的强制性规定，一审法院依法认定无效于法有据。请求驳回乙公司上诉，维持原判。二审法院经审理认为，根据《中华人民共和国招标投标法》第四十六条和最高人民法院《关于审理建设施工合同纠纷案件适用法律问题的解释》第二十一条之规定，招标人（发包人）与中标人（承包人）按照招标文件和中标人的投标文件订立《建设工程施工合同》后，中标人单方出具让利承诺书，承诺对承建工程予以大幅让利，该让利承诺书构成对工程价款的实质性变更。该承诺书无效，不产生变更《建设工程施工合同》的效力。遂判决驳回乙公司的上诉，维持原判。

三、案例评析

该案的焦点问题是：承包人通过招投标中标人与发包人签订《建设工程施工合同》后，又向发包人出具让利承诺书，承诺对承建工程予以大幅让利，该让利承诺书是否有效。围绕这一焦点，二审法院在讨论这一问题时形成两种意见：

第一种意见认为，招标人（发包人）与中标人（承包人）按照招标文件和中标人的投标文件订立《建设工程施工合同》后，中标人单方出具让利承诺书，承诺对承建工程予以让利，该让利承诺书构成对工程价款的实质性变更，该承诺书无效，不产生变更《建设工程施工合同》的效力。

第二种意见认为，甲公司在中标后向乙公司出具的让利《承诺书》，是当事人之间的真实意思表示，是目前建筑市场的普遍现象，应认定为有效，人民法院可以在双方约定的基础上适当限制让利比例。

经分析同意第一种意见，理由如下：

1. 让利承诺书本质上是"黑合同"。建设工程"黑白合同"又称"阴阳合同"，它是指建设工程施工合同的当事人就同一建设工程签订的两份或两份以上实质性内容相异的合同。通常把经过招投标并经备案的正式合同称为"白合同"，把实际履行的协议或补充协议称为"黑合同"。最高人民法院《关于审理建设工程施工合同纠纷案件适用法律问题的解释》（本文以下简称《司法解释》）第二十一条将"黑合同"表述为另行订立的建设工程施工合同，可能容易给人造成一种误解，即另行订立的"黑合同"必须是具备全部施工合同内容的比较完备的建设施工合同。而在实践中大部分"黑合同"都是在中标之后签订的。"黑合同"一般都以协议、补充协议、会议纪要、备忘录、让利承诺书的形式表现出来。实践中也出现了个别法院以这些协议、补充协议、会议纪要、备忘录或让利承诺书不是建设施工合同为由，而不适用该条《司法解释》的情况。具体到本案涉及的让利承诺书，我们认为，虽然承包人出具让利承诺书的行为是单方民事行为，但发包人对此予以接受认可，便形成了合意，双方意思表示一致，从而符合了合同成立的要件。正是承包人发出承诺，发包人接受承诺的过程，使承诺书的内容变成了双方合意，形成完备的合同形式。该承诺书记载的内容因与中标的建设工程施工合同不一致而成为"黑合同"。因此，不管"黑合同"的形式如何，只要双方形成合意，对"白合同"的工程价款、工程质量、工程期限或违约责任任一方面进行了实质性变更，就构成与备案的中标合同"实质性内容不一致"，法院不认可其效力，应以备案的中标合同为结算工程价款的依据。

本案中，2006年3月1日，乙公司与甲公司依据招投标文件签订的《建设工程施工合同》，是当事人按照招标文件和中标人的投标文件订立的合同，是"白合同"，其后承包人单方出具的让利承诺书承诺让利20%，发包人予以接受，双方形成合意从而构成对建设工程价款的实质变更，如果照此履行，明显与《建设工程施工合同》的实际内容相背离。《招标投标法》第四十六条规定："招标人和中标人应当自中标通知书发出之日起三十日内，按照招标文件和中标人的投标文件订立书面合同，招标人和中标人不得再行订立背离合同实质性内容的其他协议。"根据该条规定，如果在确定中标人后，中标人向招标人承诺让利，该让利承诺与招投标中标合同实质背离，则该承诺应为无效，不产生变更中标建设工程施工合同的效力。

2. 招投标活动基本原则决定了该让利承诺书应认定为无效。《招标投标法》第十五条规定："招标投标活动应当遵循公开、公平、公正和诚实信用的原则。"《建筑法》第十六条规定："建筑工程发包与承包的招标投标活动，应当遵循公开、公正、平等竞争的原则，择优选择承包单位。"我国《民法通则》规定民事活动必须遵循平等原则、自愿原则、公平原则和诚实信用原则。从以上规定不难看出，建筑工程招投标的基本原则是公开、公平与公正。就工程招投标而言，"公开"即将招投标事宜公之于众，以期望在社会大众的知晓和监督下积极实施；"公正"则要求招标者对所有的投标者一视同仁、不能偏私，建筑行政监管主体对招投标双方实施平等的监督，不能厚此薄彼，尤其不能偏护一方；"公平"则指工程招投标各方在招投标活动中所享有的权利和所承担的义务应彼此对等或均衡。显然，如果允许中标人在中标合同之外，对中标工程予以大幅让利，实际上侵害了其他投标主体平等参与竞争的权利，构成对招投标活动的基本原则的违反，法院不应认可其效力。

3. 承诺让利的原因很复杂，有可能侵害公共利益，并给工程质量带来隐患。实践中，大量存在中标建设工程后，中标人想尽办法要求发包人增加工程价款的情形，鲜有中标人单方出具让利承诺书，对工程价款予以让利的情况。因为，根据《招标投标法》中标合同受法律保护，中标人完全可以要求发包人依照中标合同的约定支付工程价款，其再主动让利有悖常理。当然不能排除存在事前通谋规避招投标法排挤其他投标人的情形，也不能排除存在事后应招标人要求而为的情形。根据《招标投标法》第一条，招投标法的功能在于规范招标投标活动，保护国家利益、社会公共利益和招标投标活动当事人的合法权益，提高经济效益，保证项目质量。当前，随着社会的发展，对公共利益的界定也越来越宽泛，商品房开发建设固然是商业行为，因为工程质量涉及广大购房者的生命财产安全，不可谓不事关公共利益。据此，住房和城乡建设部《房屋建筑和市政基础设施工程施工招标投标管理办法》第三条明确规定："房屋建筑和市政基础设施工程（以下简称工程）的施工单项合同估算价在200万元人民币以上，或者项目总投资在3 000万元人民币以上的，必须进行招标。"当前大部分房屋建筑施工单价都在200万元以上，因此大多都采取了招投标方式。建设工程招投标中标合同因其公开、公平、公正的特点，又决定了该中标合同是一份公平合理既能保证招投标双方合法权益，又能保证工程质量的合同。需要强调的是，该中标合同不应是投标人中标的最低报价，而应是合理低价，它高于成本，通过保证承包人有正常的利润，从而保证工程质量。如果允许中标人在中标合同之外，再予以大幅让利，不仅侵害"白合同"成立时其他投标人的利益，也必然会危及工程质量，最终给公共利益造成损害。基于此必须维护招投标活动的严肃性，坚守中标合同必须信守原则，对于一切与中标合同相背离的不合理变更包括让利承诺予以否认，坚决不承认其效力。

4. 坚守中标合同必须信守原则也是规范建筑市场，提高社会诚信的需要。关于"黑白合同"问题，2009年3月，最高人民法院民一庭曾与住房和城乡建设部建筑市场监理司交换意见。双方一致认为，当前"黑白合同"、转包、违法分包、肢解发包等违法、违规现象十分普遍，特别是规避法定招投标程序，签订"黑白合同"的情况有愈演愈烈之势，不但造成了市场的诚信危机，而且严重干扰了建筑市场的公平竞争秩序，更严重影响了建筑产品质量，形成了大量拖欠工程款包括农民工工资的严重后果，成为国民经济运行中"三角债"源头之一。为了规范建筑市场，重塑诚信，必须提升中标合同效力，建立招投标中标合同强制备案制度，任何与中标合同实质内容相背离的形式，法律将都不予保护。

依据《中华人民共和国招标投标法》第四十六条、最高人民法院《关于审理建设施工合同纠纷案件适用法律问题的解释》第二十一条之规定，招标人与中标人按照招标文件和中标人的投标文件订立《建设工程施工合同》后，中标人出具让利承诺书，承诺对承建工程予以大幅让利，实质上是对工程价款的实质性变更，应当认定该承诺无效。

四、法律索引

1. 最高人民法院《关于审理建设工程施工合同纠纷案件适用法律问题的解释》。

第二十一条　当事人就同一建设工程另行订立的建设工程施工合同与经过备案的中标合同实质性内容不一致的，应当以备案的中标合同作为结算工程价款的根据。

2.《招标投标法》。

第四十六条　"招标人和中标人应当自中标通知书发出之日起30日内，按照招标文件和中标人的投标文件订立书面合同，招标人和中标人不得再行订立背离合同实质性内容的其他协议。"

3.《建筑法》。

第十六条　"建筑工程发包与承包的招标投标活动，应当遵循公开、公正、平等竞争的原则，择优选择承包单位。"

4. 住房和城乡建设部《房屋建筑和市政基础设施工程施工招标投标管理办法》。

第三条　"房屋建筑和市政基础设施工程（以下简称工程）的施工单项合同估算价在200万元人民币以上，或者项目总投资在3 000万元人民币以上的，必须进行招标。"

案例 6　　未完工程承包人是否可以主张优先受偿工程款

一、基本案情

2006年5月28日，长城公司与宏伟公司签订《建设工程施工合同》约定，长城公司承建宏伟公司开发的宏伟大厦综合楼项目，宏伟公司支付长城公司相应的工程款。合同总价概算为3 000万元，长城公司先行垫资1 000万元进行施工，此后，宏伟公司按照工程进度支付工程款。合同结算按照工程量据实结算。合同签订后，长城公司开始进场施工，并按照约定进行了垫资。但从长城公司垫资施工起直至工程主体结构完工，宏伟公司未向长城公司支付工程款。由于长城公司无力继续垫资施工，在催要工程款未果的情况下，工程于2007年5月4日停工。长城公司向一审法院提起诉讼，请求解除双方当事人签订的《建设工程施工合同》，由宏伟公司支付相应的工程款并承担违约责任；同时提出工程款的优先受偿权。

一审法院审理期间，宏伟公司反诉提出已完工程存在质量问题，要求长城公司承担质量不合格的违约责任，且工程属于未完工程，长城公司不应享有工程款优先受偿权。一审法院委托质量鉴定部门对已完工程的质量进行鉴定，该鉴定结论为已完工程存有质量通病，但经适当整改后可以达到质量要求，并可继续进行后期施工建设。双方当事人就已完工程造价在一审庭审时达成了一致意见。

二、案件审理

一审法院经审理认定，双方当事人签订的《建设工程施工合同》依法有效，基于双方当事人解除合同的意愿，结合案件具体情况，同意解除双方签订的合同。由于宏伟公司未按照合同约定支付工程款，导致工程停工，宏伟公司应当承担相应的违约责任。宏伟公司应按照双方当事人庭审时认可的已完工程价款，向长城公司支付工程款。但由于该工程系未完工程，且存在质量问题，故长城公司主张工程款的优先受偿权不予支持。

长城公司不服一审判决，就工程款优先受偿权一节提出上诉，即请求确认长城公司应享有工程款优先受偿权。二审法院经审理认为，依照法律规定，承包人工程款的优先受偿权属于法定的特别优先权，在发包人未按期支付工程款情形下，承包人就所建工程享有优先受偿权。本案中，双方当事人已就工程造价形成合意，且长城公司多次催告宏伟公司支付工程款，因此，成就了上述法律规定的工程款优先受偿权的条件，长城公司请求享有工程价款优先受偿权，依法应予支持。一审判决适用法律不当，应依法予以纠正。

三、案例评析

《合同法》第二百八十六条规定，"发包人未按照约定支付价款的，承包人可以催告发包人在合理期限内支付价款。发包人逾期不支付的，除按照建设工程的性质不宜折价、拍卖的以外，承包人可以与发包人协议将该工程折价，也可以申请人民法院将该工程依法拍卖。建设工程的价款就该工程折价或者拍卖的价款优先受偿"。依照上述法律规定，发包人在工程建设完成以后，对竣工验收合格的工程应予以验收，并按照合同约定进行工程决算，向承包人支付工程价款。但如果发包人未支付工程款，法律如何保障承包人的债权，在制定合同法的过程中，即有四种不同观点：一种观点认为，在此种情况下可以成立承包人的留置权；第二种观点认为，应当赋予承包人法定抵押权；第三种观点认为，应当设立承包人的留置权；第四种观点认为，承包人的工程款应当优先受偿。在权衡各种意见后，合同法最终采纳了第四种观点。因为，留置权的标的物一般应为动产，且留置权成立的条件之一是债权人占有标的物，而建设工程施工合同纠纷中，债权人往往已经失去了标的物的占有，即工程已经交付使用。《物权法》颁布实施后，主流观点认为，《合同法》第二百八十六条规定的建设工程款优先受偿权的性质为法定抵押权，属于担保物权，他物权性质。按照法律规定，不动产的抵押权以办理登记为生效要件，且在司法实践中，往往发包人为了融资，已经将在建工程进行了抵押，两个抵押权相比较而言，建设工程款的优先性更优先。至于权利性质是债权，还是物权，准许继续研究和探讨，但承包人对讼争工程享有优先权是确定的，应当按照法律规定严格执行。

本案中争议的焦点主要是长城公司能否优先受偿工程款的问题。一种观点认为，长城公司不应优先受偿工程款，因为优先受偿工程款应当同时具备以下条件，即承包人必须按照合同约定全部履行了自己的义务，即工程全部完工，且工程通过了竣工验收，不存在质量问题，具备交付使用的条件或者已经交付使用。本案中，虽然不宜认定长城公司在履行合同中存有违约责任，但毕竟讼争工程属于未完工程，且经鉴定，已完工程存在质量问题，故不应赋予长城公司工程款优先受偿的权利。另一种观点认为，长城公司应当优先受偿工程款。因为讼争工程虽系未完工程，但导致工程停工的责任在于宏伟公司，即宏伟公司未按照合同约定支付工程款，致使长城公司无力继续垫资施工而使工程被迫停工，进而导致解除合同。且已完工程虽然存有质量问题，但经鉴定属于建设工程施工中的质量通病，并不影响整体的工程质量，经适当整改后可以继续施工建设。建设工程施工合同中，存在一般性的质量瑕疵，是该类合同履行经常遇到的情况，不会对工程的结构安全构成威胁。因此，不能以质量不合格为由，限制长城公司工程款优先受偿的权利。长城公司多次催告宏伟公司履行合同，宏伟公司仍未支付工程款，故长城公司依据合同法的相关规定，应当优先受偿工程款。

经二审法院研究，最终采纳了上述第二种观点。

《合同法》第二百八十六条的规定，是法律赋予承包人工程款优先受偿的权利。从合同法规定的条文表述分析，没有要求承包人优先受偿工程款以工程完工并经竣工验收为先决条件，在合同解除的情形下，承包人也对未完工程享有优先受偿的权利。

四、法律索引

1. 《合同法》。

第二百八十六条 发包人未按照约定支付价款的，承包人可以催告发包人在合理期限内支付价款。发包人逾期不支付的，除按照建设工程的性质不宜折价、拍卖的以外，承包人可以与发包人协议将该工程折价，也可以申请人民法院将该工程依法拍卖。建设工程的价款就该工程折价或者拍卖的价款优先受偿。

2. 最高人民法院《关于建设工程价款优先受偿权问题的批复》经研究，答复如下：

第一，人民法院在审理房地产纠纷案件和办理执行案件中，应当依照《中华人民共和国合同法》第二百八十六条的规定，认定建筑工程的承包人的优先受偿权优于抵押权和其他债权。

第二，消费者交付购买商品房的全部或者大部分款项后，承包人就该商品房享有的工程价款优先受偿权不得对抗买受人。

第三，建筑工程价款包括承包人为建设工程应当支付的工作人员报酬、材料款等实际支出的费用，不包括承包人因发包人违约所造成的损失。

第四，建设工程承包人行使优先权的期限为六个月，自建设工程竣工之日或者建设工程合同约定的竣工之日起计算。

第五，本批复第一条至第三条自公布之日起施行，第四条自公布之日起六个月后施行。

案例7 施工合同无效但工程经竣工验收合格如何结算工程价款

一、基本案情

2006年6月10日，某建筑公司与某房地产公司签订《建设工程施工合同》，约定由某建筑公司承建大贵大厦。合同对施工范围、工期、价款、质量标准、违约责任、索赔等内容作出详尽约定。2007年10月工程依约竣工，经验收合格并已交付发包人使用，双方因工程款纠纷诉至法院。法院经审理查明，某建筑公司属超越资质等级承揽工程，认定施工合同无效。诉讼中，某建筑公司请求按照签约时的工程定额标准据实结算工程价款；而发包人主张依约支付工程尾款，依据为最高人民法院《关于审理建设工程施工合同纠纷案件适用法律问题的解释》（以下简称《解释》）第二条规定"建设工程施工合同无效，但建设工程经竣工验收合格，承包人请求参照合同约定支付工程价款的，应予支持"。承包人某建筑公司答辩认为，此规定只适用于承包人，对发包人不适用，故请求支持其提出的诉讼请求。

二、案件审理

在审理本案时，形成了两种不同意见。

第一种意见认为，应当严格按照《解释》规定的文义内容解释，只保护承包人的请求权。《解释》第二条明确规定"承包人请求参照合同约定支付工程价款的，应予支持"。这里的承包人是特定的，不包括工程发包人；从保护弱者、有利于保证工程质量的立法本意上理解，《解释》第二条规定的请求权只赋予承包人，而发包人则不享有。目前建筑市场存在着严重供大于求的现象，属发包人市场，签约时发包人地位强势，承包人相对弱势，为获取工程承包权，承包人常常接受发包人开出的苛刻条件。市场供需关系决定利润很低，大多低于当年适用的工程定额标准和政府公布的市场价格信息标准；承包人获取工程的施工权后，常常采取偷工减料，以次充好，虚构工程量等不法手段赚取不当利润。如果施工合同无效，工程又经竣工验收合格，具备法定交付条件，作为发包人，在承包人融入进建筑工程产品当中的利润已被其通过合同最大限度地获取后，其无疑希望按照合同约定确定工程价款。而作为工程承包人，按合同约定结算工程价款，其自身利益可能会遭受严重损害。故从有利于保证工程质量，平衡双方间的利益关系考虑，《解释》第二条赋予承包人有选择权，如果承包人选择参照合同约定支付工程价款，应予支持。故该项权利仅适用于工程承包人，而不适用于工程发包人。

第二种意见认为，应平等保护合同双方的此种请求权。理由如下：第一，根据合同相对性原理，承、发包人是合同相对两方，既然《解释》规定承包人有权请求参照合同约定结算工程价款，根据对等原则，发包人也应享有此项权利。第二，从《解释》的文义内容看，承包人请求参照合同约定支付工程价款的表述形式，只是在文字表述上以承包人的名义出现而已，不具有其他内涵。从建筑市场的实际情况看，建筑业签约价格一般低于签约时工程定额标准，施工企业必然不会请求按照合同约定结算工程款，这样《解释》第二条规定就没有任何意义。第三，最高人民法院负责人在司法解释公布后"答新闻记者问"中指出，在此种情况下，《解释》第二条的规定确定了参照合同约定结算工程价款的折价补偿原则，这与《民法通则》、《合同法》第五十八条规定并不矛盾，属于合同被确认为无效后，标的物不能返还或没有必要返还时的法定处理原则在施工合同中的具体表现形式。"参照合同约定支付工程价款"，属于《解释》规定的施工合同无效后的折价补偿标准。总之，只要建设工程经竣工验收合格，即使确认合同无效，原则上按合同约定结算工程款。

一审法院最终采信第二种意见作出一审判决，即参照双方当事人合同约定结算工程价款。判决后，双方均未上诉，一审判决已发生法律效力。

三、案例评析

我们认为一审法院已生效判决是正确的，即建设施工合同无效后，建设工程经竣工验收合格，发包人请求参照合同约定支付工程价款的，应予支持。理由如下：

1. 《解释》第二条规定确立的原则是合同无效时的折价补偿原则，而不是无效合同按有效处理。《合同法》第五十八条规定，合同无效或被撤销后，因该合同取得的财产应当予以返还；不能返还或没有必要返还的，应当折价补偿。建设工程施工合同的特殊之处在于，建设工程的施工过程就是承包人将劳务及建筑材料物化到建设工程的过程，合同无效时，不存在返还的可能性，只能适用折价补偿原则。保障工程质量是建筑类法律、法规的生命线，《建筑法》及相关行政法规范，均将保证工程质量作为立法的主要目的和出发点。《合同法》《城市房地产管理法》《招投标法》《建筑法》及《建筑工程质量管理条例》等法律、法规规定，建设工程未经验收或者经竣工验收不合格的，不得交付使用。虽合同无效，但建设工程经竣工验收合格即具备了法定的交付使用条件，发包人应当支付工程价款。按照法律规定，不能返还或者没有必要返还的无效合同，应当折价补偿，即据实结算。《解释》规定的"参照合同约定支付工程价款"原则，就是按照当前建筑市场供需关系的实际情况确定的，是符合实际情况的，也能够平衡承、发包双方当事人利益关系,本身就是"据实结算的标准",从而也达到了便捷、合理解决当事人纠纷的目的。

2. 赋予发包人有权请求参照合同约定支付工程价款的权利,是平等保护合同双方当事人的需要。《解释》第一条和第四条规定了合同无效的五种情形:一是承包人未取得建筑施工企业资质或超越资质等级的;二是没有资质的实际施工人借用有资质的建筑施工企业名义的;三是建设工程必须进行招标而未进行招标的;四是承包人非法转包建设工程的;五是承包人违法分包建设工程的。考察以上五种合同无效的情形就会发现,除了第三种外,其他四种导致合同无效的责任主要在承包人一方。在建设工程施工合同无效,建设工程经竣工验收合格的情况下,会出现以下几种情形:一是承包人要求参照合同的约定支付工程价款,发包人没有异议,这种情形下没有争议;二是承包人要求按照定额标准据实结算工程价款,而发包人则要求参照合同的约定支付工程价款,如果这时不支持发包人的请求,在一般合同约定工程价款低于按照定额标准据实结算工程价款的情况下,会出现由于承包人的原因导致合同无效时,由于按照定额标准据实结算工程价款高于合同约定工程价款,使其获得了比有效合同下更多的利益,这显失公平;三是承包人要求进行鉴定或委托评估的办法来认定工程款数额,而发包人则要求参照合同约定结算工程价款,我们认为,如是未完工工程结算,改变设计变更工程量,合同约定不明等特殊情况下,参照合同无法结算的,可以采取委托评估方式据实结算工程款。除此之外,应当支持发包人参照合同的约定支付工程价款的请求。综上所述,第一种情况下无异议;第二、第三种情况下,显然应支持发包人参照合同约定结算工程价款的诉讼请求。

综上,可以认为,建设工程施工合同无效,但建设工程经竣工验收合格,发包人请求参照合同约定支付工程价款的,应予支持。

在民事活动中,双方当事人的权利和义务是平等的。根据最高人民法院《关于审理建设工程施工合同纠纷案件适用法律问题的解释》)第二条规定的精神,建设工程施工合同无效,但建设工程经竣工验收合格,发包人请求参照合同约定支付工程价款的,应予支持。

四、法律索引

1. 最高人民法院《关于审理建设工程施工合同纠纷案件适用法律问题的解释》。

第二条 建设工程施工合同无效,但建设工程经竣工验收合格,承包人请求参照合同约定支付工程价款的,应予支持。

第三条 建设工程施工合同无效,且建设工程经竣工验收不合格的,按照以下情形分别处理:

(一)修复后的建设工程经竣工验收合格,发包人请求承包人承担修复费用的,应予支持;

(二)修复后的建设工程经竣工验收不合格,承包人请求支付工程价款的,不予支持。

因建设工程不合格造成的损失,发包人有过错的,也应承担相应的民事责任。

2. 《合同法》。

第五十八条 合同无效或者被撤销后,因该合同取得的财产,应当予以返还;不能返还或者没有必要返还的,应当折价补偿。有过错的一方应当赔偿对方因此所受到的损失,双方都有过错的,应当各自承担相应的责任。

案例 8　　建设单位分立或合并后工程款给付义务的承担

上诉人（原审被告）：太原三晋国际饭店
上诉人（原审被告、反诉原告）：太原三晋大厦
被上诉人（原审原告、反诉被告）：SX 省 A 建筑工程有限责任公司

一、SX 省高级人民法院一审查明的事实

1992 年 8 月，SX 省 A 建筑工程有限责任公司（以下简称 A 建筑公司）与原万豪国际酒店筹建处就"三晋大厦改扩建工程"签订了《工程合同》。A 建筑公司于 1992 年 10 月开工。1993 年 5 月，双方又分别签订了《补充合同》及《万豪国际酒店 A、C 区粗装修、旧主楼改造、配套工程承包合同》，就工程内容、施工期限、质量保证、付款方式等方面作了进一步明确约定。施工期间，由于原万豪国际酒店中方投资不能完全到位，从 1993 年开始就不断发生局部性的停窝工现象，发展到 1994 年底全部停工，一直持续到 1996 年 3 月才复工。全面持续停工时间为一年零三个月。停工期间虽然 A 建筑公司施工人员大部分撤出，只留有一部分看场人员，但大部分三钢机具继续留场，人员窝工、机具闲置给 A 建筑公司造成较大的停窝工损失。但是在能够正常施工期间，由于 A 建筑公司组织管理问题，发生了多次返工和质量整改，也造成了一定的停窝工和工期延误。在施工过程中，太原三晋大厦（以下简称"三晋大厦"）将应由 A 建筑公司总包工程中的一部分工程分包给沈阳强风天窗幕墙有限公司（以下简称"强风公司"）和汾阳德力公司及晋中地建公司，此三家公司分包工程量总计 4 097 500 元。另外，1993 年 11 月 14 日，强风公司将其从三晋大厦分包工程中的玻璃幕墙钢架部分又转分包给 A 建筑公司，此部分工程总包价为 130 000 元。此项工程款已由三晋大厦受强风公司委托代强风公司向 A 建筑公司支付 78 000 元，尚欠 52 000 元（含协调费 3 000 元）。1996 年，原万豪国际酒店港方投资人香港南方国际酒店有限公司撤出投资后，由三晋大厦全面接管了续建工程，三晋大厦在承继原万豪国际酒店筹建处的权利义务基础上，与 A 建筑公司就中水机房、B 区 15、16 层土建等项工程项目续签了施工协议书，继续由 A 建筑公司承包施工。但是仍然主要由于资金不能按时到位以及施工中多次发生质量整改等原因，导致工程不断停工，到 1998 年 6 月基本完工。

此后，A 建筑公司编制了《工程结算表》递交三晋大厦工程指挥部，要求结算工程款并组织验收。三晋大厦对 A 建筑公司送的结算表委托监理公司进行了部分审核，审核后将结算表返给 A 建筑公司，但尚有一部分结算表没有返回，形成工程款不能结算。现三晋大厦在未组织竣工验收的情况下，已将工程投入使用。A 座、C 座已营业四五年，B 座虽未营业，但已装潢。剩余工程款一直未付。

一审法院审理期间，曾因双方的申请，中止过审理。恢复审理后，一审法院委托 SX

省高级人民法院司法鉴定中心对工程进行了评估鉴定。其结论为，该工程总造价41 789 241元。鉴定遗留了三个问题，即：（1）1993年11月14日，强风公司与A建筑公司签订了《关于玻璃幕墙钢架的协议》。该协议中，强风公司将其承包的三晋大厦玻璃幕墙钢架部分分包给A建筑公司，A建筑公司所包部分价款为130 000元。在施工过程中，三晋大厦代强风公司付给A建筑公司78 000元，尚欠52 000元。因该项协议事项并非本案双方当事人之间工程结算范围，故没有包括在鉴定价款中。（2）在施工过程中，三晋大厦将A建筑公司承包工程中的一部分工程分包给了其他施工单位。按照《SX省建设工程费用定额》中的有关规定，A建筑公司应向三晋大厦计取分包总价的2%～5%的现场配合、交叉影响费。三晋大厦分包情况为：强风公司工程结算2 586 296元，汾阳德力公司网架工程结算831 004元，晋中地建公司加固工程款为680 200元，总计4 097 500元。此部分未包括在鉴定结论中。（3）关于停、窝工损失，A建筑公司提出三晋大厦工程在原万豪国际酒店筹建处管理期间，由于设计、资金等原因，造成其停工、窝工损失，要求补偿6 009 155元，以上损失所提补偿数因没有对方认可的依据，故未包括在鉴定结论中。之后，关于停、窝工问题，A建筑公司又补充了19份有关证据，并重新做了停、窝工结算表，请求补偿数由原来的6 009 115元变更为6 641 675元。A建筑公司补充提供的主要证据有SX省太原市人民政府有关文件以证明停、窝工的原因和时间，万豪国际酒店筹建处、行政例会、工程例会、工程形势研讨会、全体员工会议等会议纪要，万豪国际酒店工程指挥部总指挥李雍文的证明等，证明1993年度停、窝工损失1 708 133.70元，1994年度1 464 114.60元，1995年度2 928 229.20元，1996年度541 201.50元，共计6 641 675元。三晋大厦补充质证和补充答辩意见是：A建筑公司所提的停、窝工损失的请求已超过诉讼时效，应当予以驳回。因为从所提19份补充证据来看，所述损失均为1993年至1996年期间最近的也有四年之久，显然超过诉讼时效。在庭审中，一审法院向三晋大厦说明，《会议纪要》中承诺，"停、窝工损失以后综合考虑"，以后所指何时，现在结算尚未搞完，诉讼时效亦待定，在这种情况下，对停、窝工损失部分的结算是否质证？三晋大厦仍然坚持时效已过，不予质证。

经鉴定，应付工程款为41 789 241元，已付款为33 525 800元，尚欠8 263 441元。三晋大厦主张另外还付工200万元，但没有付款和收款凭证，A建筑公司不承认收到该200万元。

二、当事人一审诉讼请求与答辩理由

1999年11月9日，A建筑公司以要求判令太原三晋国际饭店（以下简称三晋国际饭店）给付拖欠15 479 716元及利息，停工、窝工损失6 009 115元，工程配合费及利息300万元为由，诉至SX省高级人民法院，2000年9月15日，又以三晋大厦与三晋国际饭店系两块牌子、一套人马为由，追加为共同被告。A建筑公司诉称，A建筑公司于1998年8月与原万豪国际酒店筹建处就三晋大厦改扩建为万豪国际酒店的工程内容签订了总承包性质的《工程合同》，以后双方又对该合同作了两次补充。1992年10月A建筑公司开始施工，但由于三晋国际饭店和三晋大厦不能按照合同约定按期拨付工程款，到1993年开始局部停工，1994年12月由于港方合作人撤走、投资主体变更等原因，导致工程全部停工，直至1996年3月SX省太原市人民政府组织三晋大厦接管工程后才复工，持续停工期间长达一年零三个月之久。停工期间一直要求等待拨付资金,不准撤走施工人员和三钢机具,致使由于长期停窝工给A建筑公司造成巨大经济损失。此外施工期间,三晋国际饭店和三晋大厦未经同意还将应由A建筑公司总承包工程中的部分工程分包给其他单位施工,使A建筑公司在工程交叉配合方面也造成一定损失。A建筑公司作为主承包人为了保证工程质量和进度,不得不到处贷款赊料以筹垫付资金,并积极组织施工。1998年6月工程基本完工,具备竣工验收条件,虽经多次催促,三晋国际饭店和三晋大厦却拒不组织竣工验收,也不支付工程欠款,反而要求退场,提前投入使用。现三晋国际饭店和三晋大厦拖欠工程款共计15 479 716元,为此特提起诉讼,请求判令三晋国际饭店和三晋大厦支付上述工程欠款,并依法给付相应分包工程交叉配合费,同时赔偿停窝工损失6 009 115元及承担相应的利息和本案诉讼费用,并判令三晋国际饭店和三晋大厦代强风公司给付所欠剩余工程款52 000元。

三晋大厦辩称,A建筑公司虚构诉讼标的,谎报工程量,在工程存在严重质量缺陷且尚未竣工验收的情况下要求支付工程款于法无据、于理不通。其对于工程停工及工期延误负有不可推卸的责任,资金问题并非是导致停窝工的主要原因,A建筑公司组织管理松散、劳动力投入不足才是真正原因。将停窝工的原因全部归责于三晋大厦并要求偿付巨额损失的诉讼请求有悖事实情理。鉴于A建筑公司虚构工程数量和价款,申请对工程量进行鉴定,并在适当时就工程质量缺陷等问题对A建筑公司提出反诉。A建筑公司主张的所谓"工程配合费及利息"应由分包工程的第三人承担,强加于三晋大厦实属无理。与此同时,A建筑公司要求三晋大厦代强风公司支付剩余工程款的主张也没有任何依据,是滥用诉权,应当承担相应的法律后果。

三晋国际饭店辩称,A建筑公司与万豪公司和三晋大厦签订建筑工程合同,三晋国际饭店与A建筑公司没有任何合同关系,不应列为被告。三晋大厦是独立法人,完全可以独立承担民事责任,与三晋国际饭店并非同一主体,请求驳回A建筑公司的起诉。

2002年2月18日,三晋大厦反诉称,A建筑公司在"三晋大厦改扩建,工程施工期间,由于工程管理组织松散,自身工程质量监督体系不健全,经常出现不按标准设计施工,使用不合格建材等,致使施工工程存在诸多质量缺陷及安全隐患。三晋大厦曾多次要求A建筑公司对施工中的质量问题进行整改,但该公司始终采取回避态度,拒不履行返修义务,使我方后期工程施工受到严重阻碍,同时也在经济上蒙受近千万元的重大损失。为了保证大厦后期工程能够顺利进行,三晋大厦不得已对现存部分质量问题进行了整改,但仍无法完全杜绝工程中存在的质量缺陷和安全隐患。由此,根据民事诉讼法及有关规定提起反诉,要求A建筑公司承担法定质量返修义务,并赔偿三晋大厦所造成的经济损失210万元,负担本案全部诉讼费用。

A建筑公司辩称,A建筑公司承建的三晋大厦改扩建工程没有质量问题,而且三晋大厦已经丧失提出质量问题的资格,超过了时效,反诉本身作为诉讼中的一个程序也过了时效。A建筑公司作为国家一级建筑工程施工企业,施工管理严格规范,同时,还有正规监理公司全过程跟踪监理,严格监督检查,发现问题及时处理,使工程质量得到完全可靠的保证。从工程开工到2000年1月诉至法院,三晋大厦从未提出工程有质量问题,从未接到过三晋大厦所谓要求修补质量缺陷的任何函件。只是在起诉后,三晋大厦出于不愿给付我方工程款的动机,为了把案件拖住,才提出所谓工程质量问题,发函要求返修,并以此为由提出反诉。事实上三晋大厦提出存在所谓质量缺陷的主体工程在未经验收的情况下，早已被三晋大厦投入巨资进行了豪华装修，并提前投入使用，到目前A区和C区提前投入使用已达五年之久，并已获得丰厚收益。即使是在反诉中提出所谓质量缺陷比较多的B区，三晋大厦也已在搁置了三年以后进行了全面装潢。根据我国有关建筑工程法规规定，工程未经验收，建设单位提前使用或擅自动用，发现质量问题自己承担责任。另外，建设部建筑工程质量管理办法规定，民用与公共建筑工程保修期限为一年。所以三晋大厦提出质量问题已过时效。此外，本案诉讼已历时两年多，前后开庭四、五次，法庭调查、双方举证、质证已经完成，法庭辩论也已结束，三晋大厦突然提出反诉，应当说已过时效期间。综上，请求依法驳回三晋大厦的反诉请求。

三、SX省高级人民法院一审审理与认定

一审法院经审理认为，A建筑公司和万豪国际酒店、三晋大厦的一系列施工合同及协议和会议纪要均为有效。A建筑公司按照约定基本完成了施工任务，三晋大厦已支付工程款33 525 800元，尚欠8 263 441元未付，三晋大厦应当依约按期支付工程款，拖欠不付，应承担违约责任。强风公司的工程款，系1993年11月14日。强风公司与A建筑公司签订的《关于玻璃幕墙钢架的协议》，并非本案当事人双方之间的工程结算范围，非同一法律关系，A建筑公司应向强风公司主张权利。关于配合费的问题，是在施工过程中，三晋大厦将A建筑公司总包工程中的一部分工程分包给了强风公司为2 586 296元；汾阳德力公司网架工程为831 004元；晋中地建公司加固工程为680 200元，三家共计4 097 500元。按照《SX省建设工程费用定额》中的有关规定，A建筑公司应取现场配合费3%，计费122 925元，此款项按规定应由建设单位三晋大厦支付。关于停工、窝工损失A建筑公司诉请提出在1993年至1996年施工期间，因设计、资金等原因，造成多次停、窝工，损失达600余万元。一审法院司法鉴定中心鉴定因A建筑公司所提损失补偿数没有对方认可的依据，故未包括在鉴定结论中。此后，一审期间，A建筑公司针对以上缺陷又提供了19份证据，其中有：工程会议纪要、三晋大厦的行政会议纪要、SX省太原市人民政府文件、三晋大厦工程总指挥的证人证言等。说明停、窝工事实确实存在。在补充诉讼中，三晋大厦以所提请求已过诉讼时效为由，对A建筑公司陈述的停工、窝工事实及证据，既未表示承认，也未表示否认。但会议纪要中曾讲明停窝工的损失以后一并解决，双方结算尚未完成，因此未超过诉讼时效，该损失应当认定。三晋大厦再三不予质证，又不提出相应证据，视为对该事实的承认。停、窝工损失费依A建筑公司结算数6 611 675元计。施工过程中也有A建筑公司组织管理问题，发生了多次返工和质量整改，也造成了一定的窝工和工期延误，给三晋大厦造成一定损失，该损失应与A建筑公司的损失相抵，将原确定的6 611 675元按三七分担。折算之后，三晋大厦补给A建筑公司款项变为4 628 172.50元。三晋大厦于2002年2月反诉A建筑公司施工工程质量问题，请求赔偿210万元。经查，A建筑公司施工的工程，虽未办理竣工验收，但其A座、C座早已投入使用，B座已装修。已完工程未经验收即投入使用，应视为合格，若再出现质量问题，责任应由建设方自负。故此反诉请求予以驳回。三晋国际饭店无偿使用三晋大厦的场所、设施进行营业活动，收取利益，故应与三晋大厦共同承担建筑其场所的债务。依照《中华人民共和国民法通则》第八十四条、第一百零六条和《建筑工程承包合同条例》第十三

条第二款、第四十五条及《SX省工程费用定额》第七条第三款、第九款之规定，判决：(1) 三晋大厦与A建筑公司建筑工程合同、协议及会议纪要有效；(2) 三晋国际饭店和三晋大厦共同支付A建筑公司工程款8 263 441元及利息（利率按照中国人民银行规定的同期贷款利率计算，从1998年6月三晋大厦使用工程之日起计算至判决生效之日止）；(3) 三晋国际饭店和三晋大厦付A建筑公司停窝工损失费4 628 172.5元及利息（利率和利息起算时间同第二项）；(4) 三晋国际饭店和三晋大厦应支付A建筑公司工程配合费122 925元；(5) 驳回A建筑公司的其他诉讼请求；(6) 驳回三晋大厦的反诉请求。案件受理费164 847.50元，鉴定费150 000元，反诉费20 510元，共计335 357.50元，由A建筑公司负担105 357.50元，由三晋国际饭店和三晋大厦负担230 000元。

四、当事人上诉请求与答辩理由

三晋国际饭店和三晋大厦不服SX省高级人民法院（2000）晋经一初字第1号民事判决，向最高人民法院提起上诉。

三晋国际饭店上诉称，一审判决认定事实不清，适用法律错误，其不欠A建筑公司工程款，请求撤销一审判决，驳回A建筑公司的诉讼请求，由A建筑公司负担本案诉讼费用。

主要事实和理由是：(1) 一审判决三晋国际饭店和三晋大厦共同支付A建筑公司工程款及窝工损失、工程配合费没有事实和法律依据，三晋国际饭店和三晋大厦分别为独立法人，对此建设工程合同纠纷不存在连带责任问题，判决三晋国际饭店承担三晋大厦的连带责任，适用法律错误。(2) 一审法院在无任何事实依据的情况下判决三晋国际饭店付给A建筑公司停工损失费4 628 172.5元及利息，严重侵犯了三晋国际饭店的合法权益。本案并非A建筑公司起诉中称的是三晋国际饭店工程资金不能按期拨付，导致停工，事实上三晋国际饭店在1992年至1994年间已支付了绝大部分工程款，这在工程鉴定书中亦予以认定，而A建筑公司却管理混乱，无施工许可证，造成工期延误，以致不能在合同约定的期限内完成工程，给三晋国际饭店造成了近1 000万元的直接损失，间接损失更是无法估计，已完的工程又存在严重质量问题，直接影响到下一步的工程，是A建筑公司违约在先，才导致停工，如有损失，也应该是A建筑公司向三晋国际饭店支付，而且本工程A建筑公司没有施工许可证，根本不具备开工条件，属于不应开工的工程，何谈停工损失？一审判决有违公平、公正的民法基本原则。而且根据证据规则，是否有停工损失、损失具体金额应是A建筑公司负有举证责任，A建筑公司所举的19份证据并不是合法有效的证据，所举的会议纪要上既无参会人员的签字，又无发文单位的公章，这种打印的会议纪要可以按举证人的意图随便打出，根本不能作为有效证据；其向法庭提交的停窝工损失计算表是其在诉讼后单方作出的，从中可以看出两个问题：一是此为单方行为，三晋国际饭店对此不予认可；二是可证明A建筑公司在本案诉讼前并未向三晋国际饭店主张过停工损失，现在主张已过诉讼时效。一审法院在三晋国际饭店对这些证据不予认可的情况下，本应判决A建筑公司承担举证不利的后果，但却对这些不是合法有效的证据予以认定，明显违反了民事诉讼法的规定，本案的事实是A建筑公司延误工期和质量存在严重问题，请求二审法院予以纠正。(3) 一审判决三晋国际饭店给付工程款及利息计算方法适用法律错误，本案不能按工程价款鉴定数额确定是否欠付工程款。按照法理，逾期付款的本息应从双方权利义务明确时计算，本工程既未最后完工，A 建筑公司作为一级施工企业，其主要预算 B 区主体施工预算未按要求申报，所有施工的工程至今未交付工程验收的有关资料及竣工图，整个土建工程根本不具备工程竣工验收的基本条件，因此本工程根本不能进行验收，是否欠付工程款，欠付多少均不清楚，如要进行工程价款鉴定，必须先进行工程质量验收，竣工验收是前置程序，如不进行这个程序即使鉴定出工程价款也不是确定欠付工程款的依据。A 建筑公司在没有施工许可证的情况下进行施工，双方的合同根本不具备履行条件，A 建筑公司对不能结算应负全部责任。因此本案从 1998 年 6 月开始计算本息明显不妥，应从双方权利义务明确时才开始计算，本案截至一审判决双方权利义务仍不明确。三晋大厦曾代付 A 建筑公司工程材料款 200 余万元的证据充分，应从未付工程款中扣除。本案不是一审法院认定的那样，已完工程未经验收即投入使用，一审法院视使用和装修明显区别而不见，简单认定工程已投入使用是错误的，事实上本工程主要建设均在 B 座，而 B 座至今并未投入使用，A 建筑公司管理不善，野蛮施工，给太原万豪国际酒店工程造成了长时间的延误工期和众多的质量缺陷，给太原万豪国际酒店造成了近千万元的直接损失，这些损失 A 建筑公司应承担赔偿责任，在权利义务明确时还应退还多付的工程款，因此该工程并不欠付工程款。应从鉴定确定之日或者终审判决之日起开始计算利息。(4) SX 省有关定额中关于配合费的规定不是强制性规定，当事人在合同中有配合费负担的约定，一审判决三晋国际饭店支付工程配合费 122 925 元于法无据。

  三晋大厦上诉称，一审判决认定事实不清，适用法律错误，请求撤销一审判决，驳回 A 建筑公司的诉讼请求。主要事实和理由与三晋国际饭店相同：(1) A 建筑公司对三晋大厦不享有诉权。(2) 一审判决三晋大厦给付 A 建筑公司停工损失费 4 628 172.50 元及利息，无事实依据和法律依据。A 建筑公司所举的 19 份证据不是合法有效的证据。(3) 一审判决三晋大厦给付工程款及利息计算方法适用法律错误，本案不能按工程价款鉴定数额确定是否欠付工程款，三晋大厦还以其他方式向 A 建筑公司合并支付 2 134 173.71 元，即在 1996 年至 1997 年间为 A 建筑公司提供了涉及价值 1 827 959.52 元的钢材、水泥，在共计 40 份 A 建筑公司《材料（工用具）调拨单》的材料员栏目中有兰百花、张合水和邵会康等该公司职员的签字；向 A 建筑公司支付了 100 000 元工程款；代付了 231 964.19 元水、电、电话费等，上述总计 2 134 173.71 元，应包括在已付工程款内。已付工程款不是一审判决认定的 33 525 800 元，而是 35 659 973.71 元。(4) 一审判决三晋大厦支付工程配合费 122 925 元于法无据。

  A 建筑公司答辩称，一审期间对工程价款进行了司法鉴定，鉴定结论已经一审法院组织质证，鉴定结论客观真实，得到工程款和利息是 A 建筑公司依据合同应当取得的利益；根据相关法律和 SX 省有关工程取费定额的规定，三晋大厦应当支付停工、窝工损失；该工程是总包性质，三晋大厦又将部分工程分包给他人，应当就分包部分支付 2% ~ 5% 的配合费。1992 年三晋大厦与港方合资决定对三晋大厦改造，名称暂定为万豪国际酒店，1994 年底，港方撤走后，太原市政府决定由三晋大厦独立完成改造又定名为三晋国际饭店，因此从法律关系上讲，三晋国际饭店和三晋大厦之间负有连带责任。由于资金、设计等原因，停工、窝工损失是客观存在的，主要责任在建设方，三晋国际饭店和三晋大厦理应承担该笔损失的主要责任。一审判决按 3% 下判配合费，已经考虑了三晋国际饭店和三晋大厦的利益，不能说不公正。一审判决从使用工程开始支付利息，比较公平。一审判决认定事实清楚，适用法律正确，请求二审法院依法驳回上诉，维持原判。

五、最高人民法院二审查明的事实

最高人民法院在二审中查明：根据当事人申请，一审法院委托的SX省高级人民法院司法鉴定中心于2001年9月7日对讼争工程造价作出了《鉴定书》。1993年5月15日，A建筑公司与原万豪国际酒店筹建处签订《万豪国际酒店A、C区粗装修、旧主楼改造、配套工程承包合同》第八条约定，A建筑公司要负责和装潢队伍、安装单位的配合，所发生的配合费由A建筑公司和装潢队伍和安装单位商定。1993年8月7日，A建筑公司与强风公司签订《施工管理协议书》第7条约定，施工管理和配合费用按直接费的5%计取。1993年9月17日，A建筑公司与晋中地区建筑经济技术开发中心签订《施工管理配合协议书》约定，晋中地区建筑经济技术开发中心以旧主楼粘钢补强工程总造价乘以70%的5%。作为付给A建筑公司的管理配合费。A建筑公司在二审庭审中认可50 000元水电费尚未结清。据1994年7月15日《太原万豪国际酒店工程会议纪要》中载明，万豪国际酒店筹建处黄华总经理表示，窝工损失以后会综合考虑。三晋大厦与三晋国际饭店系两块牌子、一套人马，与三晋大厦系同一住所地、同一法定代表人、使用同一财务报表和账户，管理层和基本职能机构相同，三晋国际饭店是对外营业的称谓。三晋国际饭店是从原万豪国际酒店筹建处演变发展而成，三晋国际饭店和三晋大厦承接了原万豪国际酒店筹建处的全部权利和义务。

二审中查明的其他事实与一审中查明的事实相同。

六、最高人民法院认定与判决

最高人民法院经审理认为，A建筑公司与原万豪国际酒店筹建处签订的建设工程合同一直得到履行，三晋国际饭店系原万豪国际酒店筹建处在港方资金撤走后的企业法人的更名，依法应享有原万豪国际酒店筹建处的权利并承担义务。三晋大厦始终是该工程项目的投资人之一，也是后来与A建筑公司签订的一些分项合同的当事人。三晋国际饭店是对外营业的称谓，与三晋大厦系同一住所地、同一法定代表人、使用同一财务报表和账户，管理层和基本职能机构相同，三晋国际饭店和三晋大厦承接了原万豪国际酒店筹建处的全部权利和义务。因此一审判决三晋国际饭店和三晋大厦共同承担支付拖欠工程款的责任，并无不当。三晋国际饭店和三晋大厦主张其分别为独立的企业法人，应各自承担责任的理由不成立，不予支持。三晋国际饭店和三晋大厦主张A建筑公司提出的证据证明因停工、窝工造成6 611 675元的损失，已过诉讼时效，在一审中不予质证。在履行合同期间，原万豪国际酒店筹建处负责人曾经表示，窝工损失以后会综合考虑，是对承担这部分损失的同意，三晋国际饭店和三晋大厦承接了原万豪国际酒店筹建处的权利和义务，即有义务对该部分损失承担责任，其主张已过诉讼时效的理由不成立，不予支持。一审法院根据双方在合同履行中的过错程度以及各自所受损失的情况，确定按三、七比例，由三晋国际饭店和三晋大厦负担A建筑公司停工、窝工损失费4 628 172.50元及利息，由A建筑公司自行负担其余下的停工、窝工损失费。从有关证据看，A建筑公司停工、窝工损失是存在的，只是对A建筑公司单方提出的损失数额以及导致损失的过错责任程度，争议较大。实际上造成停工、窝工损失原因是多方面的，主要受1993年宏观调控政策影响，资金、设计等发生变化,施工管理也造成一定影响,既有双方原因,也有非双方的原因,难以证明双方在造成停工、窝工方面责任的大小,一审判决双方承担损失费的责任比例,与本案当事人在导致停工、窝工损失的责任不尽相符,依据不充分,应予调整。根据双方在造成停工、窝工损失方面的过错程度,由双方各承担该项损失的一半,既符合公平原则,也符合本案双方当事人履行合同的实际情况。据此应将一审判决确定的由三晋国际饭店和三晋大厦承担的停工、窝工损失 4 628 172.50 元及利息调整为 3 305 837.50 元及利息。一审法院委托鉴定机构对讼争工程造价进行了鉴定,鉴定结论为应付工程款为 41 789 241 元,三晋国际饭店和三晋大厦已付款为 33 525 800 元,尚欠 8 263 441 元。三晋国际饭店和三晋大厦对应付工程款没有异议,只是除对已付的上述款项认可外,还主张在 1996 年至 1997 年间为 A 建筑公司提供了价值 1 827 959.52 元的钢材、水泥,支付了 100 000 元工程款,代付了 231 964.19 元水、电、电话费等,总计 2 134 173.71 元。在共计 40 份 A 建筑公司《材料调拨单》中,确有该公司职员的签字,涉及价值 1 827 959.52 元的钢材、水泥等建筑材料。但这些建筑材料代买以及款项的垫付,属于工程造价鉴定的内容。一审法院根据当事人申请委托鉴定机构对双方讼争工程造价进行鉴定并作出鉴定结论后,三晋国际饭店和三晋大厦在对鉴定结论涉及的有关问题所提异议中,没有包含上述内容,并且在上诉请求中也没有对鉴定机构资质和鉴定程序提出异议,也没有申请重新鉴定,只是提出应认定上述款项为已付款项并从尚欠款额中扣除。这就表明三晋国际饭店和三晋大厦对鉴定结论是认可的。在鉴定机构作出鉴定结论后,一审法院经组织质证并由鉴定机构作出说明后,将此作为工程款结算的依据,并无不当。鉴定结论确认已付工程款为 33 525 800 元,尚欠 8 263 441 元,但 A 建筑公司在二审庭审中认可 50 000 元水电费尚未结清,属于诉讼中的自认,该笔款项应予扣除,三晋国际饭店和三晋大厦尚欠工程款应为 8 213 441 元。三晋国际饭店和三晋大厦主张未付工程款的利息应随付工程款本金确定之日起支付,不应判决从工程使用之日开始计息。三晋国际饭店和三晋大厦未经竣工验收就开始使用工程,既表明对工程质量责任的自行承担,同时也是对自开始使用工程时支付尚欠工程款本金和利息的事实认可。造成未付工程款的原因在三晋国际饭店和三晋大厦,其主张从判决确定之日起计算利息,缺乏法律依据和事实依据,不予支持;一审判决确定自 1998 年 6 月三晋国际饭店和三晋大厦开始使用工程之日起计算利息,并无不妥。《SX 省建设工程费用定额》是 SX 省的地方性部门规章,鉴定结论中提及按照上述规定,A 建筑公司可向三晋国际饭店和三晋大厦计取分包工程造价 4 097 500 元的 2%~5% 的现场配合、交叉影响费,但未计算在工程造价中。一审法院参照上述幅度,判令三晋国际饭店和三晋大厦按 3% 向 A 建筑公司支付 122 925 元。由建设单位向施工单位支付配合费,不是法律、行政法规的强制性规定,当事人对有关配合费承担的约定不违反法律和行政法规的强制性规定,对当事人应具有约束力。本案所涉工程承包合同约定,由 A 建筑公司与装潢队伍和安装单位商定发生的配合费。A 建筑公司与有关分包单位签订的协议中,已明确约定由各分包商自行承担有关施工管理配合费,作为建设方的三晋国际饭店和三晋大厦没有承担施工配合费的合同义务。三晋国际饭店和三晋大厦主张,一审法院委托的鉴定机构作出的鉴定结论中没有包括该部分施工配合费,一审判决按三晋国际饭店和三晋大厦对外分包工程造价的 3% 判令其向 A 建筑公司支付 122 925 元施工配合费,没有合同依据和法律依据,该判项应予撤销的理由成立,予以支持。根据《中华人民共和国民事诉讼法》第一百五十三条第一款第（三）项之规定，最高人民法院于 2003 年 8 月 17 日发出（2003）民一终字第 29 号民事判决书，判决：

1. 维持 SX 省高级人民法院（2000）晋经一初字第 1 号民事判决第一项、第五项和第六项。

2. 撤销 SX 省高级人民法院（2000）晋经一初字第 1 号民事判决第四项。

3. 变更 SX 省高级人民法院（2000）晋经一初字第 1 号民事判决第二项为：三晋国际饭店和三晋大厦共同支付 A 建筑公司工程款 8 213 441 元及利息（利息从 1998 年 6 月三晋大厦使用工程之日起，按中国人民银行同期同类贷款利率计算）。

4. 变更 SX 省高级人民法院（2000）晋经一初字第 1 号民事判决第三项为：三晋国际饭店和三晋大厦支付 A 建筑公司停工、窝工损失费 3 305 837.50 元及利息（利息从 1998 年 6 月三晋大厦使用工程之日起，按中国人民银行同期同类贷款利率计算）。

一审案件受理费、反诉费和鉴定费按一审判决执行；二审案件受理费 185 357.50 元，由三晋国际饭店和三晋大厦负担 148 286 元，A 建筑公司负担 37 071.50 元。

七、对本案的解析

本案主要涉及以下几个问题：

1. 关于三晋国际饭店和三晋大厦是否存在共同承担支付工程款责任的问题。根据《民法通则》第四十四条的规定，企业法人分立、合并，它的权利和义务由变更后的法人享有和承担。原万豪国际酒店筹建处在当时虽然没有正式取得企业法人营业执照，但与有关建筑单位签订了建设工程合同，从事民事活动，是一种具有企业法人性质的活动。A 建筑公司与原万豪国际酒店筹建处签订的建设工程合同一直得到继续履行，三晋国际饭店系原万豪国际酒店筹建处在港方资金撤走后的企业法人的更名，依法应享有原万豪国际酒店筹建处的权利并承担义务。三晋大厦始终是该工程项目的投资人之一，也是后来与 A 建筑公司签订的一些分项合同的当事人，三晋国际饭店是对外营业的称谓，与三晋大厦系同一住所地、同一法定代表人、使用同一财务报表和账户，管理层和基本职能机构相同，两个法人人格归一，属于履行同一法人职能。三晋国际饭店和三晋大厦承接了原万豪国际酒店筹建处的全部权利和义务。因此，可以认定，一审判决三晋国际饭店和三晋大厦共同承担支付拖欠工程款的责任，并无不当。三晋国际饭店和三晋大厦主张其分别为独立的企业法人，应各自承担责任的理由不成立，不应得到支持。

2. 关于三晋国际饭店和三晋大厦应否付给 A 建筑公司停工损失费 4 628 172.50 元及利息问题。三晋国际饭店和三晋大厦主张 A 建筑公司提出的证据证明因停工、窝工造成 6 611 675 元的损失，已过诉讼时效，在一审中不予质证。在履行合同期间，原万豪国际酒店筹建处负责人曾经表示，窝工损失以后会综合考虑，是对承担这部分损失的同意，三晋国际饭店和三晋大厦承接了原万豪国际酒店筹建处的权利和义务，即有义务对该部分损失承担责任，其主张已过诉讼时效的理由不成立，不予支持。一审法院根据双方在合同履行中的过错程度以及各自所受损失的情况，确定按三、七比例，由三晋国际饭店和三晋大厦负担 A 建筑公司停工、窝工损失费 4 628 172.50 元及利息，由 A 建筑公司自行负担其余下的停工、窝工损失费。从当事人提供的有关证据看，A 建筑公司停工、窝工损失是存在的，只是对 A 建筑公司单方提出的损失数额以及导致损失的过错责任程度，未进行评估和鉴定，争议较大。实际上造成停工、窝工损失原因是多方面的，主要受1993年宏观调控政策影响，资金、设计等发生变化，施工管理也造成一定影响，既有双方当事人自身的原因，也有来自非双方当事人以外的原因，从现有的证据来看，确实难以证明双方当事人在造成停工、窝工方面责任的大小，一审判决双方承担损失费的责任比例，与本案当事人在导致停工、窝工损失的责任不尽相符，证据不足，依据不充分，应予调整。在不能对造成停工、窝工损失原因的情况下，根据双方在造成停工、窝工损失方面的过错程度，由双方各承担该项损失的一半，比较公平合理，也符合本案双方当事人履行合同的实际情况。据此应将一审判决确定的由三晋国际饭店和三晋大厦承担的70%停工、窝工损失即4 628 172.50元及利息调整为50%，即3 305 838元及利息。

3. 关于能否按工程价款鉴定数额确定欠付工程款的问题。一审法院委托鉴定机构对诉争工程造价进行了鉴定，鉴定结论为应付工程款为41 789 241元，三晋国际饭店和三晋大厦已付款为33 525 800元，尚欠8 263 441元。一审法院委托的鉴定部门具有相应的工程造价鉴定资质，双方当事人也没有对鉴定部门的鉴定资质和鉴定程序以及方法提出异议，一审法院认为该鉴定结论原则上可以作为认定计算事实的依据，是正确的。三晋国际饭店和三晋大厦对应付工程款没有异议，只是除对已付的上述款项认可外，还主张在1996年至1997年间为A建筑公司提供了价值1 827 959.52元的钢材、水泥，支付了100 000元工程款，代付了231 964.19元水、电、电话费等，总计2 134 173.71元。在共计40份A建筑公司《材料调拨单》中，确有该公司职员的签字，涉及价值1 827 959.52元的钢材、水泥等建筑材料。但这些建筑材料代买以及款项的垫付，属于工程造价鉴定的内容。一审法院根据当事人申请委托鉴定机构对双方诉争工程造价进行鉴定并作出鉴定结论后，三晋国际饭店和三晋大厦在对鉴定结论涉及的有关问题所提异议中，没有包含上述内容，并且在上诉请求中也没有对鉴定机构资质和鉴定程序提出异议，也没有申请重新鉴定，只是提出应认定上述款项为已付款项并从尚欠款额中扣除。这就表明三晋国际饭店和三晋大厦对鉴定结论是认可的。在鉴定机构作出鉴定结论后，一审法院经组织质证并由鉴定机构作出说明后，将此作为工程款结算的依据，并无不当。鉴定结论确认已付工程款为33 525 800元，尚欠8 263 441元，但A建筑公司在二审庭审中认可50 000元水电费尚未结清，属于诉讼中的自认，该笔款项应予扣除，三晋国际饭店和三晋大厦尚欠工程款应为8 213 441元。

4. 关于未付工程款部分的计息日应从什么时候开始计算的问题。三晋国际饭店和三晋大厦主张未付工程款的利息应随附工程款本金确定之日起支付，不应判决从工程使用之日开始计息。三晋国际饭店和三晋大厦未经竣工验收就开始使用工程，既表明对工程质量责任的自行承担，同时也是对自开始使用工程时支付尚欠工程款本金和利息的事实认可。关于支付工程款利息是属于法定孳息还是作为损失，目前民法学术界和司法实践中存在不同的观点，争论不小。但一般认为，当事人在合同中对利息起算有专门约定的从其约定，没有约定的，按照应付工程款之日起计算利息比较多见。尽管司法实务中出现了多达9种计算工程款利息的起算点，比较为大众接受的还是从负有支付工程款义务一方应支付工程款之日起计算利息。造成未付工程款的原因在三晋国际饭店和三晋大厦，其主张从判决确定之日起计算利息，缺乏法律依据和事实依据，不予支持；一审判决确定自1998年6月三晋国际饭店和三晋大厦开始使用工程之日起计算利息，并无不妥。

5. 关于当事人约定的有关收费条款的效力与有关规章规定的取费标准的效力关系问题，即三晋国际饭店和三晋大厦应否支付工程配合费 122 925 元的问题。《SX 省建设工程费用定额》是 SX 省建设厅和 SX 省发展计划委员会颁发的地方性部门规章。人民法院在民事审判中，对部门规章或者地方性部门规章是参照。鉴定结论中提及按照上述定额的规定，A 建筑公司可向三晋国际饭店和三晋大厦计取分包工程造价 4 097 500 元的 2%～5% 的现场配合、交叉影响费，但未计算在工程造价中。一审法院判令三晋国际饭店和三晋大厦按 3% 向 A 建筑公司支付 122 925 元。由建设单位向施工单位支付分包工程造价 2%～5% 的现场配合、交叉影响费，不是法律、行政法规的强制性规定，当事人对有关费用的约定只要不违反法律、行政法规的强制性规定，即具有约束力，当事人约定的有关收费条款的效力高于有关规章规定的取费标准的效力。根据有关工程承包合同约定，所发生的配合费，由 A 建筑公司与装潢队伍和安装单位商定；三晋国际饭店和三晋大厦认为，A 建筑公司与有关分包单位签订的协议中，已明确约定由各分包商自行承担有关施工管理配合费，作为建设方的三晋国际饭店和三晋大厦没有承担施工配合费的合同义务。三晋国际饭店和三晋大厦主张，一审法院委托的鉴定机构作出的鉴定结论中没有包括该部分施工配合费，一审判决按三晋国际饭店和三晋大厦对外分包工程造价的 3% 幅度判令其向 A 建筑公司支付 122 925 元施工配合费，没有合同依据和法律依据，最高人民法院在终审判决中将一审判决中的该项内容予以撤销。

八、法律索引

1. 《民法通则》。

第四十四条　企业法人分立、合并或者有其他重要事项变更，应当向登记机关办理登记并公告。

企业法人分立、合并，它的权利和义务由变更后的法人享有和承担。

2. 《合同法》。

第九十条　当事人订立合同后合并的，由合并后的法人或者其他组织行使合同权利，履行合同义务。当事人订立合同后分立的，除债权人和债务人另有约定的以外，由分立的法人或者其他组织对合同的权利和义务享有连带债权，承担连带债务。

3. 最高人民法院《关于民事诉讼证据的若干规定》。

第二十五条　当事人申请鉴定，应当在举证期限内提出。符合本规定第二十七条规定的情形，当事人申请重新鉴定的除外。

对需要鉴定的事项负有举证责任的当事人，在人民法院指定的期限内无正当理由不提出鉴定申请或者不预交鉴定费用或者拒不提供相关材料，致使对案件争议的事实无法通过鉴定结论予以认定的，应当对该事实承担举证不能的法律后果。

第二十六条　当事人申请鉴定经人民法院同意后，由双方当事人协商确定有鉴定资格的鉴定机构、鉴定人员，协商不成的，由人民法院指定。

第二十七条　当事人对人民法院委托的鉴定部门作出的鉴定结论有异议申请重新鉴定，提出证据证明存在下列情形之一的，人民法院应予准许：

（一）鉴定机构或者鉴定人员不具备相关的鉴定资格的；

（二）鉴定程序严重违法的；

（三）鉴定结论明显依据不足的；

（四）经过质证认定不能作为证据使用的其他情形。

对有缺陷的鉴定结论，可以通过补充鉴定、重新质证或者补充质证等方法解决的，不予重新鉴定。

案例 9　　工人在施工过程中人身伤害责任如何承担

原告：赵东

被告：钱南

被告：某建设股份有限公司（简称"建设股份"）

一、基本案情

2008年5月，被告某建设股份有限公司承包了某单位的工业厂房工程。被告某建设股份有限公司承包了该工程后，将该工程的钢框架焊接工程的劳务承包给被告钱南。被告钱南雇佣原告赵东为其工作，约定工资为每天80元。2008年8月10日，赵东在翻转工字钢时，由于扳手没有卡实从钢梁上脱落致赵东身体失去平衡摔倒受伤，经评定构成三级伤残。

原告赵东认为，原告在为被告某建设股份有限公司工作时受伤，应当由二被告共同承担人身损害赔偿责任；被告钱南认为，原告是在工作中受伤，应当按照工伤处理。建设股份认为，原告虽然是在工作中受伤，但与其没有劳动关系，故不同意承担责任。

二、案件处理

法院认为，原告虽然在工作中受伤，但原告系受雇于钱南，与建设股份没有形成劳动关系，故不能按照工伤事故处理；由于建设股份将工程发包给自然人钱南，属于明知承包人没有资质而发包行为，在法律是存在过错，故判决钱南承担责任，建设股份承担连带责任。

三、案例评析

本案的争议焦点是赵东与建设股份是否存在劳动关系。按照我国现行《劳动法》及《劳动合同法》的规定，建立劳动关系应当订立书面劳动合同。但在现实的劳动就业市场中，特别是针对大量的农民工和面对就业困难的社会现状，并非所有的劳动关系都能依照法律规定签订书面劳动合同。由此导致部分劳动者的合法权益不能得到有效的保护，特别是出现工伤事故后，用人单位往往会根据对自己利益的大小，在劳动关系、劳务关系（雇佣关系）中选择于己有利的方式对劳动者进行赔偿，而此也是司法实践中的一个疑难问题。

劳动法律关系与劳务法律关系的区别：（1）主体不同。劳动关系是按照《劳动法》的规定在用人单位和劳动者之间产生的一种不对等关系，是管理和被管理、支配和被支配的关系，是指在用人单位与劳动者之间产生的一种劳动者提供劳动，用人单位付报酬的稳定关系；劳务关系是按照《合同法》产生的平等主体之间的契约关系，一般情况下不存在管理与被管理的情况，劳务方只要按照约定完成工作任务即可，劳务关系的产生、变更和消灭，以及履行，均是平等的。（2）两者产生的依据不同。劳动关系是基于用人单位与劳动者之间生产要素的结合而产生的关系；劳务关系产生的依据是双方的约定，是平等民事主体按照《民法通则》、《合同法》的规定，双方意思自治的结果。（3）客体不同。劳动关系的客体是劳动关系主体双方的权利义务共同指向的对象，即劳动者的劳动行为。劳务关系的客体比较广泛，既包括行为，也包括物、智力成果及与人身不可分离的非物质利益（人格和身份）。（4）两者关系的稳定性不同。事实劳动关系当事人之间关系较为稳定、长久，反映的是一种持续的生产资料、劳动者、劳动对象之间结合的关系，而劳务关系当事人之间体现的是一种即时清洁或者延时清结的关系。本案中，法院认为，原告赵东是由钱南招揽参与施工，按照钱南的安排进行工作、由钱南为其开工资、日工资为80元，这些事实可以确认赵东与钱南之间形成了雇佣关系，根据最高人民法院《关于审理人身损害赔偿案件适用法律若干问题的解释》第十一条"雇员在从事雇佣活动中遭受人身损害，雇主应当承担赔偿责任"，"雇员在从事雇佣活动中因安全生产事故遭受人身损害，发包人、分包人知道或者应当知道接受发包或者分包业务的雇主没有相应资质或者安全生产条件的，应当与雇主承担连带赔偿责任"的规定，判决钱南承担责任，建设股份承担连带责任。

四、法律索引

1. 《劳动合同法》。

第七条　用人单位自用工之日起即与劳动者建立劳动关系，用人单位应当建立职工名册备查。

第八条　用人单位招用劳动者时，应当如实告知劳动者工作内容、工作条件、工作地点、职业危害、安全生产状况、劳动报酬，以及劳动者要求了解的其他情况；用人单位有权了解劳动者与劳动合同直接相关的基本情况，劳动者应当如实说明。

第九条　用人单位招用劳动者，不得扣押劳动者的居民身份证和其他证件，不得要求劳动者提供担保或者以其他名义向劳动者收取财物。

第十条　建立劳动关系，应当订立书面劳动合同。已建立劳动关系，未同时订立书面劳动合同的，应当自用工之日起一个月内订立书面劳动合同。用人单位与劳动者在用工前订立劳动合同的，劳动关系自用工之日起建立。

2. 最高人民法院《关于审理人身损害赔偿案件适用法律若干问题的解释》。

第十一条　雇员在从事雇佣活动中遭受人身损害，雇主应当承担赔偿责任。雇佣关系以外的第三人造成雇员人身损害的，赔偿权利人可以请求第三人承担赔偿责任，也可以请求雇主承担赔偿责任。雇主承担赔偿责任后，可以向第三人追偿。

雇员在从事雇佣活动中因安全生产事故遭受人身损害，发包人、分包人知道或者应当知道接受发包或者分包业务的雇主没有相应资质或者安全生产条件的，应当与雇主承担连带赔偿责任。

属于《工伤保险条例》调整的劳动关系和工伤保险范围的，不适用本条规定。

案例 10　工程验收后质保金的支付及维修费用的负担

上诉人（原审原告、反诉被告）：某市 A 建筑安装有限公司
上诉人（原审被告、反诉原告）：某市 B 工业炉有限公司

一、基本案情

2007 年 1 月 26 日，原、被告签订某市建设工程施工合同（GF-19××-××××）一份，约定原告承揽被告的办公楼、厂房（一）、厂房（二）的工程建设，工程地点为某市某区某镇工业园区，工程内容为办公楼三层砖混结构 975.36m^2，厂房（一）单层 1 117.67m^2，厂房（二）单层 1 855.21m^2；工程承包范围为施工图内全部内容包工包料。同日，双方签订房屋建筑工程质量保修书一份，该协议第二条"质量保修期"中第二项约定"屋面防水工程，有防水要求的卫生间、房屋和外墙面的防渗漏为 5 年"，第三条"质量保修责任"中第 1 条约定"属于保修范围、内容的项目，承包人应当在接到保修通知之日起 7 日内派人保修。承包人不在约定的期限内派人保修的，发包人可以委托他人修理。"涉案工程已验收并交付使用，时间为 2009 年 5 月 22 日。2012 年 7 月 24 日，原告在第一次起诉过程中，被告就房屋渗漏、墙皮脱落情况向原告提出维修要求。工程质保金 141 841 元被告未支付且已到给付期间，其余工程款已全部支付原告，被告就提出的维修问题因原告未维修已委托案外人维修并支付相应费用。就质保金的支付及维修费用的负担原、被告产生争议，致原告呈讼，被告在原告诉讼过程中亦提出反诉。

二、案件审理

一审法院认为，原、被告之间订立的建设工程施工合同，房屋建筑工程质量保修书，系双方当事人真实意思表示，且该合同不违反法律法规的强制性规定，应为有效。针对本诉，原、被告在本案涉及的工程中约定的质保金性质为质量保修金。现原告作为涉案工程的承揽方对工程完工后合理期间内的合理项目的维修具有法定和约定义务。原告应当维修，其未予维修的行为违反了双方的约定，因此不具有取得质保金的条件，对被告该项抗辩意见，一审法院予以采信。而原告的诉讼请求，一审法院不予支持。针对反诉，被告提出要求扣除原告质保金外再承担维修费用 37 064 元，上述费用是被告委托第三方进行维修所发生的费用，原告对该事实的真实性不认可，亦未追认，且被告提交的证据不足以证明质量问题的成因，也不足以证明维修所需要的合理费用的数额或者该质量问题给被告造成的实际损失的数额，故被告提出的反诉请求，其合理

性一审法院不予确认，被告的反诉请求一审法院亦不予支持。据此，一审法院判决：驳回原告（反诉被告）某市 A 建筑安装有限公司的全部诉讼请求；驳回被告（反诉原告）某市 B 工业炉有限公司的全部诉讼请求。本诉案件受理费 3 138 元，由原告承担，反诉案件受理费 363 元，由被告承担。

二审法院经审理查明，双方签订的建设工程施工合同，系双方真实意思表示，且不违反法律法规效力性强制性规定，应为合法有效。双方均认可，2009 年 5 月 22 日，A 公司将诉争工程交付 B 公司实际使用，质保期为 5 年。本案中，A 公司主张质保期限届满，要求 B 公司支付质保金。B 公司则认为 A 公司未承担质量保修责任，B 公司委托第三方维修诉争工程，A 公司应承担维修费。B 公司主张其于 2011 年 7 月、2013 年 4 月、2014 年 7 月先后三次因质量问题对诉争工程委托案外人进行了维修，维修费分别为 132 405 元、39 000 元、7 500 元。第一次维修内容为：厂房一、二的屋面防水、墙体维修、窗台防水。B 公司认可第二次维修的外墙维修与第一次维修部位有重合，重合部分维修费为 300 元。第三次维修的屋顶防水部分与第一次维修部位重合；避雷针支柱之前未曾维修过，已超过 5 年质保期。A 公司认为 B 公司委托案外人维修的费用过高，认为第一次维修费用不应超过 50 000 元。据此：二审法院判决：撤销某市某区人民法院（20××）某民三初字第×××号民事判决；本判决生效之日起 10 日内，上诉人某市 B 工业炉有限公司支付上诉人某市 A 建筑安装有限公司质保金 53 141 元；驳回上诉人某市 A 建筑安装有限公司其他上诉请求；驳回上诉人某市 B 工业炉有限公司的上诉请求。如果未按本判决指定的期间履行给付金钱义务，应当依照《中华人民共和国民事诉讼法》第二百五十三条之规定，加倍支付迟延履行期间的债务利息。一审案件受理费 3 501 元，由上诉人某市 A 建筑安装有限公司负担 1 176 元，上诉人某市 B 工业炉有限公司负担 2 325 元。二审案件受理费 3 500 元，由上诉人某市 A 建筑安装有限公司负担 1 175 元，上诉人某市 B 工业炉有限公司负担 2 325 元。

三、案例评析

在本案涉及的工程中约定的质保金性质为质量保修金。现原告作为涉案工程的承揽方对工程完工后合理期间内的合理项目的维修具有法定和约定义务。按照双方签订的房屋建筑工程质量保修书中的约定，被告于 2012 年 7 月 24 日提出的维修内容的质保期应为 5 年。原告应当维修，其未予维修的行为违反了双方的约定，因此不具有取得质保金的条件。

关于维修费用的承担和金额问题。法院认为，双方签订的《房屋建筑工程质量保修书》第三条第 1 款约定："属于保修范围、内容的项目，承包人应当在接到保修通知之日起 7 天内派人保修。承包人不在约定期限内派人保修的，发包人可以委托他人保修。"关于 2011 年 7 月，B 公司委托案外人第一次维修费用，本院分析，首先，B 公司提供了录音一份，证明已尽到了提前通知义务，A 公司对该录音不予认可。B 公司未提供其他证据予以佐证，且该录音的真实性未经鉴定确认；其次，B 公司对本次维修前存在的质量问题以及本次维修部位及范围的合理性，未提供证据予以证明，厂房一、二的屋面全面重做防水的必要性存疑；再次，B 公司虽提供了维修合同及发票作为证据，但一、二审期间均未提供付款凭证，是否全额支付该笔维修费用存疑。综上，B 公司主张的第一次维修费用，本院难以支持。但鉴于二审期间，A公司对于B公司主张的第一次维修费用132 405元，认可维修费不超过50 000元，本院酌情从质保金中扣除50 000元冲抵维修费。关于2013年4月第二次维修费用，B公司曾在A公司第一次起诉索要质保金的案件庭审中当庭对A公司就诉争工程的房屋漏水、墙体脱落等情况提出维修要求，但A公司未履行维修义务，在此情况下，B公司委托案外人进行维修，符合双方合同约定，本次维修费用应由A公司承担。A公司对此虽不认可，但未提供证据证明自己的主张，故A公司该抗辩主张，本院不予支持。鉴于二审中，B公司认可部分维修部位与第一次维修部位重合，维修价款为300元，应予扣除。即，A公司应承担第二次维修费用38 700元（39 000 - 300元）。关于2014年9月第三次维修费用，B公司认可屋顶防水维修与第一次维修内容重合，因B公司主张第一次维修已将厂房屋顶防水全部重做，故本次维修的该部位应非A公司的原施工质量问题，该部分维修费不应从质保金中扣除。对避雷针支柱部分，之前未曾维修过，且已超过五年质保期，故对B公司主张的该部分维修费，本院亦难以支持。综上，因诉争工程存在质量问题，A公司因未履行质量保修义务，应承担的维修费用为88 700元（50 000 + 38 700）。扣除维修费后，B公司还应支付A公司质保金53 141元（141 841 - 88 700）。

四、法律索引

《中华人民共和国民事诉讼法》。

第六十四条　当事人对自己提出的主张，有责任提供证据。

当事人及其诉讼代理人因客观原因不能自行搜集的证据，或者人民法院认为审理案件需要的证据，人民法院应当调查搜集。

人民法院应当按照法定程序，全面地、客观地审查核实证据。

第一百七十条　第二审人民法院对上诉案件，经过审理，按照下列情形，分别处理：

（一）原判决、裁定认定事实清楚，适用法律正确的，以判决、裁定方式驳回上诉，维持原判决、裁定；

（二）原判决、裁定认定事实错误或者适用法律错误的，以判决、裁定方式依法改判、撤销或者变更；

（三）原判决认定基本事实不清的，裁定撤销原判决，发回原审人民法院重审，或者查清事实后改判；

（四）原判决遗漏当事人或者违法缺席判决等严重违反法定程序的，裁定撤销原判决，发回原审人民法院重审。

原审人民法院对发回重审的案件作出判决后，当事人提起上诉的，第二审人民法院不得再次发回重审。

案例 11　实际施工人在项目上以承包人名义购买建材活动属于职务行为还是构成表见代理

再审申请人（一审被告、二审被上诉人）：四川某建设工程有限公司（以下简称"建设工程公司"）

被申请人（一审原告、二审上诉人）：绵阳市某物资有限公司（以下简称"物资公司"）

被申请人（一审被告、二审被上诉人）：绵阳市某实业有限公司（以下简称"实业公司"）

被申请人（一审被告、二审被上诉人）：何某

一、基本案情

建设工程公司作为甲方与何某作为乙方签订的《劳动合同书》载明："……一、劳动合同期限：（一）双方同意按以下第 2 种方式确定本合同期限……2. 以完成一定工作任务为期限：从凯跃华庭项目开工之日起至凯跃华庭项目竣工验收任务完成时止……二、工作内容和工作地点：（一）乙方的工作部门为四川建设工程建设工程有限公司凯跃华庭工程项目部……职务为项目负责人。（二）乙方的工作任务或职责是：凯跃华庭项目现场施工的所有管理。"该合同尾部，建设工程公司在甲方处加盖公章并由法定代表人（或委托代理人）签字，落款时间为 2013 年 12 月 18 日，何某在乙方处签名捺印，落款时间为 2013 年 12 月 18 日。2014 年 1 月，何某增加为建设工程公司绵阳分公司职工，参加社会保险。

2014 年 1 月 2 日，实业公司作为发包人、建设工程公司作为承包人签订建设工程施工合同，约定由建设工程公司承建实业公司位于绵阳市长虹大道北段 38-48 号的凯跃华庭项目。

2014 年 3 月 23 日，物资公司作为供方（甲方）、何某以"建设工程项目内部承包人"身份以建设工程公司名义作为需方（乙方）、实业公司作为担保方（丙方）签订《钢材购销合同》一份。约定由物资公司向凯跃华庭项目供应各型钢材约 7 000 吨，由丙方实业公司对货款、资金占用费、违约金承担连带担保责任。物资公司在该合同甲方处加盖了公司合同专用章，实业公司在该合同丙方处加盖公司印章并加盖"绵阳市实业有限公司凯跃华庭项目部专用章"，何某在该合同乙方处签名捺印，并加盖"四川建设工程有限公司凯跃华庭项目部技术资料专用章"，该章上明确载明"仅供技术资料使用，其他用途无效"。何某承认在签订合同时尚未取得该技术资料专用章，系其在取得后补盖。

2014 年 5 月 10 日，建设工程公司作为甲方、何某作为乙方、实业公司作为丙方（乙方担保人）签订工程项目内部承包责任合同一份，约定建设工程公司将凯跃华庭项目全额全过程承包给何某，并由实业公司对何某履行该合同提供连带责任担保。合同约定建设工程公司需为项目部刻制用于技术资料使用的"四川建设工程有限公司凯跃华庭

工程项目部技术资料专用章"一枚,该印章不得用于签订经济合同等,若另作他用则由何某承担由此引起的法律责任。同年5月14日,何某在建设工程公司领到了"四川建设工程有限公司凯跃华庭工程项目部技术资料专用章"一枚,并向建设工程公司出具领条一张。

物资公司在2014年3月28日至2014年6月29日期间分15次向凯跃华庭项目提供各型钢材1 828.911吨,何某在供货及欠款协议上签字确认,该供货及欠款协议载明共计欠货款6 669 062.86万元。实业公司将凯跃华庭项目发包给建设工程公司后,成立了实业公司凯跃华庭项目部,在收取了何某项目保证金1 200万元后,实业公司凯跃华庭项目部向建设工程公司出具介绍信,介绍何某签订案涉内部承包合同,后建设工程公司与何某签订劳动合同书并签订内部承包合同,但何某不受建设工程公司管理,也未从建设工程公司领取工资,有关社保由何某自行负责,在内部承包合同签订后,何某也未向建设工程公司缴纳过承包费。

原一审原告绵阳市某物资有限公司向法院提起诉讼请求:(1)判令被告建设工程公司支付原告钢材款6 669 062.86元及资金占用费(其中,2015年5月31日前资金占用费2 728 861.93元,2015年6月1日起至付清时止,按3元/吨/天计算资金占用费);(2)判令被告建设工程公司支付违约金245万元;(3)判令被告实业公司对上列货款本金、资金占用费、违约金承担连带给付责任。

二、案件审理

一审法院认为:本案所争议的钢材购销合同签订于2014年3月23日,虽然合同列明的需方是建设工程公司,但实际签订该合同的是何某个人。而何某在签订该合同时,既未提供建设工程公司的授权书,也未提供其他足以使相对人相信其有权代表建设工程公司的证据,合同上所加盖的"四川建设工程建设工程有限公司凯跃华庭项目部技术资料专用章"经查明系2014年5月14日之后补盖,且该章上有"仅供技术资料使用,其他用途无效"的记载。与之相对应,物资公司在签约时,未对何某身份及有无代理权限尽到基本的审查义务,具有明显过错。故何某的签约行为系个人行为,不构成表见代理。据此,该钢材购销合同系物资公司、何某、实业公司签订,其中,何某作为买受人应承担给付货款的义务,实业公司作为连带责任保证人,负有连带清偿责任。建设工程公司不是合同当事人,按照合同相对性原则,建设工程公司不应承担合同义务。

二审法院认为,本案中,何某代表建设工程公司以"项目负责人"身份对案涉工程进行管理,也以建设工程公司的名义与物资公司签订《钢材购销合同》。由于何某持有的劳动合同载明其系"四川建设工程建设工程有限公司凯跃华庭工程项目部"项目负责人,劳动合同加盖有建设工程公司印章,且何某所采购的钢材也用于凯跃华庭工程,对于出卖方物资公司而言,有充分的理由相信何某采购钢材的行为属于职务行为。虽然通过本案的审理,可以判断建设工程公司与何某签订劳动合同的目的系以合法内部承包的形式规避法律的禁止性规定,双方不存在真实的劳动合同关系,但物资公司在签订及履行《钢材购销合同》时对此无从知晓。故何某以建设工程公司的名义购买钢材用于案涉工程的行为构成对该公司的表见代理,依照《中华人民共和国合同法》第四十九条之规定,建设工程公司应当承担向物资公司支付钢材款的合同责任。《钢材购销合同》成立以后,何某补盖资料专用章的行为不影响合同的效力。

再审法院认为，本案争议的焦点是案涉欠款的责任承担主体问题。根据查明的事实，为完成案涉工程，建设工程公司与何某签订了劳动合同，并增加何某为单位职工参加了社会保险，建设工程公司将案涉工程内部承包给何某。建设工程公司主张涉案《建设工程施工合同》未生效，但与建设工程公司在该合同上签字盖章且合同明确约定"签字盖章后生效"的事实不符。建设工程公司以其自制的公章使用记录主张与何某签订劳动合同的时间为2014年5月14日，在何某签订钢材销售合同之后，但与劳动合同上载明的签订时间2013年12月18日以及建设工程公司从2014年1月起增加何某为单位参加社会保险人员的事实不符。即使建设工程公司2014年5月14日盖章，建设工程公司在劳动合同上签署时间2013年12月18日并加盖公章的行为也系对该合同成立时间的确认。本案是买卖合同纠纷，不属劳动争议，建设工程公司提出与何某签订的劳动合同无效以及双方没有真实劳动关系的主张，不属本案审理范围。根据《建设工程施工合同》《工程项目内部承包责任合同》《劳动合同书》和凯跃华庭项目工程质量保修书及何某的陈述等证据，足以证明建设工程公司是案涉工程承包方，何某是建设工程公司承建案涉工程的内部承包人。

建设工程公司与何某签订的《工程项目内部承包责任合同》明确约定何某担任案涉工程的"项目负责人"，负责全过程承包，包括但不限于施工准备、开工、施工、交工验收等全部活动，负责履行建设工程公司与建设单位签订的《建设工程施工合同》以及在施工期间有可能签订的补充合同、协议，负责施工所需的人工、机械、材料的组织、管理，并确定价格等，建设工程公司已授权何某在承包案涉工程中对外从事民事活动。根据《中华人民共和国民法通则》第四十三条"企业法人对它的法定代表人和其他工作人员的经营活动，承担民事责任"的规定，何某因承包管理案涉工程而对外采购材料的行为应由建设工程公司承担责任。

三、案件评析

本案争议的焦点是案涉欠款的责任承担主体问题。建设工程公司认为，其与何某签订劳动合同是在2014年5月14日，倒签到2013年12月18日是为了与2013年12月19日签订的施工合同时间吻合。何某不是建设工程公司工作人员，与建设工程公司签订劳动合同的时间是在签订买卖合同之后且劳动合同无效，何某采购钢材的行为属个人行为，不构成建设工程公司的职务行为；建设工程公司未向何某出具有权订立购销合同的委托书，事后也未追认，何某与物资公司签订买卖合同时，没有出示任何有权代理建设工程公司的表象证据，物资公司未审查何某的身份及有无代理权，又不要求建设工程公司签字或盖章，合同履行中也未要求建设工程公司确认和追认，物资公司非善意且有过失，何某签订购销合同也不构成表见代理，建设工程公司不应对何某的无权代理行为担责。物资公司认为：（1）案涉工程是建设工程公司负责施工的，施工栏载明建设单位是实业公司，施工单位是建设工程公司。建设工程公司行政章使用记录显示2014年4月30日至2014年5月12日期间，建设工程公司为何某等人办理案涉工程事宜加盖公章，故建设工程公司否认2014年5月12日前何某代表建设工程公司履行案涉工程事务不能成立且证实建设工程公司参与了案涉工程建设。（2）绵阳市建设工程质量检测中心于2014年1月24日接受建设工程公司委托对案涉工程进行了质量检测，故建设工程公司参与案涉工程建设并对钢材送检。（3）何某作为建设工程公司案涉工程的项目负责人，在钢材购销活动中向物资公司出示了劳动合同、内部承包合同，实业公司作为发包人对何某的职务代理身份进行了证实，还提供了案涉工程的《建设工程施工合同》和《工程质量保修书》证实工程发包情况，项目现场横幅也表明项目承建单位为建设工程公司，足以让物资公司相信何某的职务代理身份。建设工程公司的行政章使用记录也证实何某为案涉工程的工作人员，在案涉工程中代表建设工程公司从事工程管理工作。

《最高人民法院关于当前形势下审理民商事合同纠纷案件若干问题的指导意见》中第四项"正确把握法律构成要件，稳妥认定表见代理行为"规定：（1）当前在国家重大项目和承包租赁行业等受到全球性金融危机冲击和国内宏观经济形势变化影响比较明显的行业领域，由于合同当事人采用转包、分包、转租方式，出现了大量以单位部门、项目经理乃至个人名义签订或实际履行合同的情形，并因合同主体和效力认定问题引发表见代理纠纷案件。对此，人民法院应当正确适用《合同法》第四十九条关于表见代理制度的规定，严格认定表见代理行为。（2）《合同法》第四十九条规定的表见代理制度不仅要求代理人的无权代理行为在客观上形成具有代理权的表象，而且要求相对人在主观上善意且无过失地相信行为人有代理权。合同相对人主张构成表见代理的，应当承担举证责任，不仅应当举证证明代理行为存在诸如合同书、公章、印鉴等有权代理的客观表象形式要素，而且应当证明其善意且无过失地相信行为人具有代理权。（3）人民法院在判断合同相对人主观上是否属于善意且无过失时，应当结合合同缔结与履行过程中的各种因素综合判断合同相对人是否尽到合理注意义务，此外还要考虑合同的缔结时间、以谁的名义签字、是否盖有相关印章及印章真伪、标的物的交付方式与地点、购买的材料、租赁的器材、所借款项的用途，建筑单位是否知道项目经理的行为、是否参与合同履行等各种因素，作出综合分析判断。

《合同法释义》第四十九条规定："构成表见代理合同要满足以下条件：（1）行为人并没有获得本人的授权就与第三人签订了合同。本条规定了没有代理权、超越代理权或者代理权终止这三种情形。（2）合同的相对人在主观上必须是善意的、无过失的。所谓善意，是指相对人不知道或者不应当知道行为人实际上无权代理；所谓无过失，是指相对人的这种不知道不是因为其大意造成的。如果相对人明知或者理应知道行为人是没有代理权、超越代理权或者代理权已终止，而仍与行为人签订合同，那么就不构成表见代理，合同相对人也就不能受到保护。"

四、法律索引

1.《中华人民共和国合同法》。

第四十九条　行为人没有代理权、超越代理权或者代理权终止后以被代理人名义订立合同，相对人有理由相信行为人有代理权的，该代理行为有效。

2.《最高人民法院关于适用〈中华人民共和国民事诉讼法〉的解释》。

第四百零七条人民法院经再审审理认为，原判决、裁定认定事实清楚、适用法律正确的，应予维持；原判决、裁定在认定事实、适用法律、阐述理由方面虽有瑕疵，但裁判结果正确的，人民法院应在再审判决、裁定中纠正瑕疵后予以维持。

案例 12　　工程质量问题及工程款的给付问题

上诉人（原审被告）：B 钢铁有限责任公司
被上诉人（原审原告）：某资产管理股份有限公司 A 省分公司
原审被告：C 集团实业有限公司
原审第三人：D 集团有限公司

一、基本案情

2007 年 10 月 19 日，B 公司与某建设有限公司（现更名为 D 集团有限公司）签订《建设工程施工合同》和《房屋建筑工程质量保修书》，约定由 D 公司为 B 公司承建 110m^3 烧结机和 450m^3 高炉建安工程。合同签订后，D 公司按照合同约定完成了 110m^3 烧结机和 450m^3（实际完成 503m^3）高炉建安工程，并于 2008 年 11 月 15 日和 2009 年 4 月 1 日先后竣工验收，且已投入使用。受 B 公司委托，某工程造价咨询有限公司就涉案工程于 2009 年 8 月 11 日出具《某技改一期项目工程结算造价咨询报告》，审定工程造价为 475 485 157.63 元。B 公司依据该报告已支付大部分工程款，尚欠 D 公司工程款 22 199 093.85 元。

2010 年 12 月 31 日，D 公司与 A 公司签订《债权收购协议》，D 公司将其对 B 公司的债权 22 299 093.85 元（尚欠工程款和 10 万元保证金）转让给 A 公司。《债权收购协议》定义的 1.1 条规定：标的债权资产/资产："系指截至基准日的主债权，其从权利和转让方在资产文件项下享有所有其他权利（包括但不限于追索诉讼费用的权利），以及由该等权利转化而成的抵债资产和其他相关权益的通称"；1.24 条规定："主债权：指截至基准日，《资产明细表》所列示的转让方对债务人享有的并依法向收购方转让的债权（包含债权本金、利息和主合同项下的其他权利）"；标的债权资产的收购 2.2 条 "标的债权资产的收购与转让" 规定 "转让方同意将自基准日（不含该日）起资产项下全部的权利、权益和利益转让给收购方，收购方同意收购"。2011 年 4 月 15 日，D 公司委托代理人牛某、某省某市某公证处公证员刘某丙到 B 公司将涉案《债权转让通知》向 B 公司法律顾问白某某送达，此债权转让通知了 B 公司。另查明，B 公司于 2009 年 5 月 6 日将投标保证金 10 万元返还给 D 公司。C 公司为 B 公司股东。

A 公司于 2012 年 8 月 2 日向原审法院提起诉讼，请求：（1）判令 B 公司给付 A 公司工程款及保证金 22 299 093.85 元；（2）判令 B 公司给付 A 公司逾期支付工程款的违约金 36.8 万元（自 2012 年 3 月 29 日按中国人民银行同期贷款利率计算至给付日止）；（3）判令 C 公司对 B 公司的上述责任承担股东责任；（4）本案诉讼费用由 B 公司负担。

二、案件审理

一审法院认为，B 公司与 D 公司签订的《建设工程施工合同》内容约定不违反法律、行政法规的强制性规定和社会公共利益，合法有效。B公司作为企业法人，有独立法人财产及独立承担民事责任的资格，应以其全部财产对公司的债务承担责任。但C公司不应承担责任。B公司未对涉案工程质量问题发生的损失提供证据证明，亦未提起反诉，B公司可另行起诉，不能由此对抗其支付工程款的义务。B公司关于涉案工程存在质量问题应先行解决的抗辩，因缺乏法律依据不成立。据此，一审法院判决：B公司自本判决生效之日起10日内，给付A公司工程款22 199 093.85元的利息（自2012年3月29日起至给付之日止，按中国人民银行同期贷款利率计算）；驳回A公司其他诉讼请求。案件受理费155 135元，由B公司负担。

B公司不服原审判决，向二审法院提起上诉称：原审判决B公司给付A公司工程款22 199 093.85元及利息系认定事实不清，判决显失公平。案涉工程存在严重质量问题，给B公司造成巨大损失。450m^3高炉于2009年3月29日投产后，自2010年1月开始陆续发现高炉水冷板烧损，到5月初烧损已经达到50多块，连续迫使高炉休风，造成停产事故。2010年5月8日炼铁厂决定对烧损的水冷板解体检查分析，在检查过程中确认水冷板进出水管的连接方向接错，因此造成水冷板进出水流不畅通，使高炉冷却强度大幅度降低，抵御不了炉内的高温，造成水冷板多数量烧损，导致水冷板四周炉衬砖不同程度脱落。B公司立即通报D公司，D公司维修人员于2010年5月12日到达现场，确认高炉水冷板进出水管接反，决定修改，并承担全部维修费用。从高炉于2009年3月29日投产到2010年5月修改水冷板进出水管，高炉已带病运行一年多。从修改后高炉水冷板的烧损还在继续的事实证明D公司的施工质量问题造成的后果已经无法挽回。高炉共有水冷板198块，已有91块水冷板烧废，以后数量还在增加。2012年8月25日高炉d段水冷板多处严重漏水，造成炉缸冻结重大事故，导致全线停产7天。B公司函告D公司，D公司负责人及项目经理一行五人到现场进行了确认。D公司建设工程存在严重质量问题，已经给B公司造成直接损失1 215万元；低产高耗，仅焦比一项就增加50公斤/吨，按月产5万吨铁计算，一年损失6 000万元，计算到2012年损失1.1亿元。根据双方签订的《建设工程施工合同》的约定，依照《中华人民共和国建筑法》等有关法律、行政法规的规定，施工单位对施工质量负责，D公司因高炉冷却板进出水口施工质量问题，已给B公司造成巨大损失，随着高炉生产的进行，损失将继续扩大。因此，B公司不应给付A公司工程款，也不存在给付工程款利息的问题。请求二审法院依法撤销原审判决，驳回A公司的诉讼请求。

二审法院认为：B公司与D公司签订的《建设工程施工合同》《房屋建筑工程质量保修书》不违反法律、行政法规的强制性规定，合法有效。D公司按合同约定完成了承建110m^3烧结机和450m^3（实际完成503m^3）高炉建安工程后，B公司委托某工程造价咨询有限公司作出《某技改一期项目工程结算造价咨询报告》，审定工程造价为475 485 157.63元。B公司与D公司对审定价格均无异议。B公司已向D公司支付工程款453 286 063.78元，尚欠工程款22 199 093.85元。D公司将其合法债权通过协议转让给A公司，并通知了B公司，A公司依法对B公司享有债权。B公司应向A公司履行还款义务，逾期付款应当承担违约责任。原审法院根据A公司的请求判令B公司自2012年3月29日起至给付之日止，按中国人民银行同期贷款利率计算违约损失，并无不当。根据双方合同约定案涉工程交付使用后，在保修范围内和保修期限内发生质量问题，D公司应按照合同约定履行保修义务，并对造成的损失承担赔偿责任。但由于B公司在原审中未对因工程质量问题发生的损失提供证据证明，原审法院认为B公司可另行起诉主张工程质量赔偿而对工程质量问题未作审理，并无不当。故对B公司提出的因工程质量问题拒绝支付工程尾款和承担逾期付款违约责任的上诉理由，本院不予支持。另，本案案由应为建设工程施工合同纠纷，原审确定为债权转让合同纠纷不当，本院予以纠正。二审法院，驳回上诉，维持原判。本案一、二审案件受理费各155 135元，由B钢铁有限责任公司负担。

三、案例评析

本案争议焦点有三：一是A公司与D公司之间的《债权收购协议》是否合法有效；二是C公司是否应当承担股东责任；三是涉案工程质量问题及违约金的给付问题。

1. B公司与D公司签订的《建设工程施工合同》内容约定不违反法律、行政法规的强制性规定和社会公共利益，合法有效。依据该合同约定，B公司尚欠D公司工程款22 199 093.85元事实清楚，D公司对B公司享有的债权合法有效。D公司将其合法债权通过协议转让给A公司，而A公司作为中国信达资产管理股份有限公司授权的分支机构，其收购D公司债权行为是真实意思表示，符合法律规定。且D公司将债权转让行为通知了B公司，故该债权转让行为依法成立并产生法律效力。B公司应依法向A公司履行还款义务。

2. B公司作为企业法人，有独立法人财产及独立承担民事责任的资格，应以其全部财产对公司的债务承担责任。C公司作为B公司的股东，不是D公司与B公司《建设工程施工合同》的当事人，也没有证据表明C公司利用其股东地位滥用股东权利，损害公司债权人利益，故C公司不应当承担股东责任。A公司要求C公司承担责任缺乏事实及法律依据，不予支持。

3. D公司按照合同约定，履行了涉案工程合同义务，B公司对涉案工程进行了验收并已实际使用，且双方对工程价款进行了结算。涉案工程运行过程中，在保修范围内和保修期限内发生质量问题，D公司应按照合同约定履行保修义务，并对造成的损失承担赔偿责任。本案审理中，B公司未对涉案工程质量问题发生的损失提供证据证明，亦未提起反诉，B公司可另行起诉，不能由此对抗其支付工程款的义务。B公司关于涉案工程存在质量问题应先行解决的抗辩，因缺乏法律依据不成立。根据本案《建设工程施工合同》通用条款第三十三条第二款规定，发包人收到承包人递交的竣工结算报告及结算资料后28天内进行核实，给予确认或者提出修改意见，发包人确认竣工结算报告后通知经办银行向承包人支付工程竣工结算价款。本案双方依据合同约定对涉案工程价款已经结算，B公司应承担给付工程款义务，B公司未履行给付工程款义务，根据《建设工程施工合同》通用条款第三十三条第三款规定，应承担违约责任。

四、法律索引

1.《中华人民共和国合同法》。

第四十四条第一款　依法成立的合同，自成立时生效。

第六十条　当事人应当按照约定全面履行自己的义务。

第八十条第一款　债权人转让权利的，应当通知债务人。未经通知，该转让对债务人不发生效力。

第八十一条　债权人转让权利的，受让人取得与债权有关的从权利，但该从权利专属于债权人自身的除外。

第八十三条　债务人接到债权转让通知时，债务人对让与人享有债权，并且债务人的债权先于转让的债权到期或者同时到期的，债务人可以向受让人主张抵销。

第一百一十四条　当事人可以约定一方违约时应当根据违约情况向对方支付一定数额的违约金，也可以约定因违约产生的损失赔偿额的计算方法。

约定的违约金低于造成的损失的，当事人可以请求人民法院或者仲裁机构予以增加；约定的违约金高于造成的损失的，当事人可以请求人民法院或者仲裁机构予以适当减少。

当事人就迟延履行约定违约金的，违约方支付违约金后，还应当履行债务。

2.《最高人民法院关于适用〈中华人民共和国合同法〉若干问题的解释（一）》。

第二十七条　债权人转让合同权利后，债务人与受让人之间因履行合同发生纠纷诉至人民法院，债务人对债权人的权利提出抗辩的，可以将债权人列为第三人。

3.《中华人民共和国公司法》。

第三条　公司是企业法人，有独立的法人财产，享有法人财产权。公司以其全部财产对公司的债务承担责任。

4.《中华人民共和国民事诉讼法》。

第六十四条　当事人对自己提出的主张，有责任提供证据。

当事人及其诉讼代理人因客观原因不能自行搜集的证据，或者人民法院认为审理案件需要的证据，人民法院应当调查收集。

人民法院应当按照法定程序，全面地、客观地审查核实证据。

案例 13　　工期延误工程违约金的给付

原告：A 房地产开发有限公司
被告：李某某
第三人：奚某

一、基本案情

2013 年 7 月 1 日，原告与被告签订了建筑工程承包协议书，协议约定：被告承包原告单位开发的某新城住宅 2-4 号楼和 2-6 号楼，承包方式为大包，承包费 1 350 元/平方米，不含税金，2013 年 12 月 31 日竣工，由于承包方原因造成工期延误，工期不顺延，并承担由此造成的经济损失，每延期一天，支付给发包方 1 000 元赔偿金。该工程于 2014 年 8 月 25 日交付业主使用时发现存在诸多质量问题，致使业主拒领，经原告多次催促被告维修，但被告均未来，经协商，被告同意原告出资进行维修，费用由被告方承担。同时认可楼房延期，但主张从 2014 年 8 月 25 日计算延期时间。现经原告计算，被告延期时间为 74 天，违约金 74 000 元，原告支付的维修费用为 590 028.88 元，其中塑钢窗维修费用 232 298.88 元，地沟内更换排水、自来水、供暖、管网等费用 246 500 元，2-4 号楼和 2-6 号楼周围散水未完成费用和地沟、管道井门维修等零星工程费用 100 610 元，至今未领取楼房业主所涉及的楼房质量问题及维修费用 10 620 元。因被告李某某将争议工程的塑钢窗制作安装分包给第三人奚某，而塑钢窗又存有质量问题，本案的处理结果与奚某存在法律上的利害关系，故列奚某为第三人。

二、案件审理

被告李某某辩称，原告所述属实，没有异议，同意原告的诉讼请求。

第三人奚某述称，他施工的塑钢窗工程没有质量问题，也不存在 230 000 元维修费用。并认为某县人民法院（20××）某民初字第×××号判决认定事实清楚，判决得当，被告李某某应按照判决执行，给付工程款 641 370 元。某县人民法院在奚某申请执行上述判决的过程中，向原告发出了（20××）某执字第××号执行裁定书及协助履行通知书，原告收到后在法定的 15 天内并没有提出异议，根据相关法律规定，某县人民法院将原告直接列为被执行人，并冻结其银行相关账户是符合法律规定的正常执法行为。至于原被告工程结算问题，以及被告是否尚欠原告其他款项问题均与我方无关，请求根据某县人民法院已经生效的判决和裁定驳回原告的诉讼请求。

一审法院判决：

1. 被告李某某于本判决生效后立即给付原告违约金 74 000 元，给付地沟内更换排水等维修费用 246 500 元，给付散水等零星工程维修费用 100 610 元，给付未领取楼房业主所涉及的楼房维修费用 10 620 元，合计 431 730 元。

2. 驳回原告其他诉讼请求。如果付款义务人未按本判决指定的期间履行给付金钱义务，应当依照《中华人民共和国民事诉讼法》第二百五十三条之规定，加倍支付迟延履行期间的债务利息。

案件受理费 10 440 元，由被告李某某负担 7 776 元，由原告自负 2 664 元。

三、案例评析

庭审中原告围绕诉讼请求提交了建筑工程协议书、某县建设局限期整改通知书、涉案工程维修协议书、维修费用收据、塑钢窗维修费用清单、验房单、排水等零星工程维修清单、照片、散水坡工程费用及清单、业户未领取楼房质量问题及维修单。被告对上述证据均无异议，第三人有异议。本院认为，第三人除对其承揽的塑钢窗方面的证据知情外，对工程其他方面并不明确，因此本院对除塑钢窗外的其他证据予以确认。经庭审确认，2013 年 7 月 1 日，原告将某县新站镇某新城住宅楼 2-4 号、2-6 号大包给被告李某某，约定：承包费 1 350 元/平方米，不含税金，2013 年 12 月 31 日竣工，由于被告方原因造成工期延误，工期不顺延，并承担由此造成的经济损失，每延期一天，支付 1 000 元赔偿金。合同签订后，被告将该工程中的塑钢窗承揽给第三人奚某。该工程于 2014 年 8 月 25 日交付业主使用，因存在质量问题，致使业主拒领，原告要求被告维修，经协商，被告同意原告出资维修，费用由被告方承担。同时认可楼房延期，从 2014 年 8 月 25 日计算延期时间。2014年10月17日第三人奚某起诉被告李某某，要求给付塑钢窗工程款，被告虽未出庭，但向法院递交申请书，要求鉴定塑钢窗质量，而原告单位于2014年12月22日为奚某出具证明，证明塑钢窗不存在质量问题，法院依据该证明判决被告给付奚某塑钢工程款。现该判决已在执行阶段。

本院认为，被告李某某从原告处承包了某县新站镇某新城住宅楼2-4号、2-6号楼，虽然其没有施工资质，但工程已竣工并交付使用，双方可以按照合同约定结算工程款。现原告主张其中有部分工程质量存在问题，并存在工程延期，在征得被告的同意下，已自行维修，费用由被告承担，被告对原告的主张予以认可，并同意按原告要求的数额承担责任，本院认为，原告主张工程存在的质量问题，其中塑钢窗的实际施工人为第三人，而原告已为第三人就塑钢窗质量出具了合格证明，并已被法院生效文书确认，被告对塑钢窗质量问题的自认不能成立。

四、法律索引

《最高人民法院关于审理建设工程施工合同纠纷案件适用法律问题的解释》

第一条 建设工程施工合同具有下列情形之一的，应当根据合同法第五十二条第（五）项的规定，认定无效：

（一）承包人未取得建筑施工企业资质或者超越资质等级的；

（二）没有资质的实际施工人借用有资质的建筑施工企业名义的；

（三）建设工程必须进行招标而未招标或者中标无效的。

第二条 建设工程施工合同无效，但建设工程经竣工验收合格，承包人请求参照合同约定支付工程价款的，应予支持。

第三条 建设工程施工合同无效，且建设工程经竣工验收不合格的，按照以下情形分别处理：

（一）修复后的建设工程经竣工验收合格，发包人请求承包人承担修复费用的，应予支持；

（二）修复后的建设工程经竣工验收不合格，承包人请求支付工程价款的，不予支持。

因建设工程不合格造成的损失，发包人有过错的，也应承担相应的民事责任。

案例14 建设工程公司总经理对工程事故的领导和管理责任

上诉人（原审被告）：A建设工程有限公司

被上诉人（原审原告）：赵某某

一、基本案情

2011年9月1日，赵某某与A公司签订了一份为期3年（自2011年9月1日起至2014年8月31日止）的书面劳动合同，约定A公司聘用赵某某在公司从事管理类工作（具体担任公司总经理），劳动报酬约定为年薪100万元，由甲方（即A公司，用人单位，下同）于每月10日以人民币形式支付乙方（即赵某某，劳动者，下同）上月工资，乙方应认真履行甲方制定的岗位职责，按时、按质、按量完成本职工作，未经甲方书面许可，乙方不得在其他单位兼职；双方对其他相关事项亦进行了约定。2013年12月，经赵某某申请，A公司于2013年12月31日解除了与赵某某所签订的《劳动合同》（即双方于2011年9月1日所签订的《劳动合同》），A公司亦给赵某某出具了《解除劳动合同证明书》（编号为：20131202）。但A公司尚欠赵某某部分工资未予发放，后赵某某曾多次找A公司沟通，2015年1月8日，经A公司核算确认，2012年3月至2013年12月共欠赵某某686 000元未发，扣减赵某某所开支的2万元考察费和赵某某的借款7 500元，尚欠赵某某工资658 500元（其中包括2012年和2013年度绩效薪资59万元，统计表载明待公司评估考核后给予发放）未予支付。赵某某于2015年12月2日向某仲裁委申请仲裁，某仲裁委经审查于同年12月3日以超过法定的劳动仲裁时效为由作出某人仲（20××）不字第××号不予受理通知书决定对赵某某提起的劳动仲裁申请不予受理。赵某某对某仲裁委作出的不予受理通知书不服，遂于2015年12月31日提起诉讼。

另，A公司于2011年9月开工建设的某码头港池护坡工程，由（某省）某市水利规划设计院有限公司设计、（某省）某地质工程勘察院勘察、某工程管理咨询有限公司监理、（某省）某市政园艺工程总公司某分公司施工；该工程于2013年6月基本完工。后发现该工程出现多起塌陷、起拱或断裂情况，最终导致上述港池护坡工程发生了严重的滑坡。A公司于同年11月4日向某市公证处进行了相应的证据保全公证，某市公证处于同年11月27日作出（20××）某证字第××××××号公证书，对某码头港池护坡工程出现的滑坡质量问题进行了相应的证据保全，对现场状况进行描述记录，并对现场勘验测量过程进行了录像。A公司于2014年4月20日下发了某建司字（20××）×号文件，对某码头港池护坡工程滑坡事故作出了相应的处理决定，认为赵某某作为公司总经理，对该次工程事故负有不可推卸的领导和管理责任，根据公司与赵某某所签订的劳动合同及《高管绩效薪酬考核管理办法》的有关规定，决定扣发赵某某2012年和2013年的全年绩效薪酬。

二、案件审理

本案中，双方签订有书面劳动合同，并约定赵某某在正常出勤并按质按量完成A公司安排工作任务后，可获得相应劳动报酬（年薪100万元），并约定A公司应于每月10日以人民币形式支付赵某某上月工资；但从2012年3月起A公司作为用人单位未按合同约定和相关法律规定及时足额支付赵某某工资，虽然经赵某某本人申请，双方同意解除2011年9月1日所签订的《劳动合同》，A公司亦于2013年12月31日给赵某某出具了《解除劳动合同证明书》，双方之间的劳动关系自解除劳动合同之日（即2013年12月31日）起终止，但经赵某某多次催要，A公司于2015年1月8日才对所欠赵某某的绩效薪资及其他款项进行了相应统计与核算，并向赵某某出具了相应的《绩效薪资及其他统计表》，载明在扣除相关借支及其他费用后，尚欠赵某某工资 658 500 元（其中包括 2012 年度和 2013 年度的预留绩效工资）。

A 公司提出赵某某在任公司任总经理时所负责的某码头港池护坡工程发生了严重滑坡事故，负有不可推卸的领导和管理责任。虽然 A 公司于 2014 年 4 月 20 日作出的"关于对某码头港池护坡工程滑坡事故的处理决定"以赵某某作为公司总经理对所发生的工程事故负有不可推卸的领导和管理责任，决定扣发赵某某 2012 年和 2013 年的全年绩效薪酬，但 A 公司所提交的证据并不能证明该公司将上述处理决定向赵某某方进行了送达，亦未提交相应的证据证实赵某某在所发生的工程事故应当承担相应责任，并且与该公司在 2015 年 1 月 8 日向赵某某出具的《绩效薪资及其他统计表》载明的内容相矛盾；加之 A 公司所抗辩的工程质量事故与本案不属同一法律关系，故对 A 公司提出的上述抗辩理由不予采纳。

一审法院判决：（1）A 公司在判决生效后 10 日内向赵某某支付所拖欠的工资 658 500 元；（2）驳回赵某某的其他诉讼请求。如果未按判决指定的期间履行给付金钱义务，应当按照《中华人民共和国民事诉讼法》第二百五十三条的规定，加倍支付迟延履行期间的债务利息。案件受理费 10 元，由 A 公司负担。

二审法院认为一审判决认定事实清楚，适用法律正确，应予维持。驳回上诉，维持原判。

二审案件受理费 10 元，由 A 建设工程有限公司负担。

三、案例评析

赵某某在工程事故中应当承担责任的问题。用人单位应当按照劳动合同约定和国家规定，向劳动者及时足额支付劳动报酬。A 公司与赵某某签订书面劳动合同，对赵某某的工资标准及发放形式进行了约定。双方约定赵某某的工资标准为年薪 100 万元，虽未约定赵某某的工资组成中包含绩效工资及基础工资，但年薪制作为一种较为特殊的工资形式，除了包括作为一般意义劳动力支出之补偿的基本劳动报酬外，还应当包括与行使经营权和承担经营责任从而对企业经济效益起关键性作用相对应的利润分享收入。故 A 公司关于赵某某主张的年薪 100 万元中部分属于风险浮动的绩效部分上诉理由成立，本院予以确认。A 公司上诉称未足额支付赵某某绩效薪酬部分的原因在于赵某某作为 A 公司的高级管理人员，应当对某码头港地护坡工程滑坡事故承担管理责任。根据某工程勘察总公司出具的《某码头驳岸滑坡工程治理设计报告》来看，并不能明确赵某某在所发生的工程事故所应当承担的责任。A 公司可就赵某某在该工程事故中应当承担的责任另行主张权利。

四、法律索引

1. 《中华人民共和国民事诉讼法》。
第六十四条第一款　当事人对自己提出的主张，有责任提供证据。
第一百七十条　第二审人民法院对上诉案件，经过审理，按照下列情形，分别处理：
（一）原判决、裁定认定事实清楚，适用法律正确的，以判决、裁定方式驳回上诉，维持原判决、裁定。

2. 《中华人民共和国劳动法》。

第三条 劳动者享有平等就业和选择职业的权利、取得劳动报酬的权利、休息休假的权利、获得劳动安全卫生保护的权利、接受职业技能培训的权利、享受社会保险和福利的权利、提请劳动争议处理的权利以及法律规定的其他劳动权利。

第五十条 工资应当以货币形式按月支付给劳动者本人。不得克扣或者无故拖欠劳动者的工资。

3. 《中华人民共和国劳动合同法》。

第三十条第一款 用人单位应当按照劳动合同约定和国家规定，向劳动者及时足额支付劳动报酬。

4. 《最高人民法院关于审理劳动争议案件适用法律若干问题的解释》。

第十三条 因用人单位作出的开除、除名、辞退、解除劳动合同、减少劳动报酬、计算劳动者工作年限等决定而发生的劳动争议，用人单位负举证责任。

5. 《最高人民法院关于民事诉讼证据的若干规定》。

第二条 当事人对自己提出的诉讼请求所依据的事实或者反驳对方诉讼请求所依据的事实有责任提供证据加以证明。

案例 15　工程质量问题所产生的维修责任及相关费用的承担问题

上诉人（原审被告）：B 建设有限公司

被上诉人（原审原告）：A 投资有限公司

一、基本案情

A 投资有限公司与 B 建设有限公司于 2011 年 9 月 28 日签订协议书，约定由 B 建设有限公司承包 A 投资有限公司总包建设工程，该协议附有《房屋建筑工程质量保修书》《乙市建设工程施工补充合同》《工程质量保修协议书》等，明确了保修范围及责任等。竣工验收前，房屋经检查存在质量问题，B 建设有限公司曾向 A 投资有限公司出具承诺书 5 份，明确了 B 建设有限公司对其施工质量问题承担责任的范围，承诺"由于我方施工质量问题所产生的一切责任及后续维修索赔等责任及费用由我公司全部承担"，部分工程维修可从工程质量保证金中直接扣除，依然不足以弥补的由 B 建设有限公司全额承担。随后双方签订协议书一份，约定 B 建设有限公司应对协议附件中的质量瑕疵及遗留问题进行维修与处理，如 B 建设有限公司未在维修期内进行维修或者维修无法通过专项验收，则 A 投资有限公司有权要求第三方进行维修，所需费用直接在工程质量瑕疵专项维修保证金中扣除，并且 B 建设有限公司应向 A 投资有限公司支付违约金 5 000 元/日。

涉案工程交房以后，业主大量投诉、报修，部分业主向法院提起了诉讼，乙市某县建设工程质量安全监督管理支队自 2014 年 7 月 7 日起多次向 A 投资有限公司发出工程质量投诉督办通知单。对此 B 建设有限公司再次向 A 投资有限公司出具承诺书，对多层 4#－12#楼屋面出现渗漏水情况承诺，该房屋维修完毕后，屋面防水保修期自验收合格之日起重新计算，保修期内仍出现个别屋面漏水的，由 B 建设有限公司负责维修、承担全部费用，并赔偿业主的直接及间接损失，如出现大面积漏水的，启用质保金进行维修。期间，双方会议协商维修房屋渗漏、开裂等问题，并签署会议纪要 4 份，约定由 A 投资有限公司委托案外人丙省建安防水防腐工程有限公司对涉案工程实施整体渗漏维修，A 投资有限公司负责直接采购与维修相关的主材，另外总包单位可与业主约定三方协议，直接支付维修价款。其后，A 投资有限公司又委托了多家案外公司对存有质量问题的房屋进行维修。

一审法院判决被告 B 建设有限公司向原告 A 投资有限公司支付维修款 4 868 217.8 元、业主刘某某赔偿款 4 500 元、违约金 593 333 元。上诉人 B 建设有限公司因与被上诉人 A 投资有限公司建设工程施工合同纠纷一案，不服乙市某区人民法院（20××）某民初字第×××号民事判决，向法院提起上诉。上诉人 B 建设有限公司上诉请求：撤销一审判决发回重审，或改判上诉人 B 建设有限公司赔偿或补偿被上诉人 A 投资有限公司损失不超过 280 万元，由被上诉人 A 投资有限公司承担两审诉讼费。

二、案件审理

一审法院认为：B 建设有限公司同意向 A 投资有限公司支付业主刘某某维修款 4 500 元，一审法院予以确认。B 建设有限公司主张 A 投资有限公司自行维修的部分工程已过保修期，但未明确指出超出保修期的内容，依据 A 投资有限公司提交的协议、明细表等相关证据，A 投资有限公司的请求范围在保修期之内，一审法院予以认定。B 建设有限公司主张其所建工程已经验收合格，并且按期履行完毕了维修义务，但其提交的证据不足以证明该主张，故一审法院不予认定。B 建设有限公司主张 A 投资有限公司未经其同意委托了案外人进行维修，结合 A 投资有限公司提交的双方会议纪要、B 建设有限公司承诺书、业主信访材料、维修单，以及相关部门多次下发的督办函等证据，一审法院认为在涉案工程存在严重质量问题。B 建设有限公司虽承诺担负相关责任，但在其未能按期将房屋维修合格且业主上访频繁，相关部门检查督办的情况下，A 投资有限公司自行委托第三方维修以及直接与业主协商赔偿是必要合理的，且部分委托维修事宜以及与业主协商事宜已经通过会议形式与 B 建设有限公司商定，故 B 建设有限公司应向 A 投资有限公司支付相关维修款项。B 建设有限公司主张 A 投资有限公司的维修款数额与实际不符，但未提供证据或申请进行鉴定，故一审法院依据证据规则对 A 投资有限公司提交的相关证据进行认定。A 投资有限公司已支付的维修款、赔偿款共计 4 968 217.8 元，并有协议、票据、银行转账记录、业主信息等证据证明，一审法院予以认定。其中 B 建设有限公司主张有 10 万元铝制风帽挡雨檐的安装费用不属于总包范围，因 A 投资有限公司对此 10 万元费用未作出说明，故一审法院将其从应付款中扣除。A 投资有限公司提交的票据总额超出实际支付部分本案中不予支持，A 投资有限公司可待支付完毕后另案起诉。B 建设有限公司主张维修房屋的脚手架是由 B 建设有限公司拆除，但其提交的证据中并无此项费用证明，而 A 投资有限公司提交了拆除脚手架的证据，故一审法院对于 B 建设有限公司的主张不予采信。

关于 2014 年 1 月 14 日双方签订协议书中约定的违约金条款，B 建设有限公司提交的证据不能体现其已按照协议约定完成维修工作并通过验收，故应向 A 投资有限公司支付违约金。考虑到前文所述 B 建设有限公司应履行的赔偿义务，一审法院酌情将违约金下调 1/3，酌定为 593 333 元。

一审法院判决："被告 B 建设有限公司于本判决生效后 10 日内向原告 A 投资有限公司支付维修款 4 868 217.8 元、业主刘某某赔偿款 4 500 元、违约金 593 333 元，以上共计 5 466 050.8 元。案件受理费 63 075 元，由被告负担 47 067.79 元，原告负担 16 007.21 元。"

二审中，当事人没有提交新证据，二审法院对一审查明的事实予以确认。案件经二审法院调解未果，二审法院最终认为：一审法院判决认定事实清楚，适用法律正确，依照《中华人民共和国民事诉讼法》第一百六十九条第一款、第一百七十条第一款第（一）项之规定，判决如下：

驳回上诉，维持原判。二审案件受理费 28 128 元，由上诉人 B 建设有限公司负担。

三、案例评析

建设工程合同是承包人进行建设，发包人支付价款的合同。因施工人的原因致使建设工程质量不符合约定的，发包人有权要求施工人在合理期限内无偿修理，或者返工、改建。因保修人未及时履行保修义务，导致建筑物毁损或者造成人身、财产损害的，保修人应当承担赔偿责任。在本案中，双方当事人签订了《房屋建筑工程质量保证书》《乙市建设工程施工补充合同》《工程质量保证书》等，约定了保修范围及违约责任。双方均认可涉案工程存在工程质量问题，而上诉人 B 建设有限公司未举证证明其已按期履行维修义务，应当承担赔偿责任并支付违约金。被上诉人 A 投资有限公司与第三方签订维修合同产生的费用属于合理损失，其一审期间已提交证据证明，上诉人 B 建设有限公司为反驳此事实应负有举证责任。二审中，上诉人 B 建设有限公司未举证证明，亦未举证证实其主张的被上诉人 A 投资有限公司存在扩大损失或违约在先情形。上诉人 B 建设有限公司未完成合同约定及承诺的保修及维修义务，因此其应承担违约责任。另外，一审法院酌定的违约金不违反法律规定，故对上诉人 B 建设有限公司降低赔偿数额至 280 万元、不支付违约金的上诉请求，法院不会不予支持。故 B 建设有限公司关于发回重审的上诉请求，二审法院亦不支持。

综上所述，B 建设有限公司的上诉请求不能成立，应予驳回。

四、法律索引

1. 《中华人民共和国民事诉讼法》。

第一百六十九条第一款　第二审人民法院对上诉案件，应当组成合议庭，开庭审理。经过阅卷、调查和询问当事人，对没有提出新的事实、证据或者理由，合议庭认为不需要开庭审理的，可以不开庭审理。

2. 《中华人民共和国民事诉讼法》。

第一百七十条第一款第一项　第二审人民法院对上诉案件，经过审理，按照下列情形，分别处理：

（一）原判决、裁定认定事实清楚，适用法律正确的，以判决、裁定方式驳回上诉，维持原判决、裁定。

案例 16　　建设工程各方施工纠纷责任判定问题

再审申请人（一审被告、二审上诉人）：A 建筑有限公司
被申请人（一审原告、二审被上诉人）：B 制衣有限公司
被申请人（一审原告、二审被上诉人）：C 投资有限公司
被申请人（一审第三人、二审上诉人）：D 建筑工程监理有限公司
被申请人（一审第三人、二审上诉人）：D 建筑工程监理有限公司某分公司
被申请人（一审第三人、二审上诉人）：E 地质工程勘察院

一、基本案情

再审申请人 A 建筑有限公司（以下简称 A 建筑公司）因与被申请人 B 制衣有限公司（以下简称 B 制衣公司）、C 投资有限公司（以下简称 C 投资公司）、D 建筑工程监理有限公司（以下简称 D 监理公司）、D 建筑工程监理有限公司某分公司（以下简称 D 监理某公司）、E 地质工程勘察院（以下简称 E 地质勘察院）建设工程施工合同纠纷一案，不服某省高级人民法院（20××）某高法民终字第××号民事判决，向本院申请再审。

A 建筑公司申请再审称：（1）有新的证据，足以推翻一、二审判决。某省某市某区人民法院（20××）某民二初字第×××号民事判决足以证明，若勘察单位提供的勘察报告是不合格的勘察成果资料，勘察单位应承担全部责任，本案中 E 地质勘察院应赔偿本案的全部损失。（2）一、二审判决认定的基本事实错误，认定事实的主要证据不足。《工程造价咨询结果报告》将厂房与宿舍工程混同鉴定，应将厂房与宿舍工程分开做鉴定。显然，质量合格的宿舍费用应从中扣除。另，厂房桩基础质量不合格的工程中，"承台基础工程费、安全文明施工费、临时设施及其他工程费用"是合格的，不应作为损失赔偿。某市质量技术监督评鉴事务所对桩基础质量作出的鉴定结论是错误的。第二项工程概况中认为基桩为端承桩是错误的，并不符合设计要求，该工程的基桩为摩擦承桩，其与端承桩有本质区别。另，根据设计图纸的要求，桩底厚度不得大于 100mm，而这两根桩的沉渣厚度分别为 70mm、90mm，符合施工图纸的相关约定要求。第 8 页认为 41 号、30 号、20 号、32 号基桩的桩端持力层达不到设计要求是错误的。虽然设计图纸是要求基桩嵌岩深度为 1 倍的基桩直径，但在施工过程中当基桩进入微风化时经过长时间的冲岩而无法按图纸设计要求入岩石 1 倍时，已经会同监理向设计单位报告情况，同意终孔后，监理单位查实取样，并在打桩记录表上签名确认，实际上双方在施工过程中针对该部分基桩的嵌岩深度作出了变更。关于要求超前钻的问题，A 建筑公司认为其在施工时没有任何过错。其一，设计图纸上没有要求采用超前钻确定持力层的厚度；其二，建设单位、监理单位、设计单位、施工单位都没有任何一方有须采用超前钻的怀疑；其三，超前钻规范中是要求溶岩地区、高层建筑和荷载较大的地基，本工程没有存在以上三种情况，本工程也无须采用超前钻。该鉴定报告第 8 页认为 23 号、14 号基桩的嵌岩深度达不到设计要求，不

合格也是错误的。根据《建筑地基基础设计规范》第99页第6点规定，桩全断面嵌入岩层的深度不宜少于0.5m，因此，上述基桩的入岩深度是符合设计规范要求的。该鉴定报告结论中认为工程基桩不符合《建筑基桩检测技术规范》（JGJ1060-2003）的要求也是错误的，因为该《建筑基桩检测技术规范》（JGJ1060-2003）是对基桩进行检测的规范性文件，而不是基桩施工的规范性文件，对A建筑公司没有约束力。即便有桩基础质量问题，则应由勘察单位E地质勘察院承担全部责任，监理单位D监理公司、D监理某公司以及建设单位C投资公司和B制衣公司应承担补充责任。一、二审判决A建筑公司承担质量部分合格的厂房工程中的宿舍承台基础工程费用、安全文明措施费、临时设施及其他工程费485 070.59元超出了诉讼请求。（3）一、二审存在程序违法。一审中，A建筑公司提出反诉，一审法院并没有出具书面裁定，显属程序违法。二审中A建筑公司主张扣除部分损失，二审法院也未依法对该事实进行认定与阐述。一审诉讼中，许多证据未经第三人举证、质证。一、二审法院皆没有依A建筑公司申请调查收集主要证据，依法追加当事人以及做必要的鉴定，程序违法。一、二审法院均未追加设计单位为本案第三人或被告，以便查明本案事实，显属遗漏当事人。（4）A建筑公司与C投资公司、B制衣公司的合同解除后，工地上属于A建筑公司的设备、建筑设施等应退还给A建筑公司，如水泥罐、钢筋等。上述设备、设施一直在施工工地，并被C投资公司、B制衣公司拆除并占有，A建筑公司多次要求归还无果。A建筑公司依据《中华人民共和国民事诉讼法》第二百条第一项、第二项、第四项、第五项、第六项、第十一项的规定申请再审。

D监理某公司提交意见称：A建筑公司的再审申请缺乏事实与法律依据，请求予以驳回。

E地质勘察院提交意见称：A建筑公司的再审申请缺乏事实与法律依据，请求予以驳回。

二、案件审理及分析

法院认为：关于新证据问题。A建筑公司提交某省某市某区人民法院（20××）某民二初字第××××号民事判决作为新证据，但该判决与本案没有关联性，故不予采信。

A建筑公司主张《工程造价咨询结果报告》将厂房和宿舍工程混同鉴定没有事实依据。在该报告中，明确指明了厂房和宿舍工程的分别的合同单价计算以及定额计算，并提供了厂房和宿舍的不合格部分的工程造价及加固费用，不存在混同鉴定。

A建筑公司主张"承台基础工程费、安全文明施工费、临时设施及其他工程费"是合格的，不应作为损失赔偿。上述费用是因A建筑公司、D监理某公司、E地质勘察院在本案所涉工程施工过程中的过错而造成的，B制衣公司和高亮投资已经实际支出，A建筑公司理应承担其相应的责任。

关于某市质量技术监督评鉴事务所对桩基础质量作出的鉴定结论是否存在错误。A建筑公司主张该鉴定结论中第二项工程概况中将基桩认为是端承桩错误，但该所在一审中对A建筑公司的回复中就已经就该认定进行说明，并将其更改为端承——摩擦端承桩。A建筑公司认为第8页所述41号、30号、20号、32号基桩的桩端持力层达不到设计要求错误，而鉴定结论显示41号基桩的桩端持力层为土状强风化花岗岩，30号、20号、32号基桩的桩端下分别有0.52m、0.35m、0.50m厚的微风化花岗岩（孤石或夹层），其下卧层为土状强风化花岗岩，而施工图纸中要求基桩桩端持力层到达基岩，基桩嵌岩深度为一倍的基桩直径，因此达不到设计要求。A 建筑公司主张已经会同监理向设计单位报告情况，同意终孔后，监理单位查实取样，并在打桩记录表上签名确认，实际上双方在施工过程中针对该部分基桩的嵌岩深度作出了变更，但 A 建筑公司并未提供相应证据证明。此外，该鉴定报告中结论部分中的"不符合《建筑基础检测技术规范》（JGJ106-2003）及其相关施工图纸的约定要求"在一审中就已经更正为"不符合其相关施工图纸的约定要求"。因此，A 建筑公司关于某市质量技术监督评鉴事务所所做鉴定结论错误的理由不能成立，不予采纳。

A 建筑公司主张因桩基不合格而产生的承台基础工程费用、安全文明措施费、临时设施及其他工程费 485 070.59 元超出诉讼请求。经查，本案 C 投资公司和 B 制衣公司的诉讼请求中第 3 项列明："赔偿因厂房、宿舍桩基不合格导致桩基必须返工或重建给原告造成的全部损失"。因此，一、二审判决其赔偿上述费用并未超出诉讼请求。

关于 A 建筑公司对该涉案工程不合格应否承担责任。某市质量技术监督评鉴事务所出具的鉴定报告认定 A 建筑公司在施工过程中存在多处不合格之处，并且 A 建筑公司不懂设计规范，只懂施工规范，没有依据《岩土工程详细勘察报告》中"当采用冲孔灌注桩，遇到相邻桩桩长相差大，岩面陡，桩端嵌岩应有足够深度或根据其他经验怀疑桩孔底为孤石时，须采用超前钻确定"进行施工，在施工中也未提出采用超前钻技术，未执行《建筑地基基础设计规范》（GB50007-2002）5.6.2 条规定（嵌岩桩必须有桩端持力层的岩性报告），致桩底有软弱层（或软弱夹层）而不觉察，且在施工过程对冲孔桩质量控制不严格，导致部分基桩桩底有沉渣，致使厂房冲孔桩基桩达不到设计要求。二审法院综合上述事实及过错程度，判决 A 建筑公司承担 50% 的赔偿责任并无不当。

关于程序问题。A 建筑公司主张一审诉讼中，许多证据没有经过第三人的举证、质证。A 建筑公司并未阐明哪些证据未经第三人质证，而且 A 建筑公司承认其和建设单位已经进行了举证、质证，因此，不能得出主要证据未经质证这一结论。A 建筑公司主张其一审提出反诉但法院未予处理，事实是 A 建筑公司申请撤回反诉，一审法院裁定准予其撤回反诉。故 A 建筑公司上述程序问题的申请理由皆不能成立，法院不予支持。

关于 A 建筑公司主张其与 C 投资公司、B 制衣公司的合同解除后，工地上属于 A 建筑公司的设备、建筑设施等应退还给 A 建筑公司一节，因 A 建筑公司并未就此问题提起反诉，故一、二审法院未予支持并无不当。

综上，A 建筑公司的再审申请不符合《中华人民共和国民事诉讼法》第二百条第一项、第二项、第四项、第五项、第六项、第十一项规定的情形。依照《中华人民共和国民事诉讼法》第二百零四条第一款之规定，裁定如下：

驳回 A 建筑有限公司的再审申请。

三、法律索引

《中华人民共和国民事诉讼法》。

第二百条 当事人的申请符合下列情形之一的，人民法院应当再审：

（一）有新的证据，足以推翻原判决、裁定的；

（二）原判决、裁定认定的基本事实缺乏证据证明的；

（三）原判决、裁定认定事实的主要证据是伪造的；

（四）原判决、裁定认定事实的主要证据未经质证的；

（五）对审理案件需要的主要证据，当事人因客观原因不能自行收集，书面申请人民法院调查收集，人民法院未调查收集的；

（六）原判决、裁定适用法律确有错误的；

（七）审判组织的组成不合法或者依法应当回避的审判人员没有回避的；

（八）无诉讼行为能力人未经法定代理人代为诉讼或者应当参加诉讼的当事人，因不能归责于本人或者其诉讼代理人的事由，未参加诉讼的；

（九）违反法律规定，剥夺当事人辩论权利的；

（十）未经传票传唤，缺席判决的；

（十一）原判决、裁定遗漏或者超出诉讼请求的；

（十二）据以作出原判决、裁定的法律文书被撤销或者变更的；

（十三）审判人员审理该案件时有贪污受贿，徇私舞弊，枉法裁判行为的。

案例17　仲裁解决建设工程纠纷典型案例

一、基本案情

申请人：某水电建设工程有限公司

被申请人：广州市某房地产开发有限公司

1995年11月20日，申请人（转制前为某水电建设工程公司）与被申请人（转制前为广州市某房地产经营开发公司）签订了一份《广州市沙河天平架某商住楼工程承发包合同》，并于1996年1月18日，签订了《关于沙河天平架某住楼工程承发包合同的补充协议书》，由申请人承建被申请人位于沙河某地的商住楼工程。合同约定：被申请人应该在接到结算之日起30天内提出意见，逾期视为同意，由经办银行划账，结算尾数。双方对竣工结算确认后15天内应进行退补结算。

该工程于1996年6月12日正式开工，于1996年9月16日完成挡土墙人工挖孔桩工程的施工。完成挡土墙挖孔柱工程的竣工验收工作后，申请人就按照《合同》的约定和《协议书》的规定进行各项结算工作。申请人分别于1997年1月18日、1997年8月8日将经过双方几次协商和修改过的《结算书》整理盖章后送给被申请人，由被申请人有关人员陈某某等审查签名并经被申请人盖章后送建行审查。工程结算款为1 709 404.21元，其中，人工挖孔桩工程1 401 798.77元，土方开挖工程224 177.22元，停工误工费为83 428.22元。1996年9月16日，被申请人向申请人支付工程预付款600 000元，但直至现在，被申请人还欠申请人工程进度款1 109 404.21元。被申请人既不拨付工程进度款，也不通知申请人继续进场施工或是解除合同。为此，申请人依合同中的仲裁条款向广州仲裁委员会提出申请，要求裁决被申请人支付申请人工程款人民币1 109 404.21元，并支付违约金人民币1 062 254.53元（逾期付款违约金可以按照逾期付款金额每日0.5‰计算）和承担本案仲裁费。

二、争议焦点

本案的争议焦点主要集中在以下几个方面:

1. 关于时效问题。被申请人称,双方在合同第12条第2项中约定:"被申请人应该在接到结算之日起30天内提出意见,逾期视为同意,由经办银行划账,结算尾数。双方对竣工结算确认后15天内应进行退补结算。"申请人向被申请人提交《工程结算书》是在1997年1月18日和1997年8月8日,且按照申请人《追加违约金仲裁申请书》的内容,申请人知道被申请人应付款的时间为1997年10月1日前,而申请人申请仲裁的时间为2002年11月15日,至今已逾1 915天,已经超过了两年的诉讼时效。而且其间没有中断或者中止诉讼时效的事由出现,申请人的仲裁请求依法不受法律保护;申请人的停工费、误工费请求是在2002年11月申请仲裁时才向被申请人提出,违约金请求106万余元也是在仲裁庭开庭之时才向被申请人提出,在此之前,申请人都没有向被申请人提过要求,因此,申请人的这两项请求也超过了诉讼时效。

申请人则认为,整个工程仍属在建工程,合同没有解除或终止,仍为有效合同,不存在时效问题。即使计算时效,1997年1月至2001年11月这段时间是被申请人与建行审查结算书时间,依法应该属于时效中断。

2. 关于工程结算问题。申请人认为,在1996年9月16日完成挡土墙挖孔桩工程竣工验收工作后,随即按照合同和补充协议的约定进行了各分项结算工作,工程总价款为1 709 404.21元。其中,人工挖孔桩工程1 401 798.77元;土方开挖工程224 177.22元;停工误工费83 428.22元。

被申请人认为,申请人未按照《工程承发包合同》规定的程序进行结算,申请人提出的《工程结算书》也未经被申请人审核确认,故《工程结算书》不能作为工程结算依据。申请人据以申请仲裁的两份《工程结算书》,具体工程名称为:某人工挖孔桩工程及某土方开挖及某停工费。两份《工程结算书》中并没有被申请人的有效签章。其中,陈某某、赵某、罗某某3人在某人工挖孔桩工程及某土方开挖的结算书中的《工程结算取费表》上签名的时间为2001年11月27日,当时,此3人已非被申请人的员工,也不是被申请人的授权代表,其签名不具有法律效力。故被申请人否认《工程结算书》的效力。

3. 关于已付工程款的问题。被申请人认为其前后已经向申请人支付了1 241 814.14元工程款,而非申请人所说的60万元。具体为:1996年5月30日向申请人支付工程预付款60万元;1997年1月19日,被申请人又向申请人支付了60万元的工程款;1996年5月24日,被申请人分别向申请人支付了两笔款项,数额分别为20 094.61元和21 719.88元,因为申请人为项目总承包方,因此,被申请人认为这部分水电费的支出应该属于已付工程款。据此,被申请人实际已向申请人支付1 241 814.49元的工程款。

申请人认为,按照结算书上的结算工程款为1 709 404.21元,被申请人只是在1996年5月30日支付60万元的工程预付款给申请人,至今还欠申请人1 109 404.21元的工程款。被申请人提出在1997年1月19日又向申请人支付了60万元的工程款,有申请人代表张某某签名的《支付证明单》及交通银行的支票存根为证的主张与事实不符,张某某在1997年1月19日签收被申请人的工程款60万元不是本案的工程款,而是另外一个工程(××岗)的工程款,此与本案没有关系。另外,被申请人提出的临时水电费用,双方早已结算完毕,该费用不应该计算在已付的工程款内,因此,被申请人实际上只向申请人支付了60万元的工程款,至今还欠申请人1 109 404.21元的工程款没有支付。

4. 关于误工费。申请人认为,被申请人向申请人支付了60万元的预付款后,没有再向申请人支付任何工程款,也没有通知申请人解除或者是终止合同,是被申请人的原因造成申请人停工,被申请人应该承担申请人的误工费。且被申请人的工程经办人员陈某某也在《工程结算书》(误工费)上签名,因此,被申请人因此按照《工程结算书》(误工费)上的结算数额向申请人支付误工费83 428.22元。

被申请人认为,申请人提供的证据10,即《工程预算书》(误工费)上面没有被申请人的签名或者盖章。其依据《施工现场签证单》计算1994年10月4日至1997年3月共604天的误工天数,违背了本工程于1996年6月开工的基本事实。《工程预算书》(误工费)上陈某某的签名与申请人提供的证据8、证据9上的签名明显不符,被申请人对该陈某某的签名的法律效力不予认可。且申请人提出停工、误工费是在其于2002年11月申请仲裁时才向被申请人提出的,在此之前,被申请人从来没有收到申请人主张停工误工费的要求。其停工、误工费请求明显超过了诉讼时效。因此,被申请人请求仲裁庭依法驳回申请人的该项仲裁请求。

三、裁决结果

仲裁庭根据《中华人民共和国合同法》第一百零七条、第一百一十四条规定,裁决如下:

1. 被申请人向申请人支付工程款人民币1 025 975.99元;

2. 被申请人以1 025 975.99元为基数,以中国人民银行同期逾期付款的规定为标准从2001年11月28日起至本裁决裁定还款之日止计算违约金给申请人;

3. 本案仲裁费31 730元由申请人承担1 219元,被申请人承担30 511元(该款项已由申请人预交,故由被申请人直接付30 511元予申请人)。

以上裁决中确定由被申请人向申请人支付的款项,被申请人应于本裁决书送达之日起十日内一次付清,逾期支付则按《中华人民共和国民事诉讼法》第二百三十二条的规定处理。

四、裁决理由

1. 关于本案合同的效力。申请人与被申请人于1995年11月20日签订的《广州市沙河天平架某商住楼工程承发包合同》及1996年1月18日签订的《关于沙河天平架某商住楼工程承发包合同的补充协议书》是双方的真实意思表示,没有违反法律的强制性规定,均为合法有效的合同,双方均应严格地遵守和积极地履行各自的义务。

2. 关于合同是否需要继续履行。由于申请人认为,被申请人于1996年5月30日支付60万元工程款后,没有再继续支付工程款。1996年9月16日,申请人完成挡土墙挖孔桩工程后,合同因被申请人没有支付工程款而无法继续履行,因此,双方签订的《广州市沙河天平架某商住楼工程承发包合同》和《关于沙河天平架某商住楼工程承发包合同的补充协议书》应予终止;被申请人也认为合同没有继续履行的必要,认为应该终止《广州市沙河天平架某商住楼工程承发包合同》和《关于沙河天平架某商住楼工程承发包合同的补充协议书》）。至此，双方对终止《广州市沙河天平架某商住楼工程承发包合同》和《关于沙河天平架某商住楼工程承发包合同的补充协议书》已经形成合意，因此，仲裁庭对双方协商终止《广州市沙河天平架某商住楼工程承发包合同》和《关于沙河天平架某商住楼工程承发包合同的补充协议书》的意思表示予以确认。

3. 关于工程结算问题。仲裁庭认为，根据申请人提供的证据可证明，被申请人根据广州市东山区人民政府文件的规定，于1998年8月1日归属于广州某实业资产经营公司，陈某某、赵某、罗某某3人从1999年5月至2002年4月13日都是由广州某实业有限公司为其3人购买社会保险费用，而广州市某某房地产开发有限公司、广州某某实业资产经营公司、广州某某实业有限公司是一套班子，三个牌子。因此，可以证实陈某某、赵某、罗某某3人从1995年5月至2002年4月13日仍然是被申请人的员工。又因为被申请人承认其3人是本案所涉工程施工时的经办人，且被申请人已在两份《工程结算书》上加盖了公章。因此，仲裁庭认为，陈某某、赵某、罗某某3人于2001年11月27日分别在《某人工挖孔桩工程工程结算书》、《某土方开挖工程工程结算书》上的签名对被申请人产生法律效力。至于申请人主张的某工程停工、误工费，由于其提供的证据《某停工费预算书》没有进行结算，且在"建设单位"一栏上，被申请人也没有加盖公章，申请人依据的《施工现场签证单》上停工费的起算时间是从1994年10月4日开始，不符合本案工程的实际开工时间，不足以证明是本案所产生的停工、误工情况，因此，仲裁庭对申请人主张停工、误工费的仲裁请求不予支持。

4. 关于时效问题。仲裁庭认为，虽然申请人向被申请人提交的《工程结算书》所载的时间是1997年1月18日和1997年8月8日。但被申请人的工程经办人赵某、陈某某、罗某某3人于2001年11月27日在结算书上签署"数量项目属实""现场监理已签证""单价合理，请审定"并签名，此行为属于被申请人对该债权的重新确认。根据法律规定，仲裁庭认为申请人请求被申请人支付某人工挖孔桩工程款和某土方开挖工程款的仲裁请求依法应该受到法律的保护。

5. 关于已付工程款的问题。关于工程款的支付，仲裁庭认为，双方对被申请人在1996年5月30日支付给申请人60万元工程款的事实没有异议，仲裁庭对此予以确认。对于被申请人主张在1997年1月19日向申请人支付60万元的抗辩，根据申请人、被申请人提供的有关证据可以证实该60万元是属于另外一个工程的工程款，不属于本案的工程款，因此，被申请人的该项抗辩主张不能成立；至于被申请人主张的其于1996年5月24日分别向申请人支付了20 094.61元的临时供水工程费和21 719.88元的临时供电费的款项应该属于其已付的、应在申请人的主张中扣除工程款的抗辩，仲裁庭认为，该临时供水工程费和临时供电费是双方当事人已结算清楚的，且在申请人提供的《工程结算书》并没有列明该款项，不能与申请人主张的工程款的情况形成对抗，因此，仲裁庭对被申请人的该项抗辩理由不予支持。

综上，仲裁庭认定被申请人至今只向申请人支付了60万元的工程款。

6. 关于违约金的计算。仲裁庭认为，双方当事人对于关于工程款的结算作了约定，即："被申请人应该在接到结算之日起30天内提出意见，逾期视为同意，由经办银行划账，结算尾数。双方对竣工结算确认后15天内，应进行退补结算"。但当被申请人的工程经办人在《工程结算书》上签字确认后，申请人据此向本委提请仲裁请求，至此，双方的行为表示变更了此条款的约定,并将约定的默示条款变更为明示条款,已经形成合意。因此,被申请人应该从其确认工程款之时结算工程款,逾期则按照合同的约定计付违约金给申请人。由于被申请人是在2001年11月7日签字确认工程款的,因此,被申请人计算违约金的时间应该从2001年11月27日之次日开始起算。

关于计算违约金的基数,应为申请人主张的工程款1 109 404.21元扣减本庭不予支持的停工、误工费83 428.22元之后的数额,即以1 025 975.99元为基数计算违约金。至于违约金的计算标准,可以按照双方合同约定的"一方逾期结清或退回工程尾款的,从逾期若干天次日起,按照应结清或退回数额,比照银行有关延期付款的规定,向对方偿付逾期违约金"的约定,按照中国人民银行有关逾期付款的规定由被申请人向申请人计算违约金。

五、法律索引

《民法通则》

第一百三十七条 诉讼时效期间从知道或者应当知道权利被侵害时起计算。但是,从权利被侵害之日起超过二十年的,人民法院不予保护。有特殊情况的,人民法院可以延长诉讼时效期间。

第一百三十八条 超过诉讼时效期间,当事人自愿履行的,不受诉讼时效限制。

第一百三十九条 在诉讼时效期间的最后六个月内,因不可抗力或者其他障碍不能行使请求权的,诉讼时效中止。从中止时效的原因消除之日起,诉讼时效期间继续计算。

第一百四十条 诉讼时效因提起诉讼、当事人一方提出要求或者同意履行义务而中断。从中断时起,诉讼时效期间重新计算。

案例18　行政诉讼解决建设工程纠纷典型案例

一、基本案情

上诉人(原审原告):A等17人(名单略)

被上诉人(原审被告):GD省东莞市城建规划局

原审第三人:GD省东莞市城区房地产开发公司

2001年12月10日,被告GD省东莞市城建规划局(以下简称"城建规划局")颁发给第三人GD省东莞市城区房地产开发公司(以下简称"房地产开发公司")拆许字(2001)第005号房屋拆迁许可证,准予房地产开发公司对本案原告等21人所有的东纵大道18号24间商铺房屋进行拆迁。原告与房地产开发公司未能就拆迁安置补偿问题达成协议。经房地产开发公司委托,GD省东莞市华联会计师事务所有限公司(以下简称"华联公司")于2002年5月20日对涉案房屋作出华联评字(2002)025号《评估报告》,评估结论是:受委托评估拟拆迁的物业商铺评估均价每平方米5 194.61元,仓库评估均价每平方米3 480元，各商铺的具体评估价见报告固定资产——房屋建筑物评估明细表。2002年8月30日，城建规划局房地产开发公司的申请，对申请人与包括原告A等17人在内的被申请人作出东规行裁（2002）1号《房屋拆迁行政裁决书》：（1）东纵大道18号24个铺位的拆迁按如下方式进行补偿安置，若被申请人选择货币补偿的，则由申请人按照《评估报告》的评估金额一次性支付给各被申请人；若被申请人选择产权调换的，如按拆迁房屋面积与该地新建商铺以1∶0.6的标准进行产权调换，双方不需补偿差价；若按拆迁房屋面积与该地新建商铺以1∶1的标准进行产权调换，则双方应计算被拆迁房屋的补偿金额和调换房屋的价格，结清产权调换的差价。（2）申请人一次性支付商铺营业损失费给被申请人，具体标准按房屋拆迁公布前6个月由税务部门核发的税后平均利润按月以80%计算补偿，期限为半年。（3）申请人一次性支付搬家费1 000元/铺给被申请人。（4）建筑物内部装修补偿按市有关标准给予经济补偿。（5）本裁决生效之日起15天内被申请人必须迁出东纵大道18号24个铺位，这些房屋应由申请人拆除。原告不服该行政裁决，向GD省东莞市中级人民法院提起行政诉讼。

二、审理情况

原告诉称：被告在对我们作出上述具体行政行为时，裁决所依据的《评估报告》在使用条件和范围、适用程序等方面适用法律错误，裁决结果损害了原告的合法权益。请求法院撤销被告作出的（2002）1号房屋拆迁行政裁决。

被告辩称：被诉行政裁决所依据的评估报告是由GD省东莞市华联会计师事务所有限公司（以下简称华联公司）作出，该公司是经工商部门核准登记成立的独立企业法人，且拥有中华人民共和国财政部批准颁发的资产评估资格，其评估资产范围包括房地产、机器设备等各类资产。因此，该评估报告具有公信力且合法。我局作出的行政裁决程序合法，适用法律正确，原告的诉讼理由不成立。

第三人房地产开发公司陈述称：原告认为《评估报告》作出的价格评估显失公正的主张并无证据支持，只要证明作出《评估报告》的华联公司是依法成立的合法机构，具有评估资质就可以了，至于是否公平，应以法律规定为准，而不是达到了原告的要求就是公平，否则就是显失公平。故被告作出的行政裁决认定事实清楚，适用法律准确，裁决适当，请法院予以维持。

GD省东莞市中级人民法院经审理认为：本案被告所作出的房屋拆迁行政裁决，经过公开听证，并有《评估报告》等为据，根据华联公司的营业执照，该公司具有资产评估资质，被告采纳这一评估报告作为裁决依据并无不当。裁决结果有货币补偿和产权调换两种方式供原告选择，且货币补偿的金额是按房地产市场评估价确定的，符合国务院《城市房屋拆迁管理条例》的规定，因此被告作出的东规行裁（2002）1号房屋拆迁行政裁决，认定事实清楚，适用法律法规正确，是合法的具体行政行为。

据此，GD省东莞市中级人民法院依照最高人民法院《关于执行〈中华人民共和国行政诉讼法〉若干问题的解释》第五十六条第（二）项之规定，于2003年3月28日判决：驳回原告A等17人的诉讼请求。

一审宣判后，A等17人不服，向GD省高级人民法院提出上诉。

A等17人上诉称：原审法院认定的证据存在不合法的现象。《评估报告》将上诉人的商铺分为商铺和仓库,且提出"如按拆迁房屋面积与该地新建成商铺以1:0.6的标准进行产权调换,双方不需要补偿差价",显然有违公平。故请求撤销原判,撤销被上诉人作出的行政裁决。

城建规划局答辩称:我局只要证明作出《评估报告书》的华联公司是依法成立的合法机构,具有评估资质,至于《评估报告书》的具体内容,由于我们不是评估方面的专业人士,无权进行评头论足,因此,上诉人认为《评估报告》作出的价格评估显失公正的主张没有证据支持。请求驳回上诉,维持原判。

原审第三人房地产开发公司在二审中的答辩理由和请求同被上诉人相同。

GD省高级人民法院认为:城建规划局采纳华联公司作出的《评估报告》作为其行政裁决的根据,应当对作出该《评估报告》的评估人员的资格、评估程序等事项进行审查。人事部和国家国有资产管理局联合发布的《注册资产评估师执业资格制度暂行规定》第二十四条规定:"资产评估机构接受委托承接的评估项目,其项目负责人只能由注册资产评估师担任,评估报告至少由两位注册资产评估师签署方为有效。"本案《评估报告》上签名的张瑞明和肖晓康两位评估人员中,只有张瑞明具有注册评估师资格,肖晓康不具有该资格。根据上述规定,该《评估报告》无效。《评估报告》将涉案房屋区分为商铺和仓库两部分,该评估项目的负责人张瑞明在二审庭审中陈述,《评估报告》作出这一区分,其根据是委托方房地产开发公司所提供的资料,该资料对涉案房屋区分为商铺和仓库。作为注册资产评估师的张瑞明,未对委托方房地产开发公司提供的资料进行审核,就直接采纳,违反了财政部发布的《中国注册资产评估师职业道德规范》第十八条"注册资产评估师应对客户委托评估的资产进行勘查,并对客户提供的有关资料进行审核"的规定。而且,A等17人持有的《房屋所有权证》对涉案房屋均作了"铺位"字样的记载,华联公司没有提供有关证据和法律依据证明。"铺位"可以理解为商铺和仓库,故其作出的《评估报告》将涉案房屋区分为商铺和仓库两部分,不能采信。此外,华联公司采用"租金还原法"评估涉案房屋的价格,评估项目负责人张瑞明在二审庭审中陈述,《评估报告》中所采用的租金标准,是询问涉案房屋周围有关人员后确定的,但张瑞明未能提供证据对此予以证明,故华联公司采用该租金标准证据不足。

城建规划局在未依法对该《评估报告》的上述事项进行审查的情况下,径行采纳为被诉行政裁决的依据,主要证据不足,依法应予撤销,并重新作出行政裁决。最高人民法院《关于行政诉讼证据若干问题的规定》第六十二条规定:"对被告在行政程序中采纳的鉴定结论,原告或者第三人提出证据证明有下列情形之一的,人民法院不予采纳:(1)鉴定人不具备鉴定资格;(2)鉴定程序严重违法……"据此,原审法院依法不能采纳涉案《评估报告》原审法院采纳该《评估报告》中的评估结论,违反了上述规定,适用法律错误;同时,原审法院以该《评估报告》作为认定被诉行政裁决合法的定案根据,属认定事实不清。

GD省高级人民法院依照《中华人民共和国行政诉讼法》第六十一条第(三)项和第五十四条第(二)项第一目之规定,于2003年12月12日判决:

1. 撤销(2002)东中法行初字第24号行政判决;

2. 撤销GD省东莞市城建规划局作出的东规行裁(2002)1号《房屋拆迁行政裁决书》;

3. GD 省东莞市城建规划局在收到本判决书之日起 60 日内重新作出裁决。

三、案例评析

随着城市建设的快速发展，城市房屋拆迁行政案件日益增多。一般来说，这类案件主要起因于拆迁人和被拆迁人对补偿安置标准存在重大分歧，而补偿安置标准需要通过市场评估进行确定。因此，这类案件的焦点往往集中在《评估报告》上。本案就属于这样的类型，主要涉及如下几个问题：

1. 城建规划局对一方当事人提供的《评估报告》应如何审查。本案《评估报告》是房地产开发公司委托华联公司作出的。城建规划局主张，只要作出《评估报告》的华联公司是依法成立的合法机构，具有评估资质，该《评估报告》就可以采纳，至于《评估报告》的具体内容，由于其不是评估方面的专业人士，无权进行评头论足。显然，城建规划局认为其对《评估报告》的审查范围和强度，只能及于作出该报告的华联公司是否具有评估资质。只要华联公司具有评估资质，其作出的《评估报告》，城建规划局就只能采纳，而不能对该报告的其他事项"评头论足"。

表面看来，城建规划局的这一主张并未违反国务院《城市房屋拆迁管理条例》的明确规定，因为该条例只是规定在当事人申请的情况下，房屋拆迁管理部门有权对补偿安置争议进行裁决，而并未明确规定房屋拆迁管理部门应当如何对《评估报告》进行审查。然而，如果仔细分析，就不难发现城建规划局的这一主张有违有关法律、法规的精神。理由是：第一，国务院《城市房屋拆迁管理条例》第二十四条规定："货币补偿的金额，根据被拆迁房屋的区位、用途、建筑面积等因素，以房地产市场评估价格确定。"房屋拆迁管理部门在进行裁决时，应当遵守这一规定。虽然这里没有明确规定房屋拆迁管理部门可以对评估价格进行审查，但是，这一规定暗含着评估价格必须充分考虑被拆迁房屋的区位、用途、建筑面积等因素，而且应当是当时的市场价格。如果评估价格没有符合这些要求，就不能算是有效的评估价格。而评估价格是否为符合上述条件的有效评估价格，显然只有房屋拆迁管理部门对评估报告进行审查后才能确定。因此，《城市房屋拆迁管理条例》的这一规定要求房屋拆迁管理部门对作出评估报告的公司及其评估人员的资质、评估程序、评估价格是否错误等事项进行全面审查。第二，根据行政诉讼法的规定，行政机关作出具体行政行为，应当有充分的证据予以支持。这就要求行政机关在作具体行政行为时，应当对有关材料进行审查后才能作为证据采纳。同样，对于一方当事人提交的评估报告，城建规划局应当按照证据的要求进行全面审查，才能予以采纳。因此，城建规划局以华联公司具有评估资质为由，主张对其作出的评估报告"无权评头论足"，是错误的。

2. 人民法院对城建规划局采纳的《评估报告》应如何审查。最高人民法院《关于行政诉讼证据若干问题的规定》第六十二条规定："对被告在行政程序中采纳的鉴定结论，原告或者第三人提出证据证明有下列情形之一的，人民法院不予采纳：（1）鉴定人不具备鉴定资格；（2）鉴定程序严重违法；（3）鉴定结论错误、不明确或者内容不完整。"根据这一规定，对城建规划局采纳的《评估报告》，人民法院应当对上述事项进行审查。东莞市中级人民法院以作出《评估报告》的华联公司具有评估资质为由，认为城建规划局采纳该评估报告并无不当。显然，东莞市中级人民法院只审查了华联公司具有评估资质，而没有审查具体的评估人员是否具有评估资质，也没有审查华联公司的评估程序是否严重违法等事项，就采纳了该《评估报告》，没有尽到人民法院的审查义务，违反了《关于行政诉讼证据若干问题的规定》的上述规定。GD省高级人民法院除了审查华联公司的评估资质以外，还对具体评估人员的评估资格以及评估程序进行了审查。有人可能会问，GD省高级人民法院为什么没有对评估结论是否错误进行审查？这是因为，GD省高级人民法院通过审查，已经认定具体的评估人员不具有评估资格以及评估程序严重违法，根据上述规定，人民法院对《评估报告》不能予以采纳，故不必再审查《评估报告》的结论是否错误了。

3. 本案《评估报告》存在哪些问题。本案《评估报告》存在的问题主要有：

（1）作出《评估报告》的具体评估人员不符合有关规定。人事部和国家国有资产管理局联合发布的《注册资产评估师执业资格制度暂行规定》对评估人员的评估资格有明确规定。该规定第二十四条规定："资产评估机构接受委托承接的评估项目，其项目负责人只能由注册资产评估师担任，评估报告至少由两位注册资产评估师签署方为有效。"根据这一规定，本案《评估报告》至少要有两名注册资产评估师签署，才是合法有效的评估报告。但《评估报告》上签名的肖晓康却不具有该注册资产评估师资格，违反了上述规定，属不合法的无效评估报告。

（2）评估程序严重违法。主要表现在两个方面：第一，《评估报告》之所以将涉案房屋区分为商铺和仓库两部分，其根据仅仅是委托方房地产开发公司所提供的资料，该资料对涉案房屋区分为商铺和仓库。《中国注册资产评估师职业道德规范》第十八条规定："注册资产评估师应对客户委托评估的资产进行勘查，并对客户提供的有关资料进行审核。"据此，注册资产评估师在作出评估结论以前，应当对客户提供的资料进行审核。《评估报告》上署名的注册资产评估师张瑞明，并未依照上述规定对委托方房地产开发公司提供的资料进行审核，就直接采纳，在程序上严重违法。第二，华联公司采用"租金还原法"评估涉案房屋的价格，并主张其采纳的租金标准是询问涉案房屋周围有关人员后确定的，但华联公司没有提供证据对此予以证明，因此，应当认定华联公司采纳该租金标准没有证据支持。在没有证据支持的情况下，华联公司自行确定租金标准，在程序上也是严重违法的。

4. 城建规划局采纳有问题的《评估报告》，人民法院应如何处理。城建规划局采纳华联公司作出的《评估报告》作为其行政裁决的主要根据，由于该《评估报告》存在严重问题，依法不能采纳，故城建规划局的行政裁决丧失了事实基础，属于主要证据不足的情形。根据行政诉讼法第五十四条第（二）项"具体行政行为有下列情形之一的，判决撤销或者部分撤销，并可以判决被告重新作出具体行政行为：（1）主要证据不足的……"的规定，人民法院应当判决撤销城建规划局作出的行政裁决，至于是否应当判决城建规划局重新作出行政裁决，应当视具体情况而定。就本案而言，撤销城建规划局的行政裁决后，上诉人与第三人之间的补偿安置纠纷仍然没有得到解决，而行政诉讼法没有赋予人民法院变更行政裁决的权力，人民法院不能变更城建规划局作出的行政裁决，故只能在撤销行政裁决的同时，应当责令城建规划局重新作出行政裁决。

当然，城建规划局重新作出行政裁决后，拆迁人与被拆迁人仍然有可能不服，再次诉诸法院，引起新一轮诉讼。无论是诉讼成本和行政成本的节省，公民、法人或者其他合法权益的保护，还是社会纠纷的及时解决，行政诉讼法不允许人民法院变更行政裁决的制度设计都存在弊端和不合理之处，故亟须修改行政诉讼法以改变这一局面。不过，在行政诉讼法未修改前，人民法院只能依法判决撤销行政裁决，责令城建规划局重新作出行政裁决。既定制度虽有不合理之处，但如果人民法院带头违反既定制度的规定，则会导致更大的不合理，故两害相权取其轻，才是目前最佳的选择。

四、法律索引

1. 最高人民法院《关于行政诉讼证据若干问题的规定》。

第六十二条　对被告在行政程序中采纳的鉴定结论，原告或者第三人提出证据证明有下列情形之一的，人民法院不予采纳：

（一）鉴定人不具备鉴定资格；

（二）鉴定程序严重违法；

（三）鉴定结论错误、不明确或者内容不完整。

2.《注册资产评估师执业资格制度暂行规定》。

第二十四条　资产评估机构接受委托承接的评估项目，其项目负责人只能由注册资产评估师担任，评估报告至少由两位注册资产评估师签署方为有效。

案例 19　　行政诉讼解决建设工程纠纷典型案例 2

上诉人（一审被告）：A 市房屋征收办公室

被上诉人（一审原告）：高某某，男，汉族

一、基本案情

2009 年 2 月，A 地产公司进行京广路扩宽改造工程和火车站西广场建设工程拆迁改造，并取得某拆许字（20××）第×××号《房屋拆迁许可证》，高某某的房屋均在拆迁范围内。2009 年 8 月 17 日，因拆迁补偿发生纠纷，A 地产公司向 A 市征收办申请行政裁决。高某某对评估结果提出异议，要求分户评估。A 市征收办于 2009 年 11 月 17 日作出（20××）某拆裁字第××号行政裁决（以下简称行政裁决），维持 A 地产公司对高某某房屋的拆迁行为、A 地产公司按补偿安置方案对高某某进行补偿安置。高某某不服该行政裁决，提起行政诉讼，法院作出了一审判决。A 市房屋征收办公室不服一审判决提出上诉。

二、案件审理

一审法院认为，A 市征收办具有依当事人申请作出行政裁决的法定职权。A 市征收办认为原告起诉超过法定期限的，应承担举证责任。A 市征收办未提供该项证据，故其主张高某某的起诉超期的理由不能成立。《河南省城市房屋拆迁管理条例》第十二条第二款规定，接受委托的拆迁单位，应当具有省建设行政主管部门颁发的房屋拆迁资格证书。A 市征收办提交的证据显示，A市某拆迁安置补偿事务所的资格证书是2009年7月1日由A市征收办而非省建设行政主管部门颁发的。国务院《城市房屋拆迁管理条例》第十一条规定，拆迁人委托拆迁的，应当向被委托的拆迁单位出具委托书，并订立拆迁委托合同。A市征收办作出行政裁决的案卷中未见拆迁委托合同。《A市城市建设拆迁管理条例》第三十四条第一款规定，拆迁当事人对被拆迁房屋补偿协商不一致的，共同协商委托评估机构进行分类评估，就委托意见不一致的，由建设拆迁管理部门组织随机抽定。本案A市征收办作出行政裁决的案卷中未见以上相关事实的有效证据。《A市城市建设拆迁管理条例》第三十四条第二款规定，分户评估的评估机构由拆迁当事人双方协商共同委托。在A市征收办作出行政裁决案卷中，并未有该评估机构是由拆迁当事人双方协商共同委托的证据，即没有拆迁当事人双方经协商共同委托该评估机构的委托书。《A市城市建设拆迁管理条例》第二十八条规定了对被拆迁房屋及其附属物的权属、面积和使用性质的认定和对被拆迁房屋以外的其他建筑物、构筑物的权属、面积的认定。A市征收办作出行政裁决的案卷中未见相关证据，对此事实的认定关系到行政裁决书中对高某某房屋拆迁货币补偿费的计算。综上所述，A市征收办作出的（20××）某拆裁字第××号行政裁决书事实不清，应属违法。A市征收办是A市机构编制委员会批准的事业法人机构，被诉的行政裁决不是由A市人民政府作出的，故对A市人民政府的诉讼请求无事实根据和法律依据，A市人民政府请求依法驳回高某某对其诉讼请求理由成立，依法予以支持。

最高人民法院《关于审理行政赔偿案件若干问题的规定》第三十二条规定，原告在行政赔偿诉讼中对自己的主张承担举证责任。高某某对其提出的赔偿请求未提供充分有效的证据，故对其赔偿请求不予支持。依照最高人民法院《关于执行〈中华人民共和国行政诉讼法〉若干问题的解释》第五十七条第二款第二项、最高人民法院《关于审理行政赔偿案件若干问题的规定》第三十二条、第三十三条之规定，一审法院判决如下：(1) 确认A市征收办于2009年11月17日作出的（20××）某拆裁字第××号行政裁决违法。(2) 驳回高某某的赔偿请求。(3) 驳回高某某对A市人民政府的诉讼请求。

A市征收办不服一审判决，提出上诉。

A市征收办上诉称：高某某提起行政诉讼，已明显地超过了法律规定的诉讼时效。2009年11月17日作出行政裁决，并于2009年11月19日向高某某进行送达。高某某接到上述裁决书后，既没有提起行政复议和诉讼，如今，高某某在行政裁决4年之后才向法院起诉，超过了起诉期限。高某某在同一份起诉书中，就A市人民政府以及A市征收办这两个不同主体的数个不同的具体行政行为一同向法院起诉，其做法违反了我国行政诉讼法的规定，应依法驳回高某某的起诉。A市征收办作出的行政裁决合法、公平、公正，一审判决认定事实错误，故请二审法院判决撤销一审、驳回高某某的诉讼请求。

高某某答辩称：2009年2月3日，A地产公司以火车站西出站口（二期）工程建设为由进行拆迁，高某某合法住房也在该拆迁范围之内。A地产公司按照自己的意愿制订《拆迁补偿安置方案》。该方案不但制定程序明显违法，而且内容也非常不近情理，远低于高某某所处区位的基准地价；拆迁产权置换的安置房，为异地安置，权属为经济适用房，与高某某住房区位及商品房的房产性质完全不对等。A市征收办在裁决前，应当进行听证而没有进行听证。在裁决过程中，评估机构不是高某某选定，评估报告没有送到，直到本案一审中才见到该评估报告。由于A市征收办的"违法裁定"和"违法拆除"，导致高某某房产于 2009 年 12 月 23 日被暴力拆迁，使高某某的身心和财产遭受了巨大损失。一审判决正确，请求驳回上诉、维持一审。

A 市人民政府辩称：A 市人民政府不是适格的主体，高某某请求没有事实依据，故请二审法院判决撤销一审、驳回高某某的诉讼请求。

A 地产公司辩称：高某某起诉超过法定时效。A 市征收办作出的行政行为事实清楚，适用法律正确，高某某诉请缺乏法律依据。故请二审法院判决撤销一审、驳回高某某的诉讼请求。

二审法院认为：高某某的起诉没有超过起诉期限。A 市征收办辩称高某某起诉逾期的上诉理由不能成立。拆迁人对高某某房屋拆迁中的评估程序违法，A 市征收办作出维持拆迁行为的裁决，属主要证据不足。拆迁人用于产权调换的安置房为经济适用房没有法律依据且显失公平，A 市征收办作出维持拆迁行为的裁决主要证据不足。

综上，二审法院认为一审判决认定事实清楚，程序合法，但部分裁判方式不当，一审认定被诉的行政裁决行为违法但对其效力未明确，应予纠正。依照《中华人民共和国行政诉讼法》第六十一条第（二）项之规定，判决如下：

1. 维持某市中级人民法院（20××）某行初字第××号行政判决第二项、第三项，即驳回高某某的赔偿请求和对 A 市人民政府的诉讼请求部分；

2. 撤销某市中级人民法院（20××）某行初字第××号行政判决第一项，即确认 A 市房屋征收办公室于 2009 年 11 月 17 日作出的（20××）某拆裁字第××号行政裁决违法部分；

3. 撤销 A 市房屋征收办公室于 2009 年 11 月 17 日作出的（20××）某拆裁字第××号行政裁决；

4. 责令 A 市房屋征收办公室在本判决生效之日起两个月之内重新作出具体行政行为。

一、二审案件受理费各 50 元，由上诉人 A 市房屋征收办公室负担。

三、案例评析

在本案中法院判决所关注的核心内容在于以下几点：

1. 高某某的起诉是否超出了诉讼时效。在本案中，高某某在收到行政裁决书后的规定时间内向有管辖权的法院起诉，但是相关法院未予受理，并且于 2014 年 5 月 12 日作出（20××）某法行辖字第××号指令管辖函，指定某市中级人民法院审理。虽然案件的立案时间超过起诉期限，但这并不是高某某其自身原因造成，故其被耽误的时间不应计算在起诉期间内，高某某提出的正当事由符合法律规定，并未超出诉讼时效。

2. A 市征收办所采取的评估程序是否符合法律规定。根据《城市房屋拆迁估价指导意见》第三条、第十八条、《A 市城市建设拆迁管理条例》第三十四条规定，被拆迁人不同意按协商价签订补偿安置协议，就应当对被拆除房屋进行整体评估（分类评估）和分户评估，对分类评估有异议的，应当进行分户评估，评估应由当事人共同委托评估机构评估。在本案中，高某某对分类评估提出异议而要求分户评估，但 A 市征收办没有提交争议双方共同选定评估机构及委托评估的申请，不能证明评估履行了经双方共同选定、委托的程序；诉讼中高某某主张该评估报告没有送达，且 A 市征收办没有提交送达的证据，应视为该《分户评估报告》没有送达到，侵害了高某某对该评估结论提出复评、鉴定的法定权利，因此 A 市征收办所采取的评估程序违法，其所提出的上诉理由不成立。

3. A 市征收办作出的行政裁决是否公平合理，符合法律规定。根据《城市房屋拆迁管理条例》第二十四、第二十五条中的规定，货币补偿应根据被拆迁房屋的区位、用途、建筑面积等因素，以房地产市场评估价格确定，实行房屋产权调换的应当依照上述列举的因素计算差价，该法条规定的被拆迁房屋的区位、用途、建筑面积、市场评估价格等因素，即为作出补偿方案应具有合理性的依据，原建设部关于贯彻《城市房屋拆迁管理条例》的通知（建住房（2001）161 号）第五条规定，加强对拆迁单位和拆迁人员的管理，在核发拆迁许可证时，从严把关，要审核拆迁项目的手续是否齐全、补偿安置方案是否合理，并加强对自行拆迁单位的指导和监督。因此补偿安置方案是否合理是作出行政裁决应予审查的事项。在本案中，拆迁安置房屋与被拆除房屋的产权性质不一致，高某某房屋属于完整所有权的商品房，但拆迁人提供的异地安置房产权性质为经济适用房，其两种房屋产权性质不对等，所以 A 市征收办作出行政裁决时支持拆迁人该项安置房的安置方案显失公平，其行政裁决结果不能得到法院的支持。

四、法律索引

1. 《城市房屋拆迁估价指导意见》。

第三条　本意见所称城市房屋拆迁估价（以下简称拆迁估价），是指为确定被拆迁房屋货币补偿金额，根据被拆迁房屋的区位、用途、建筑面积等因素，对其房地产市场价格进行的评估。

房屋拆迁评估价格为被拆迁房屋的房地产市场价格，不包含搬迁补助费、临时安置补助费和拆迁非住宅房屋造成停产、停业的补偿费，以及被拆迁房屋室内自行装修装饰的补偿金额。搬迁补助费、临时安置补助费和拆迁非住宅房屋造成停产、停业的补偿费，按照省、自治区、直辖市人民政府规定的标准执行。被拆迁房屋室内自行装修装饰的补偿金额，由拆迁人和被拆迁人协商确定；协商不成的，可以通过委托评估确定。

第十八条　估价机构应当将分户的初步估价结果向被拆迁人公示 7 日，并进行现场说明，听取有关意见。

公示期满后，估价机构应当向委托人提供委托范围内被拆迁房屋的整体估价报告和分户估价报告。委托人应当向被拆迁人转交分户估价报告。

2. 《郑州市城市建设拆迁管理条例（2005 修正）》。

第三十四条　拆迁当事人对被拆迁房屋补偿协商一致的，可以不对被拆迁房屋或者安置房屋进行评估；协商不一致的，由拆迁人与被拆迁人共同协商委托具有房地产评估资质的机构对被拆迁房屋或者安置房屋进行分类评估。拆迁当事人就委托评估机构达不成一致意见的，由市人民政府城市建设拆迁管理部门组织有关当事人在具有资质的评估机构中随机抽定。

拆迁当事人可参照被拆迁房屋的分类评估价格签订拆迁补偿安置协议；拆迁当事人对分类评估结果有异议，达不成协议的，被拆迁房屋的补偿金额以分户评估的价格确定。分户评估的评估机构由拆迁当事人双方协商共同委托。

3. 《城市房屋拆迁管理条例（2001 年）》。

第二十五条　实行房屋产权调换的，拆迁人与被拆迁人应当依照本条例第二十四条的规定，计算被拆迁房屋的补偿金额和所调换房屋的价格，结清产权调换的差价。

拆迁非公益事业房屋的附属物，不作产权调换，由拆迁人给予货币补偿。

4.《中华人民共和国行政诉讼法》。

第六十一条　人民法院审理上诉案件，按照下列情形，分别处理：

（一）原判决认定事实清楚，适用法律、法规正确的，判决驳回上诉，维持原判；

（二）原判决认定事实清楚，但是适用法律、法规错误的，依法改判；

（三）原判决认定事实不清，证据不足，或者由于违反法定程序可能影响案件正确判决的，裁定撤销原判，发回原审人民法院重审，也可以查清事实后改判。当事人对重审案件的判决、裁定，可以上诉。

案例 20　　刑事诉讼解决建设工程纠纷的典型案例

一、基本案情

2008 年 9 月，A 建筑公司承包了 B 发电厂的排水工程。在施工过程中，由于排水管线需通过孙东经营的砖厂用地，受到孙东的阻止。工程停工后，发电厂派人与孙东协商补偿事宜，因要价过高而未能达成协议。但此时，发电厂已经投产，排水工程必须尽快完工，A 公司项目经理杨西决定改变线路继续施工，由于改线导致孙东的赔偿要求落空，引发孙东及其家人与施工人员发生冲突，冲突过程中，孙东将工地挖掘机砸坏，杨西指使施工人员将孙家汽车砸坏，经评估施工单位财产损失 3 800 元，孙家财产损失 100 690 元，公安机关根据评估结论对杨西按涉嫌故意毁坏财物罪追究刑事责任。

二、案件审理

法院经审理认定，杨西指使他人故意砸坏他人车辆，造成损失数额较大，构成故意毁坏公私财物罪，判处拘役 6 个月。

三、案例评析

我国《刑法》第二百七十五条规定，故意毁坏公私财物，数额较大或有其他严重情节的，处三年以下有期徒刑、拘役或者罚金，数额巨大或有其他特别严重情节的，处三年以上七年以下有期徒刑。

最高人民检察院、公安部《关于公安机关管辖的刑事案件立案追诉标准的规定（一）》第三十三条规定，故意毁坏公私财物，涉嫌下列情形之一的，应予立案追诉：

（一）造成公私财物损失 5 000 元以上的；

（二）毁坏公私财物三次以上的；

（三）纠集三人以上公然毁坏公私财物的；

（四）其他情节严重的情形。

故意毁坏财物罪，是指故意毁灭或者损坏公私财物，数额较大或者有其他严重情节的行为。本罪的主体是一般主体，凡达到刑事责任年龄且具备刑事责任能力的自然人均能构成本罪。故意毁坏财物罪中的犯罪行为通常是由某种现实原因造成的。行为人可能是出于对财物所有人的打击报复、或嫉妒心理或其他类似有针对性的心理态度，毁坏财物使所有人的财产受到损失就是其犯罪目的。犯罪对象可以是各种形式的公私财物，包括生产资料、生活资料；动产、不动产等。但是，如果行为人所故意毁坏的是刑法另有规定的某些特定财物，危害其他客体要件的，应按有关规定处理。例如，破坏交通工具、交通设备、易燃易爆设备、广播电视、电信设施等危害公共安全的，按刑法有关罪名论处。

本案中，虽然行为人砸坏孙东的车辆，但其目的是毁财泄愤，并不以危害车辆使用人的人身安全为目的，故不能按破坏交通工具罪定罪。破坏交通工具罪（《刑法》第一百一十六条，第一百一十九条第一款），是指故意破坏火车、汽车、电车、船只、航空器，足以使火车、汽车、电车、船只、航空器发生倾覆、毁坏危险，危害公共安全的行为。这是一种以交通工具作为特定破坏对象的危害公共安全的犯罪，杨西的行为不符合本罪的特征。

事实上，孙东的行为已经妨碍了他人的正常的生产经营活动，A建筑公司本可以采用正当的司法途径追究孙东的法律责任，但由于杨西的法律意识淡漠，缺乏工程索赔知识，作出过激行为，受到了法律的制裁。至于孙东的行为，由于损失数额没有达到立案标准，只承担相应的行政责任。

案例21　　刑事诉讼解决建设工程纠纷的典型案例2

公诉机关：某市H区人民检察院

被告人：杨某某，男；王某甲，男；王某乙，男；曹某某，男，原系BJJGYJ工程建设有限公司和创分公司QH附中项目技术负责人；荆某，男，原系BJJGYJ工程建设有限公司和创分公司QH附中项目施工员；张某甲，男；张某乙，男；赵某某，男；田某甲，男；李某，男，原系AYCC建设劳务有限责任公司QH附中项目钢筋班长；李某某，男；郝某某，男；张某丙，男；田某乙，男；耿某某，男

一、基本案情

2014年6月，被告人杨某某以BJJGYJ工程建设有限公司（以下简称JGYJ公司）名义通过招投标方式获得QH大学附属中学体育馆及宿舍楼建筑工程，后又与JGYJ公司签订内部经济责任承包合同，成为该工程实际控制人。该工程由JGYJ公司和创分公司组织施工，被告人杨某某系商务经理，被告人王某甲系执行经理，被告人王某乙系生产经理，被告人曹某某系技术负责人，被告人荆某系施工员。后QH大学基建规划处委托BJHQ科技工程管理有限公司（以下简称HQ科技公司）担任监理单位，被告人郝某某系总监理

工程师，被告人张某丙系执行总监，被告人田某乙系监理工程师兼安全员，被告人耿某某系监理工程师。被告人杨某某与AYCC建设劳务有限责任公司（以下简称AYCC公司）的法定代表人张某甲违规签订建设工程施工劳务分包合同，并将分包合同内容扩大。被告人张某乙系施工队长，被告人赵某某系技术员，被告人田某甲系钢筋工长，被告人李某系钢筋班长，被告人李某某系钢筋组长。

2014年12月28日，被告人李某某向被告人李某请示，并报被告人张某乙同意后，指示塔吊信号工往基坑内基础底板上层钢筋网上吊装21捆钢筋，次日7时许又吊装3捆钢筋，上述吊装钢筋未按照施工方案规定逐根散开码放，至8时许，筏板基础钢筋体系失稳整体发生坍塌，将在筏板基础钢筋体系内作业的多名工人挤压在上下层钢筋网之间，导致10人死亡、4人受伤的后果。

某市H区人民检察院以JH检刑诉（2015）2229号起诉书指控被告人杨某某、王某甲、王某乙、曹某某、荆某、张某甲、张某乙、赵某某、田某甲、李某、李某某、郝某某、张某丙、田某乙、耿某某犯重大责任事故罪，于2015年10月27日向法院提起公诉。法院依法组成合议庭，公开开庭审理了本案。

二、案件审理

公诉机关向法院对以下被告人提出了如下的指控并提供了相关的证据：

被告人杨某某未履行安全生产的管理职责，导致施工现场安全员数量不足、现场安全措施不够，未消除劳务分包单位盲目吊运钢筋且集中码放的安全事故隐患，未督促检查安全生产工作。被告人王某甲未履行安全生产的管理职责，对施工现场安全管理、安全技术交底、安全员配备不足等管理缺失，未及时消除施工现场作业人员违反《钢筋施工方案》施工，盲目吊运钢筋且集中码放的安全事故隐患。被告人王某乙未履行安全生产的管理职责，对阀板基础钢筋体系施工现场工作人员违反《钢筋施工方案》制作、安防马凳的行为监督检查不力，未督促落实安全技术交底工作。被告人曹某某未履行安全生产的管理职责，对马凳的制作和安放不符合《钢筋施工方案》要求检查不到位，未安排人员对作业人员实施安全技术交底，导致作业人员盲目在上层钢筋网上大量集中码放钢筋。被告人荆某对现场作业人员未按照《钢筋施工方案》制作并安放马凳的施工作业监督检查不力。被告人张某甲未履行安全生产的管理职责，未对工程项目实施安全管理和安全检查，对作业人员在未接受安全技术交底的情况下违反《钢筋施工方案》施工作业管理缺失，未及时消除安全事故隐患。被告人张某乙未履行安全生产的管理职责，对阀板基础钢筋体系施工作业现场安全管理缺失，在未接受安全技术交底的情况下，盲目组织作业人员吊运钢筋、制作安放马凳，致使作业现场钢筋码放、马凳的制作和安放均不符合《钢筋施工方案》要求。被告人赵某某在明知没有安全技术交底的情况下，仍安排作业人员进行施工，致使作业现场马凳的制作和安放均不符合《钢筋施工方案》要求。被告人田某甲在明知没有安全技术交底的情况下，未经审批填写钢筋翻样配料单，致使马凳规格与《钢筋施工方案》中规定不符。被告人李某在明知没有安全技术交底的情况下，盲目安排被告人李某某吊运钢筋。被告人李某某在明知没有安全技术交底的情况下，盲目指示塔吊信号工吊运钢筋，导致作业现场钢筋未逐根散开码放。被告人郝某某未组织安排审查劳务分包合同，与被告人张某丙对施工单位长期未按照施工方案实施阀板基础钢筋作业的行为监督检查不到位，对钢筋施工的交底、专职安全员配备工作、备案项目经理长期不在岗的情况未进行监督。被告人田某乙对施工现场《钢筋施工方案》未交底的情况未进行监督。被告人田某乙、耿某某对作业人员长期未按照方案实施阀板基础钢筋作业的行为巡视检查不到位。被告人张某丙、田某乙、耿某某作为工程现场监理人员，对2014年12月28日至29日施工单位违规吊运钢筋物料的事实监管失控。被告人荆某对起诉书指控的事实提出异议，辩称自己只是做文案工作的资料员，平时干些杂活儿，不应负此次事故的责任。其辩护人发表的辩护意见为，被告人荆某犯罪情节轻微，建议法院对被告人从轻处罚。

经法院审理查明：

经国家建设工程质量监督检验中心事故分析认定，事故直接原因为施工违反《钢筋施工方案》规定，现场堆料过多，且局部堆料过于集中致使基础底板钢筋整体倒塌；未按照《钢筋施工方案》规定制作与布置马凳，降低了马凳的承载力；马凳及马凳间无有效的支撑，不能承担过多的堆料载荷。BJ市安全生产监督管理局认定造成该起事故的间接原因为：技术交底缺失；经营管理混乱，致使不具备项目管理资格和能力的杨某某成为项目实际负责人，客观导致施工现场缺乏专业知识和能力的人员统一管理的局面；监理不到位，项目经理长期未到岗履职，对项目部安全技术交底和安全培训教育工作监理不到位，致使施工单位使用未经培训的人员实施钢筋作业。

另外，被告人杨某某、王某甲、王某乙到案后，均揭发了QH大学基建处苏某某受贿一套价值人民币5万元红木家具的犯罪事实，现苏某某已进入审查起诉阶段。

法庭根据公诉机关和公安部门提供的证据和事实，认为：被告人杨某某在清华附中项目施工过程中未履行安全生产的管理职责，导致施工现场安全员数量不足、现场安全措施不够，未消除劳务分包单位盲目吊运钢筋且集中码放的安全事故隐患，未督促检查安全生产工作。被告人王某甲未履行安全生产的管理职责，对施工现场安全管理、安全技术交底、安全员配备不足等管理缺失，未及时消除施工现场作业人员违反《钢筋施工方案》施工，盲目吊运钢筋且集中码放的安全事故隐患。被告人王某乙未履行安全生产的管理职责，对阀板基础钢筋体系施工现场工作人员违反《钢筋施工方案》制作、安防马凳的行为监督检查不力，未督促落实安全技术交底工作。被告人曹某某未履行安全生产的管理职责，对马凳的制作和安放不符合《钢筋施工方案》要求检查不到位，未安排人员对作业人员实施安全技术交底，导致作业人员盲目在上层钢筋网上大量集中码放钢筋。被告人荆某对现场作业人员未按照《钢筋施工方案》制作并安放马凳的施工作业监督检查不力。

被告人杨某某、王某甲、王某乙、曹某某、荆某、张某甲、张某乙、赵某某、田某甲、李某、李某某、郝某某、张某丙、田某乙、耿某某在生产、作业中违反有关安全管理规定，发生重大伤亡事故，情节特别恶劣，其行为均已构成重大责任事故罪，应予惩处。BJ市H区人民检察院指控上述十五名被告人犯有重大责任事故罪的事实清楚，证据确凿，指控罪名成立。鉴于被告人杨某某、王某甲、王某乙、曹某某、张某甲、张某乙、赵某某、田某甲、李某、李某某、郝某某、张某丙、田某乙、耿某某的认罪态度较好；且被告人杨某某、王某甲、王某乙有揭发他人犯罪并经查证属实的立功表现；案发后被害人的经济损失已经客观上得以赔偿，可以依法从轻处罚，并根据被告人耿某某的认罪态度及在本次犯罪中所起的作用和地位，可以对其宣告缓刑。监理方被告人辩护人关于被告人未在施工方夜间加班时实施监理，责任较轻的辩护意见，法庭认为根据上述相关的法律法规及监理合同，监理方应对工程的施工全面监督，而不能简单区分上班与加班的监理职责，且本次事故的形成是多种因素造成，不仅仅是违规堆放钢筋的结果。故监理方的责任重大，该辩护意见不予采纳。被告人荆某关于自己只是做文案工作，不应承担重大事故罪刑事责任的辩解，经上述证据证明其在制作《钢筋施工方案》后，有技术书面交底的义务，而相关证据证明其并未履行此义务。故其应承担相应的刑事责任。对其辩解法庭不予采信，对其辩护人关于被告人荆某犯罪情节较轻，建议从轻处罚的辩护意见予以采纳。关于辩护人认为被告人均有自首情节的辩护意见，法庭认为，根据到案经过等证据证明，上述十五名被告人均未有主动到司法机关投案的行为，故该意见无事实及法律依据，不予采纳。

综上，法院对被告人杨某某、王某甲、王某乙依照《中华人民共和国刑法》第一百三十四条第一款、第六十八条、第六十七条第三款；对被告人曹某某、张某甲、张某乙、赵某某、田某甲、郝某某、张某丙、田某乙、李某某、李某依照《中华人民共和国刑法》第一百三十四条第一款、第六十七条第三款；对被告人耿某某依照《中华人民共和国刑法》第一百三十四条第一款、第六十七条第三款、第七十二条第一款、第七十三条第二款、第三款；对被告人荆某依照《中华人民共和国刑法》第一百三十四条第一款之规定，判决如下：

第一，被告人杨某某犯重大责任事故罪，判处有期徒刑六年。

（刑期自本判决执行之日起计算，判决执行以前先行羁押的，羁押一日折抵刑期一日，即自2015年1月24日起至2021年1月23日止。）

第二，被告人张某甲犯重大责任事故罪，判处有期徒刑六年。

（刑期自本判决执行之日起计算，判决执行以前先行羁押的，羁押一日折抵刑期一日，即自2015年1月3日起至2020年12月30日止。）

第三，被告人郝某某犯重大责任事故罪，判处有期徒刑五年。

（刑期自本判决执行之日起计算，判决执行以前先行羁押的，羁押一日折抵刑期一日，即自2014年12月30日起至2019年12月29日止。）

第四，被告人张某乙犯重大责任事故罪，判处有期徒刑四年六个月。

（刑期自本判决执行之日起计算，判决执行以前先行羁押的，羁押一日折抵刑期一日，即自2014年12月30日起至2019年6月29日止。）

第五，被告人张某丙犯重大责任事故罪，判处有期徒刑四年六个月。

（刑期自本判决执行之日起计算，判决执行以前先行羁押的，羁押一日折抵刑期一日，即自2014年12月30日起至2019年6月29日止。）

第六，被告人王某甲犯重大责任事故罪，判处有期徒刑四年六个月。

（刑期自本判决执行之日起计算，判决执行以前先行羁押的，羁押一日折抵刑期一日，即自2014年12月30日起至2019年6月29日止。）

第七，被告人曹某某犯重大责任事故罪，判处有期徒刑四年。

（刑期自本判决执行之日起计算，判决执行以前先行羁押的，羁押一日折抵刑期一日，即自2014年12月30日起至2018年12月29日止。）

第八，被告人田某乙犯重大责任事故罪，判处有期徒刑四年。

（刑期自本判决执行之日起计算，判决执行以前先行羁押的，羁押一日折抵刑期一日，即自2014年12月30日起至2018年12月29日止。）

第九，被告人赵某某犯重大责任事故罪，判处有期徒刑四年。

（刑期自本判决执行之日起计算，判决执行以前先行羁押的，羁押一日折抵刑期一日，即自2014年12月30日起至2018年12月29日止。）

第十，被告人王某乙犯重大责任事故罪，判处有期徒刑三年六个月。

（刑期自本判决执行之日起计算，判决执行以前先行羁押的，羁押一日折抵刑期一日，即自2014年12月30日起至2018年6月29日止。）

第十一，被告人田某甲犯重大责任事故罪，判处有期徒刑三年六个月。

（刑期自本判决执行之日起计算，判决执行以前先行羁押的，羁押一日折抵刑期一日，即自2015年12月21日起至2019年5月12日止。）

第十二，被告人荆某犯重大责任事故罪，判处有期徒刑三年六个月。

（刑期自本判决执行之日起计算，判决执行以前先行羁押的，羁押一日折抵刑期一日，即自2015年12月21日起至2019年5月12日止。）

第十三，被告人李某犯重大责任事故罪，判处有期徒刑三年。

（刑期自本判决执行之日起计算，判决执行以前先行羁押的，羁押一日折抵刑期一日，即自2014年12月30日起至2017年12月29日止。）

第十四，被告人李某某犯重大责任事故罪，判处有期徒刑三年。

（刑期自本判决执行之日起计算，判决执行以前先行羁押的，羁押一日折抵刑期一日，即自2014年12月30日起至2017年12月29日止。）

第十五，被告人耿某某犯重大责任事故罪，判处有期徒刑三年缓刑三年。

（缓刑考验期限，从判决执行之日起计算。）

三、案例评析

导致本案惨剧发生的主要原因在于：

被告人张某甲未履行安全生产的管理职责，未对工程项目实施安全管理和安全检查，对作业人员在未接受安全技术交底的情况下违反《钢筋施工方案》施工作业管理缺失，未及时消除安全事故隐患。被告人张某乙未履行安全生产的管理职责，对阀板基础钢筋体系施工作业现场安全管理缺失，在未接受安全技术交底的情况下，盲目组织作业人员吊运钢筋、制作安放马凳，致使作业现场钢筋码放、马凳的制作和安放均不符合《钢筋施工方案》要求。被告人赵某某在明知没有安全技术交底的情况下，仍安排作业人员进行施工，致使作业现场马凳的制作和安放均不符合《钢筋施工方案》要求。被告人田某甲在明知没有安全技术交底的情况下，未经审批填写钢筋翻样配料单，致使马凳规格与《钢筋施工方案》中规定不符。被告人李某在明知没有安全技术交底的情况下，盲目安排被告人李某某吊运钢筋。被告人李某某在明知没有安全技术交底的情况下，盲目指示塔吊信号工吊运钢筋，导致作业现场钢筋未逐根散开码放。

被告人郝某某未组织安排审查劳务分包合同，与被告人张某丙对施工单位长期未按照施工方案实施阀板基础钢筋作业的行为监督检查不到位，对钢筋施工的交底、专职安全员配备工作、备案项目经理长期不在岗的情况未进行监督。被告人田某乙对施工现场《钢筋施工方案》未交底的情况未进行监督。被告人田某乙、耿某某对作业人员长期未按照方案实施阀板基础钢筋作业的行为巡视检查不到位。被告人张某丙、田某乙、耿某某作为工程现场监理人员,对 2014 年 12 月 28 日至 29 日施工单位违规吊运钢筋物料的事实监管失控。QH 大学基建处苏某某收受贿赂致使监管不严发生。

由此可以看出在建筑施工过程中,我们一定要切实的加强建筑施工安全管理水平,严格落实主体责任制度。对于施工单位和监理单位而言一定要加强施工现场的管理,严格执行专项施工方案、技术交底和审批制度,现场施工人员不得降低技术标准违章指挥。另外监管部门还需要加强监管力度,健全监管法律,杜绝违法乱纪的行为发生,督促施工、设计单位相关人员履行相关职责。

四、法律索引

《中华人民共和国刑法》。

第六十七条 【自首】犯罪以后自动投案,如实供述自己的罪行的,是自首。对于自首的犯罪分子,可以从轻或者减轻处罚。其中,犯罪较轻的,可以免除处罚。

被采取强制措施的犯罪嫌疑人、被告人和正在服刑的罪犯,如实供述司法机关还未掌握的本人其他罪行的,以自首论。

犯罪嫌疑人虽不具有前两款规定的自首情节,但是如实供述自己罪行的,可以从轻处罚;因其如实供述自己罪行,避免特别严重后果发生的,可以减轻处罚。

第六十八条 【立功】犯罪分子有揭发他人犯罪行为,查证属实的,或者提供重要线索,从而得以侦破其他案件等立功表现的,可以从轻或者减轻处罚;有重大立功表现的,可以减轻或者免除处罚。

第七十二条 【适用条件】对于被判处拘役、三年以下有期徒刑的犯罪分子,同时符合下列条件的,可以宣告缓刑,对其中不满十八周岁的人、怀孕的妇女和已满七十五周岁的人,应当宣告缓刑:

(一)犯罪情节较轻;

(二)有悔罪表现;

(三)没有再犯罪的危险;

(四)宣告缓刑对所居住社区没有重大不良影响。

宣告缓刑,可以根据犯罪情况,同时禁止犯罪分子在缓刑考验期限内从事特定活动,进入特定区域、场所,接触特定的人。

被宣告缓刑的犯罪分子,如果被判处附加刑,附加刑仍须执行。

第七十三条 【考验期限】拘役的缓刑考验期限为原判刑期以上一年以下,但是不能少于二个月。

有期徒刑的缓刑考验期限为原判刑期以上五年以下,但是不能少于一年。

缓刑考验期限,从判决确定之日起计算。

第一百三十四条 【重大责任事故罪;强令违章冒险作业罪】在生产、作业中违反有关安全管理的规定,因而发生重大伤亡事故或者造成其他严重后果的,处三年以下有期徒刑或者拘役;情节特别恶劣的,处三年以上七年以下有期徒刑。

强令他人违章冒险作业,因而发生重大伤亡事故或者造成其他严重后果的,处五年以下有期徒刑或者拘役;情节特别恶劣的,处五年以上有期徒刑。"

中篇 案例释疑

1. 在承包人索要工程价款案件中，发包人提出工程质量有问题，发包人的请求属抗辩还是应当反诉？

答：一种观点认为：反诉是本诉被告针对本诉原告向法院提出的独立的反请求；抗辩是被告针对原告提出的诉讼请求，从实体和程序上，予以辩驳，非向原告提出的独立诉讼请求。故在建设工程施工合同纠纷案件，被告以工程质量不合格，拒付原告部分或全部工程款，该主张应当认定为抗辩；被告以工程质量不合格，要求原告赔偿损失，提出了独立的诉讼请求，应为反诉。二者的区别，不应以被告的请求是否超过原告要求支付工程款的数额为标准。

我们认为：承包人起诉要求发包人支付工程款，发包人就工程质量问题提出异议但未提起反诉的，该异议属于抗辩，在承包人诉讼请求的范围内，不需发包人提出反诉或另案起诉。如果发包人提出其因工程质量问题所受到的损失超过承包人要求支付的工程款的，超出部分须由发包人提出反诉，才能予以支持。

2. 财政评审中心作出的审核结论能否作为工程结算的依据？

答：在工程结算中，建设单位往往以建设工程系财政拨款，工程结算需以财政评审中心作出的审核结论为依据，不同意按合同约定结算。

根据财政部《关于加强建设项目工程预（结）算审查管理工作的通知》规定，财政评审中心主要职责是对国家财政投资项目实施监督检查，检查监督建设单位有无违法违纪行为，但这种监督职能不能延伸到民事领域，不能改变民事合同约定内容，不是人民法院审理民事案件的法定依据。但是，建设施工合同中明确约定以财政部门审核结论为依据的，审核结论应当作为结算的依据。

3. 未取得施工许可证，建设工程施工合同是否有效？

答：有关施工许可证的规范属于行政管理性规范，不是影响合同效力的效力性规范，是否取得施工许可证不影响合同的效力。

4. 何时需要进行建设工程造价鉴定？

答：合同对工程价款没有约定或者约定不明，工程竣工后，当事人双方不能达成结算协议，也无法采取其他结算方式结算工程价款的，可以委托工程造价鉴定部门对工程款的数额予以鉴定。审判实践中，还应注意以下问题：建设工程的造价或者工程款的数额不通过鉴定可以确定的，不作鉴定；不需全部鉴定的，则不进行全部鉴定；必须通过鉴定才能确定工程价款的，要尽可能减少鉴定次数；不需鉴定的，则不重新鉴定；需通过补充鉴定修正鉴定结论的，则可以补充鉴定。在一审诉讼中已经委托鉴定的，如果鉴定机构或者鉴定人具有相应的资格，鉴定程序合法，且经过一审庭审质证，当事人在二审诉讼中请求重新鉴定的，原则上不予支持。一审诉讼中未对工程款进行鉴定，二审诉讼当事人均同意在二审中鉴定的,可以不发回重审,由二审法院委托鉴定机构对当事人争议的工程款予以鉴定。

5. 固定总价合同履行中,承包人未完成工程施工的,工程价款如何确定?

答:建设工程施工合同约定工程价款实行固定总价结算,承包人未完成工程施工,其要求发包人支付工程款,经审查承包人已施工的工程质量合格的,可以采用"按比例折算"的方式,即由鉴定机构在相应同一取费标准下分别计算出已完工程部分的价款和整个合同约定工程的总价款,两者对比计算出相应系数,再用合同约定的固定价乘以该系数确定发包人应付的工程款。当事人就已完工程的工程量存在争议的,应当根据双方在撤场交接时签订的会议纪要、交接记录以及监理材料、后续施工资料等文件予以确定;不能确定的,应根据工程撤场时未能办理交接及工程未能完工的原因等因素合理分配举证责任。

6. 被挂靠企业起诉要求发包人支付工程款,应否追加实际施工人为第三人?

答:根据最高人民法院《关于审理建设工程施工合同纠纷案件适用法律问题的解释》第二十六条的规定,实际施工人可以直接起诉发包人,请求发包人在拖欠工程款的范围内承担清偿工程款的责任,并追加承包人、转包人或者违法分包人为共同被告或者第三人。此种保护实际施工人的规定在实践中不应过于泛化。如实际施工人未向发包人主张权利,被挂靠的施工企业基于合同关系向发包人请求支付工程款,发包人以施工企业不是实际施工人为由提出抗辩并拒绝支付工程款的,人民法院可以不追加实际施工人为第三人,但应根据案件的具体情况通知实际施工人;发包人要求扣除其已向实际施工人支付的价款,经审查确已支付且付款正当的,可以支持。

7. 建设施工合同双方当事人约定以固定价结算工程款,是否支持?

答:建设工程合同中当事人约定按固定价结算,或者总价包干,或者单价包干的,承包人按照合同约定范围完工后,应当严格按照合同约定的固定价结算工程款。如果承包人中途退出,工程未完工,承包人主张按定额计算工程款,而发包人要求按定额计算工程款后比照包干价下浮一定比例的,应予支持。

8. 承包人对装修装饰工程款是否享有《合同法》第二百八十六条规定的优先受偿权?

答:依据最高人民法院《关于装修装饰工程款是否享有〈合同法〉第二百八十六条规定的优先受偿权的函复》的规定,装修装饰工程属于建设工程,可以适用《合同法》第二百八十六条关于优先受偿权的规定,但装修装饰工程的发包人不是该建筑物的所有权人或者承包人,与该建筑物的所有权人之间没有合同关系的除外。享有优先权的承包人只能在建筑物因装修装饰而增加价值的范围内优先受偿。

9. 施工合同签订后,双方当事人能否以补充协议的方式对中标的合同价款进行调整?

答:如果当时双方都认为补充协议确未违反双方的真实意思表示,而过后承包人又以补充协议违反《招投标法》为由,要求认定补充协议无效,这时如何确定合同价款?最高法院《关于审理建设工程施工合同纠纷案件适用法律问题的解释》规定,中标合同备案后,当事人不得就合同中实质性内容另行约定,应以中标合同为准。在这一原则下,在合同实际履行过程中存在设计变更导致工程量增加等影响中标合同的实际履行情况时,发包人与承包人经协商对中标合同的内容进行修改,属于正常的合同变更情形,也可以按照当事人实际履行的合同作为结算工程价款的依据,但发包人与承包人对中标合同内容的修改,不能达到背离合同实质性内容的程度。在这个问题上,存在法官自由裁量权的行使问题。既要使当事人对合同合理的变更不受限制和排除,又要防止当事人通过签订"黑白合同",作为不正当竞争的手段,达到损害国家、社会公共利益和他人利益的目的。

10. 是进行工程造价鉴定还是重新审价?

答:签订合同时无设计图纸,是边设计边施工的工程,但合同又约定了"一口价",那么结算工程款发生争议时,是依据最高法院《关于审理建设工程施工合同纠纷案件适用法律问题的解释》(以下简称《解释》)第二十二条,不予对工程造价进行鉴定,还是依据解释第十六条第二款,参照定额重新审价?

这种既没有设计图纸,又没有计价的设计依据,却以固定价格承、发包工程的情况是违反建设程序基本规则的。出现这种情况,应适用按实结算的原则。这种所谓的"一口价"是没有标的的,如果在确定"一口价"的时候没有任何图纸,那就没有包干依据,依据《解释》第十六条第二款,参照定额予以鉴定,对实际发生的工程量计价。

11. 工程质量鉴定合格的,施工方因停工造成的损失是否可以向发包人主张?

答:在工期顺延期间,施工方停工会造成损失。参照《建设工程施工合同示范文本通用条款》第十八条的约定:"无论工程师是否进行验收,当其要求对已经隐蔽的工程重新检验时,承包人应按要求进行剥离或开孔,并在检验后重新覆盖或修复。检验合格,发包人承担由此发生的全部追加合同价款,赔偿承包人损失,并相应顺延工期。检验不合格,承包人承担发生的全部费用,工期不予顺延。"据此,我们认为,对于鉴定期间发生的损失,应当按以下原则处理:经鉴定工程质量确属合格,因此引起的所有损失由发包人承担,工期相应顺延;而如果质量不合格,损失由承包人承担。

12. 施工合同无效且验收不合格时的工程款支付?

答:最高法院《关于审理建设工程施工合同纠纷案件适用法律问题的解释》第三条第(二)项规定整改后的建设工程经竣工验收不合格,承包人请求支付工程价款的,不予支持。(1)这里的"工程价款"是指什么?是否仅指工程尾款?(2)如果工程完工后因为质量问题确无实用价值，发包方已付的工程款，如工程进度款等，发包人是否有权要求承包方退还？

对第一个问题，工程价款是指工程的全部价款，而不是仅指工程尾款。《合同法》第二百七十九条规定："建设工程竣工后，发包人应当根据施工图纸及说明书、国家颁发的施工验收规范和质量检验标准及时进行验收。验收合格的，发包人应当按照约定支付价款，并接收该建设工程。建设工程竣工经验收合格后，方可交付使用；未经验收或者验收不合格的，不得交付使用"。该条规定的价款显然指的是整个竣工工程造价的对价，不仅仅指工程尾款；第二个问题，既然工程完工后因质量不合格而没有实用价值，承包人已收取的进度款没有合法依据，发包人有权要求承包人把已收到的进度款全部退还。

13. 经建设单位聘用的监理工程师签认的工程量月报表，能否直接作为工程结算依据？

答：委托监理合同是指发包人将工程建设的一部分管理权限授予监理单位，监理单位根据发包人的授权开展工作。监理的法律特征与委托代理相似，但还具有区别于委托代理的法律特征。具体讲，监理人与发包人之间是平等关系，是特殊的委托合同。"特殊"在于监理不仅要为发包人提供监理服务，维护发包人的合法权益，而且还有责任维护承包人的合法权益。

关于监理的法律性质和定位，《建设工程委托监理合同示范文本》规定：在委托的工程范围内，委托人或者承包人对对方的任何意见和要求（包括索赔），均应当首先向监理机构提出，由监理机构研究处置意见，再与双方协商确定。发包人与承包人发生争议时，监理机构应当根据自己的职能，以独立身份判断，公正地进行调解。应当讲，监理单位是在发包人与承包人之间起到了维系公平交易、等价交换的制衡作用，不能将监理单位单纯看为发包人的利益代表。住房和城乡建设部颁布的《工程建设监理规定》第十八条规定："监理单位是建筑市场的主体之一，建设监理是一种高智能的有偿技术服务。发包人与监理单位之间是委托与被委托的合同关系；与施工企业是监理与被监理的关系。监理单位应当按照'公正、独立、自主'的原则，开展工程建设监理工作，公平维护项目法人和被监理单位的合法权益。"

监理工程师签认工程月报表的行为，可否推定为建设单位认可？就一般情况而言，监理工程师签认的工程量月报表属于书证，具备民事诉讼法意义上的证据效力，但不发生签证效力。首先，住房和城乡建设部颁布的《工程建设监理规定》第十四条规定："工程建设监理一般应当按照下列程序进行：（1）编制工程建设监理规划；（2）按照工程建设进度、分专业编制工程建设监理细则；（3）按照建设监理细则进行监理；（4）参与工程竣工预验收，签署建设监理意见；（5）建设监理业务完成后，向项目法人提交工程建设监理档案资料。按照上述规章规定，监理工程师不具备签认工程决算月报表的法定职责。"其次，审核监理合同约定内容：如监理合同约定监理工程师具备签署工程月报表职责，此约定对承包人并不发生效力；只有在施工合同中有此约定，才对承包人发生签证效力。建筑市场上，在施工合同中签有此约定的情况基本不存在。最后，看交易惯例。如施工过程中，监理工程师具有签认施工月报表的工作惯例。对签认的结果，各方当事人未提出异议，唯独对一份或几份签认结果不认可，应当认定此签认行为构成了表见代理行为，应当认定监理工程师对施工月报表的签认效力。除上述情况外，监理工程师对施工月报表的签认行为，不发生签证效力。

14. 建设未按照合同约定支付形象进度款，施工单位是否可按《合同法》第六十六条行使抗辩权？

答：工程合同是有履行顺序的。《合同法》第二百六十九条规定："建设工程合同是承包人进行工程建设，发包人支付价款的合同"。因此，承包人应先履行施工义务，发包人应后履行付款义务。但是在形象进度款方面，当承包人完成了一个阶段形象进度，发包人应当支付相应形象阶段的进度款。如果发包人未支付的是进度款，则承包人就享有抗辩权，可以不履行继续施工的义务。《建设施工合同示范文本》第二十六条第四款约定："发包人不按合同约定支付工程进度款，双方又未达成延期付款协议的，承包人可以停止施工，由发包人承担违约责任"。如果承包人用书面方式通知了发包人，发包人仍不履行，就有权行使抗辩权，有权按照合同约定中止履行，并可以进一步解除合同。因此，乙方如果依约行使抗辩权，就不应当承担违约责任。如果甲方反诉乙方工期延误，因为甲方未按期支付进度款导致乙方停工，则乙方没有工期延误问题，工期依法可以顺延。发包人在诉讼期间已经支付了全部工程款，只能说明发包人对自己的过错采取了补救措施，但不能因此免除之前的违约责任。

15. 工程竣工结算完毕，发包方也已支付完工程款，工期延误得到发包方和监理方的书面同意，事后发包方能否再追究承包方工期违约责任？

答：在实践中，工期在施工过程中的延误有多种情形，有发包人的责任，也有承包人的责任，或者承、发包双方都有责任，以及承、发包双方中的任何一方与第三方，如分包、材料供应方的共同责任等。因此，在工程最终结算时，当事人会对上述各种责任进行综合评估、协调，最后得出一个调解意见，但这样调解意见中要明确对各方工期延误责任的处理，当事人往往在文件或书面结算协议中加一句话，叫做"双方其他无争议"。如这样，则当事人任何一方事后就不能再提出工期违约索赔。但也有相反的情况，最终结算协议中没有涉及工期违约责任，这就不能推断出当事人事后一定不会追究工期违约责任，因为没有对工期违约责任做出处分，并不消灭当事人追究工期违约责任的权利，此项权利在结算协议签订后的两年时效内当事人均有权行使。

16. 对在建工程，承发包双方能否约定留置？

答：根据《物权法》第二百三十条规定，权利人留置的对象为动产，并基于同一法律关系所产生，对于建筑工程承包合同而言，建筑标的物显然不能成为留置标的物，而对于以建设单位或开发商资金购买的原材料，则可以成为留置的对象。况且《担保法》、《合同法》及《物权法》规定的对建筑工程承包人的优先受偿权，其实就已经属于特殊的优先保护，不需要留置建筑标的物，故双方约定建筑标的物为留置物不符合法律规定，应当认定该条款无效。

17. 建设工程的发包人收到承包人竣工结算文件后 28 天内不予答复,能否视为其认可该竣工结算文件,并判决其承担违约责任?

答:审理建设工程施工合同纠纷案件过程中,经常遇到这样的情况:发包人与承包人采用住房和城乡建设部制定的建设工程施工合同格式文本签订了施工合同,但在施工合同专用条款中没有约定"发包人对承包人报送的竣工结算文件在一定期限内不答复视为认可"的内容,也没有约定结算的时间。在建设工程竣工验收合格后,承包人向发包人报送了竣工结算文件,而发包人未作任何答复。以后双方就工程结算发生争议,承包人提出《施工合同通用条款》第三十三条第三款规定:"发包人收到竣工结算报告及结算资料后 28 天内无正当理由不支付工程竣工结算价款,从第 29 天起按承包人同期向银行贷款利率支付拖欠工程价款的利息,并承担违约责任"。故依据最高人民法院《关于审理建设工程施工合同纠纷案件适用法律问题的解释》(以下简称《解释》)第二十条规定,请求判令发包人按照其报送的结算金额给付工程款。司法实践中,对于此类案件是否以及如何适用该《解释》第二十条的规定,争议较大。最高人民法院民一庭于 2006 年 4 月 25 日做出《关于发包人收到承包人竣工结算文件后,在约定期限内不予答复,是否视为认可竣工结算文件的复函》[(2005)民一他字第 23 号]指出:适用《关于审理建设工程施工合同纠纷案件适用法律问题的解释》第二十条的前提条件是"当事人约定,发包人收到竣工结算文件后,在约定期限内不予答复,视为认可竣工结算文件",只有满足了这个条件,承包人提交的竣工结算文件才可以作为工程款结算的依据。否则,仅由《施工合同通用条款》第三十三条第三款的规定,不能简单地推断出双方当事人具有发包人收到竣工结算文件一定期限内不予答复,则视为认可承包人提交的竣工结算文件的一致意思表示,承包人提交的竣工结算文件不能作为工程款结算的依据。

18. 农民建房是否适用《建筑法》?

答:首先,农民建房无论是与建筑企业还是与个体工匠签的合同,都属于建筑施工合同。是否适用《建筑法》,要区别承包人是建筑施工企业还是个体工匠。《建筑法》第十三条规定:"从事建筑活动的建筑施工企业、勘察单位、设计单位和工程监理单位,按照其拥有的注册资本、专业技术人员、技术装备和已完成的建筑工程业绩等资质条件,划分为不同的资质等级,经资质审查合格,取得相应等级的资质证书后,方可在其资质等级许可的范围内从事建筑活动"。《建筑法》第八十三条规定:"……抢险救灾及其他临时性房屋建筑和农民自建低层的建筑活动,不适用本法"。《村庄和集镇规划建设管理条例》第二十三条规定:"承担村庄、集镇规划区内建筑工程施工任务的单位,必须具有相应的施工资质等级证书或者资质审查证书,并按照规定的经营范围承担施工任务。在村庄、集镇规划区内从事建筑施工的个体工匠,除承担房屋修缮外,须按有关规定办理施工资质审批手续"。建筑企业是依照《建筑法》取得相应资质,并依《建筑法》的规定从事建筑活动的企业,其资质的取得及建筑行为均受《建筑法》调整。因此,建筑企业承包农民自建的房屋,应无论层高多少,均应受《建筑法》调整。农民将工程承包给个体工匠施工,其建设行为受《村庄和集镇规划建设管理条例》调整,应按有关规定办理施工资质审批手续。其资质及建筑行为均不受《建筑法》调整,有关建筑工程的国家质量标准也无法被引用。

19. 因未经竣工验收合格，开发商逾期两年多没交房，购房者不起诉是否会过时效？

答：根据我国房地产管理相关法律法规，房地产开发企业应向购买人交付质量合格的商品房，未经验收合格的房屋，不得交付使用。《合同法》第二百七十九条规定："……建设工程经验收合格后，方可交付使用；未经验收或者验收不合格的，不得交付使用"。《建筑法》第六十一条规定："交付竣工验收的建筑工程，必须符合规定的建筑工程质量标准，有完整的工程技术经济资料和经签署的工程保修书，并具备国家规定的其他竣工条件。建筑工程竣工经验收合格后，方可交付使用；未经验收或者验收不合格的，不得交付使用"。《城市房地产管理法》第二十七条规定："房地产开发项目的设计、施工，必须符合国家的相关标准和规范。房地产开发项目竣工，经验收合格后，方可交付使用"。综上，如果房屋具备法定交付条件，诉讼时效期间自合同约定的交付期限届满之日起计算；如果房屋尚不具备法定的交付条件，诉讼时效期间应从房屋具备法定的交付条件之日起计算。

20. 发包人与房屋产权人不一致，承包人起诉发包人的，法院可否追加房屋的产权人作为诉讼参加人？

答：发包人与房屋产权人不一致的情况下，实践中承包人经常会将发包人和房屋的实际产权人作为共同被告要求承担责任。选择哪一方作为被告是当事人的诉权，但是当权利人没有向房屋的实际产权人主张权利时，根据合同的相对性原则，人民法院没有必要追加房屋的实际产权人作为被告。值得注意的是，如果房屋的产权人参与了结算或支付工程款等事项，应视为房屋的产权人已加入到发包人与承包人之间的合同中，这种情况下，法院应向原告释明，由原告选择是否向房屋的产权人主张权利。为查明事实的需要，法院也可以依职权追加房屋的产权人为诉讼参加人。

21. 承包人将工程款的债权转让给第三人，新的债权人起诉发包人要求给付工程款的，是否追加承包人作为诉讼参加人？

答：根据《合同法》，工程款的债权人可以将债权转让给第三人，只要债权人将转让债权的事实通知债务人，该债权转让行为即发生法律效力。原债权人在将转让债权的事实通知债务人时起，便退出原债权债务关系，在工程经过结算，债权债务明晰，争议不大的情况下，可以不追加原债权人作为诉讼参加人。但鉴于建设工程合同履行的周期长，情况复杂，履行过程中的代付、垫付现象也比较普遍，对于没有结算或虽结算但争议仍较大的，或对工程量争议较大的，法院可以追加原债权人参加诉讼。因为判决结果可能与原债权人有利害关系，如判决对工程款数额的认定可能与其转让债权时确认的不一致，这样就会影响到原债权人的利益。

22. 建设施工合同的债权人转让债权后，债权的受让人起诉的，被告可否以工程质量问题向债权的受让人提出抗辩？

答：根据《合同法》，债务人接到债权转让的通知后，债务人对让与人的抗辩，可以对受让人主张。如果建设工程存在质量问题，工程款的债务人可以以工程质量问题向受让人提出抗辩，以工程质量瑕疵或工程质量不合格要求减少支付或不支付工程款。

23. 合同未履行，发包方起诉要求承包方赔偿因其迟延履行而给自己造成的损失，承包人反诉要求发包方返还保证金并赔偿其停工、窝工的损失，法院应如何处理？

答：从性质上看，发包方的起诉与承包人的反诉均属独立的诉，均是双方行使诉权的表现，均不以对方的撤诉而消灭。但是承包人反诉发包方返还保证金，和赔偿停工、窝工损失这两个诉讼请求是两个性质不同的诉求，要求发包方赔偿其停工、窝工的损失，是基于发包方的违约行为而要求发包方承担违约责任，而要求发包方返还工程保证金是合同解除之后的法律后果之一，虽基于发包方的违约行为但却不是发包方承担违约责任的内容。因此法院应行使释明权，告之其此项诉讼请求只有解除合同才能实现，由反诉原告决定是否变更诉讼请求要求解除合同。如反诉原告不要求解除合同，则应驳回其第二项反诉请求。

24. 法律对合作开发房地产合同合作主体资质有何特殊要求？

答：合作开发房地产合同，是指当事人订立的以提供出让土地使用权、资金等作为共同投资，共享利润、共担风险合作开发房地产为基本内容的协议。

合作开发房地产合同的当事人一方具备房地产开发经营资质的，应当认定合同有效。

当事人双方均不具备房地产开发经营资质的，应当认定合同无效。但起诉前当事人一方已经取得房地产开发经营资质或者已依法合作成立具有房地产开发经营资质的房地产开发企业的，应当认定合同有效。

25. 建设工程施工合同被确认无效，工程尚未完工的，应如何处理？

答：合同被确认无效后，首先应停止履行。对已施工的部分，区分不同情况处理：（1）如果已完工程质量不合格，经修复后验收合格的，发包人应按约定支付相应的工程款，并由承包人承担修复费用；（2）如果已完工程存在无法弥补的质量缺陷，则承包人无权请求相应的工程款并应退还发包方已支付的工程款；（3）如果已完工程经验收合格，承包人要求按约定支付工程价款的，应予以支持；（4）如果建设工程严重违反规划，属违章建筑，工程无论质量如何都应拆除，并由双方按过错大小承担相应的责任。

26. 建设工程的承包人逾期竣工的，违约金如何计算？

答：因承包人过错延误工期，导致建设工程逾期竣工的，发包人要求支付违约金或赔偿损失的，应予以支持。如果施工合同对逾期违约金有明确约定的，施工方应按约定支付违约金。但如果约定比例明显高于建设方损失或过低不足以弥补建设方的损失的，法院可依《合同法》及当事人的请求适当调整。如果对违约金没有明确约定的，发包人请求赔偿损失的则应审查两项内容：一是因施工方逾期竣工发包人或建设方是否存在实际损失；二是建设方的损失是否是由于承包人逾期竣工所致。比如，实践中建设方往往要求施工单位承担因其逾期竣工导致建设方逾期交房及办证而赔偿给购房人的违约金。但逾期交房或办证的原因有时有很多种，如建设方手续不全或本身迟延履行办证义务等，这种情况下建设方的损失就不能一概转嫁给施工方，而应根据各自迟延情况综合考虑。

27. 建设工程的竣工日期该如何确定？

答：在建设施工合同纠纷案中，竣工日期至关重要，它涉及工程款的支付时间和利息的起算时间、承包人是否构成逾期竣工或支付逾期竣工违约金的数额、工程风险转移等重要问题。在审判实践中，竣工时间按以下几种情况把握：（1）双方当事人签字确认竣工日期的，以验收登记表、会议纪要、往来函等书面确认来确定竣工日期；（2）一般来讲，只有验收合格的工程才能交付使用，工程竣工验收合格是发包人支付工程款及将工程交付使用的前提。工程经竣工验收合格的，以竣工验收合格之日为竣工之日；（3）承包人提交竣工验收报告，发包人拖延验收的，以承包人提交验收报告之日为竣工日期；（4）建设工程未经竣工验收，发包人擅自使用的，以转移占有建设工程之日为竣工日期。根据《建筑法》及《合同法》，建设工程未经竣工验收不得使用。竣工验收的主导权在发包人，如果发包人未经竣工验收擅自使用建设工程，应视为其实现了合同目的，以建设工程转移占有之日为竣工之日。

28. 建设施工合同无效，工程款如何结算？

答：因为建设施工合同的特殊性，已经履行的部分无法作返还处理，只能折价补偿。所以尽管合同无效，如果经验收合格，建设方仍应给付施工方工程款。至于工程款的计算标准，根据最高人民法院《关于审理建设工程施工合同纠纷案件适用法律问题的解释》第二条之规定，建设工程施工合同无效，但建设工程经竣工验收合格，承包人请求参照合同约定支付工程价款的，应予以支持。

29. 因发包人原因致使工程建设无法按约定的进度进行，发包人是否应承担承包人的停工、窝工损失？

答：工程建设过程中，发包人应按合同约定履行义务，其中就包括为承包人的施工提供必要条件，保证工程顺利进行。如果因发包方原因导致工期延误（如不按时结算工程款、拖延确认工程量进度或进行签证、延期提供图纸等），发包人应赔偿承包人因工期延误发生的实际损失，如停工、窝工、倒运、机械设备调迁、材料和构件积压等损失和实际费用。但是承包人应采取措施防止损失的扩大，因承包人措施不当造成损失不合理扩大的，对扩大部分的损失发包人无须承担赔偿责任。

30. 承包人将建设工程肢解分包的，各分包合同是否有效？

答：所谓肢解分包，是指建设单位将应当由一个承包单位完成的建设工程分解成若干部分发包给不同的承包单位的行为。在实践中，一些建设工程的发包人或总承包人为了获取更大的收益，将其承包的工程分解成各部分小工程，肢解分包给其他施工人，由此订立的合同应认定无效。建筑工程的发包单位可以将建筑工程的勘察、设计、施工、设备采购等各项工程一并发包给一个总承包单位,也可以将其中一项工程、多项工程分别发包给不同的具备相应资质的承包单位。但不得将应当由一个承包单位完成的建筑工程肢解成若干部分发包给多个承包单位。

31. 未经竣工验收的工程,发包人擅自使用的,质量责任由谁承担?

答:《中华人民共和国建筑法》规定,建筑工程竣工交付使用必须符合以下要求:(1)完成工程设计和合同中规定的各项工作内容,达到国家规定的竣工条件;(2)工程质量符合国家安全规定的标准;(3)符合工程建筑设计和工程建设合同约定的内容;(4)有完整的并经有关部门审核的工程建设技术数据及档案图纸材料;(5)有建筑材料、设备、构配件的质量合格证件资料和试检验报告;(6)由勘察、设计、施工、工程监理等单位分别签署的质量合格或优良等档案;(7)由工程施工单位签署的工程质量保修书;(8)已办理工程竣工交付使用的有关手续。工程未经竣工验收不得使用。发包方擅自使用的,可视为发包方对工程质量的认可,且质量问题的出现也介入了发包方不合理使用的因素。因此,发包人擅自使用后出现质量问题的,工程建设方不承担质量责任。但对地基基础工程和主体结构的工程质量,承包人仍应在工程的合理使用寿命内承担民事责任。

32. 因发包人的原因导致勘察、设计工作返工、停工的,费用如何承担?

答:因发包人变更计划或提供的资料不准确,或者未按约定的期限提供必需的勘察、设计工作条件而造成勘察、设计工作返工、停工或修改设计的,发包人应当按照勘察人、设计人实际消耗的工作量增付费用。

33. 对大型复杂的工程,两个以上的单位联合共同承包资质等级如何确定?

答:根据《中华人民共和国建筑法》,大型建筑工程或者结构复杂的建筑工程,可以由两个以上的承包单位联合共同承包,共同承包的各方对承包合同的履行承担连带责任。如果各承包人资质等级不同,各承包人均应按照资质等级低的单位的业务许可范围承揽工程。

34. 承包人将建设工程非法转包或违法分包的,工程质量责任如何承担?

答:国家严格禁止承包人将建设工程非法转包或违法分包,对因非法转包工程或违法分包的工程不符合规定的质量标准造成的损失,承包人与接受转包或者分包的单位承担连带赔偿责任。

35. 施工单位在何种情况下不承担其建设工程的质量保修责任?

答:房屋建筑工程的保修期从工程竣工验收合格之日起计算,在正常使用的情况下,房屋建筑工程的最低保修期为:(1)地基基础和主体结构工程,为设计文件规定的该工程的合理使用年限;(2)屋面防水工程、有防水要求的卫生间、房间和外墙面的防渗漏,为5年;(3)供热与供冷系统,为2个采暖期、供冷期;(4)电气管线、给排水管道、设备安装，为2年；(5) 装修工程，为2年。在下列情况下出现的质量问题，不在法律规定的保修范围之内：一是因使用不当或第三方造成的质量缺陷；二是因不可抗力造成的质量缺陷。

36. 何种情况下发包人有权解除建设工程施工合同？

答：根据《合同法》，下列情形下，发包方享有合同的解除权：(1) 因不可抗力致不能实现合同目的的；(2) 承包人明确表示或以行为表明不履行合同主要义务，即承包人预期违约的；(3) 因承包方的原因，在合同约定的期限内没有完工，且在发包人催告的合理期限内仍未完工的；(4) 已经完成的建设工程质量不合格，并拒绝修复的；(5) 将承包的建设工程非法转包、违法分包的。

37. 何种情况下承包人有权解除建设工程施工合同？

答：发包人具有下列情形之一，致使承包人无法施工，且在催告的合理期限内仍未履行相应义务，承包人请求解除合同的，应予以支持：(1) 未按约定支付工程价款的；(2) 提供的主要建筑材料、建筑构配件和设备不符合强制性标准的；(3) 不履行合同约定的协助义务的。

38. 当事人的诉讼请求须"解除合同"才能实现，但诉讼请求中无"解除合同"要求的如何处理？

答：不告不理是民事诉讼的一个基本原则。如果当事人的诉讼请求须"解除合同"才能实现，为保障当事人的诉权和更好的实现其诉讼目的，法官应行使释明权，告知当事人如果不请求解除合同，则无法支持其诉讼请求。如果当事人仍不要求解除合同的，应判决驳回诉讼请求。

39.《中华人民共和国合同法》第二百八十六条关于建设工程价款的优先受偿权的规定的适用范围？

答：《中华人民共和国合同法》第二百八十六条规定"发包人未按照约定支付价款的，承包人可以催告发包人在合理期限内支付价款。发包人逾期不支付的，除按照建设工程的性质不宜折价、拍卖的以外，承包人可以与发包人协议将该工程折价，也可以申请人民法院将该工程依法拍卖。建设工程的价款从该工程折价或拍卖的价款中优先受偿"。根据最高人民法院《关于建设工程价款优先受偿权问题的批复》，建筑工程价款包括承包人为建设工程应当支付的工作人员报酬、材料款等实际支出的费用，不包括承包人因发包人违约所造成的损失。

根据《中华人民共和国合同法》第二百八十六条，享有优先受偿权的权利人是建设工程的承包人。在实践中，有时建设工程的实际施工人与签订书面建筑施工合同的承包人并不一致，在这种情况下，只要有证据证明其是工程的实际施工人，就可以向人民法院请求享有优先受偿权。分包合同的承包人，因其与发包人或建筑物的所有权人并没有合同关系，只能根据其所签订的分包合同享有合同上约定的权利，而不能根据《合同法》第二百八十六条，享有优先受偿权。

40. 《中华人民共和国合同法》第二百八十六条关于建设工程价款的优先受偿权是否优先于约定抵押权或其他债权？

答：根据最高人民法院《关于建设工程价款优先受偿权问题的批复》："（1）人民法院在审理房地产纠纷案件和办理执行案件中，应当依照《中华人民共和国合同法》第二百八十六条的规定，认定建筑工程的承包人的优先受偿权优于抵押权和其他债权。（2）消费者交付购买商品房的全部或者大部分款项后，承包人就该项商品房享有的工程价款优先受偿权不得对抗买受人"。

《中华人民共和国合同法》第二百八十六条关于建设工程价款的优先受偿权是否具有溯及既往的效力问题，2003年3月26日，最高人民法院副院长黄松有在全国民事审判工作座谈会上的讲话中明确指出：关于《中华人民共和国合同法》第二百八十六条的适用问题，如果建设工程于1999年10月1日之前已竣工或者停工，1999年10月1日之后人民法院对此类案件还没有审结的，不应适用《中华人民共和国合同法》第二百八十六条。如果建设工程施工于1999年10月1日之前，竣工或停工于1999年10月1日之后，承包人的工程价款是否享有优先权，应分情况处理：在1999年10月1日之前，该工程上没有设定抵押权的，承包人就工程价款享有优先权；在1999年10月1日之前，该工程上设定抵押权的，承包人就工程价款享有的优先权不得对抗已设定的抵押权。

41. 无资质的承包人建设的工程，工程款如何计算？

答：建设工程施工合同的承包人应具备其承包的工程项目的相应资质，否则根据《中华人民共和国合同法》第五十二条第五项的规定，认定无效。建设工程施工合同无效，但建设工程经竣工验收合格，承包人请求参照合同约定支付价款的，应予以支持。建设工程施工合同无效，且建设工程经竣工验收不合格，如果修复后的建设工程经竣工验收合格，应扣除修复费用后，参照合同约定的价款，发包人向承包人支付工程款。如果建设工程经竣工验收不合格，承包人请求支付工程价款的，不予支持。以上因承包人无相应的资质导致建设工程施工合同无效，人工费只能按照实际的资质等级收取而不能按照合同的约定收取劳务费。

对于承包人非法转包、违法分包，或无资质的实际施工人借用有资质的建筑施工企业名义与他人签订建设施工合同，因工程质量不合格、拖延工期等给发包方造成损失，违法情节严重的，按《民法通则》的规定，收缴违法所得。因建设工程不合格造成的损失，发包人有过错的，也应承担相应的责任。

42. 甲公司与乙公司签订建筑工程承包合同，约定由乙公司为甲的下属独立法人单位丙公司建办公房，如拖欠工程款，义务人是甲公司还是丙公司？

答：首先应该明确的是，该建筑工程承包合同的双方当事人是甲公司与乙公司，如果因拖欠工程款发生纠纷，给付工程款的义务人是甲公司还是丙公司要看在合同的实际履行过程中是否发生债的转移或债的加入的情况。所谓债的转移，是指债务人、债权人、债务的受让人三方之间签订债务转移的协议，其内容是原债务人的债务全部转由受让人（即新的债务人）承担，原债务人退出与债权人之间的债权债务关系。如果甲公司有足够的证据证明其与乙公司之间的合同之债已发生债的转移，或者有证据证明其与乙公司之间的合同已由丙公司概括承受并经乙公司同意，甲公司已不是合同义务人，那么甲公司可以此作为抗辩，不再承担责任。所谓债的加入，是指除了原债务人外，新的债务人向债权人表示或以实际行动表示愿意与债务人一同向债权人承担债务。债的加入的结果是债务人人数的增加而不是原债务人义务的免除。如果乙在为丙建办公房的工程建设期间，一直是丙与乙进行竣工验收结算事项，但甲乙丙三方并未有合同权利义务概括转让给丙的约定，则丙属于债的加入，甲不能免除给付工程款的义务。

43. 甲公司将其所有的建设工程项目发包给乙公司，乙公司又将工程转包给丙公司，如果丙公司起诉索要工程款，应以谁为被告？

答：最高人民法院《关于审理建设工程施工合同纠纷案件适用法律问题的解释》第二十六条规定："实际施工人以转包人、违法分包人为被告起诉的，人民法院应该受理。实际施工人以发包人为被告主张权利的，人民法院可以追加转包人或者违法分包人为本案当事人。发包人只在欠付工程价款范围内对实际施工人承担责任"。该条款就是对转包和违法分包情况下索要工程款的规定：一是实际施工人可以以转包人或违法分包人为被告，即丙公司可以单独起诉乙公司，因为实际施工人与转包人或违法分包人是建设施工合同的相对方，根据合同的相对性原理，作为合同的当事人一方向另一方主张权利的，法院当然应该受理，这也是实际施工人起诉索要工程款的主渠道。二是实际施工人可以以发包人即甲公司为被告，人民法院可以追加转包人或违法分包人即乙公司为当事人。根据实际情况或追加乙为共同被告，或追加乙为第三人。因为此种情况下建设施工合同的义务都是由实际施工人履行的，如果不允许实际施工人向发包人主张权利，不利于对实际施工人利益的保护。但该条款又明确规定"发包人只在欠付工程价款范围内对实际施工人承担责任"，如果发包人已经将工程款全部支付给承包人，就不应当再承担支付工程价款的责任。

44. 承包人或者发包人超过法定期限请求变更或者撤销合同的，如何处理？

答：我国《合同法》规定依法成立的合同受法律保护，当事人应严格按照合同约定全面履行自己的义务，一方不履行或者不适当履行自己的义务将承担违约责任。《中华人民共和国合同法》第五十四条规定："下列合同，当事人一方有权请求人民法院或者仲裁机构变更或者撤销：（1）因重大误解订立的；（2）在订立合同时显失公平的。一方以欺诈、胁迫的手段或者乘人之危，使对方在违背真实意思的情况下订立的合同，受损害方有权请求人民法院或者仲裁机构变更或者撤销。当事人请求变更的，人民法院或者仲裁机构不得撤销"。《中华人民共和国合同法》第五十五条规定："有下列情形的，撤销权消灭：（1）具有撤销权的当事人自知道或者应当知道撤销事由之日起一年内没有行使撤销权的；（2）具有撤销权的当事人知道撤销事由后明确表示或者以自己的行为放弃撤销权"。最高人民法院《关于贯彻执行〈中华人民共和国民法通则〉若干问题的意见（试行）》第七十三条规定，可变更或者可撤销的民事行为，自行为超过一年当事人才请求变更或撤销的，人民法院不予保护。上述法条规定的一年时间是除斥期间，不变期间，不因权利人在此期间主张实体权利而中止、中断、延长。换言之，只要此期间已过，对当事人的请求变更或撤销合同的权利，人民法院不予保护。

45. 工程竣工后，但建设单位迟迟不做工程验收，承包人应该怎么办？

答：根据最高人民法院《关于审理建设施工合同纠纷案件适用法律问题的解释（法释〔2004〕14号）》第十四条，当事人对建筑工程实际竣工日期有争议的，按照以下情形分别处理："（1）承包人已提交竣工验收报告，发包人拖延验收的，以承包人提交验收报告之日为竣工日期"。只要承包人有证据证明其已向建设单位提交验收报告，而建设单位拖延验收的，以承包人提交验收报告之日为竣工日期。

46. 发包人未及时提供施工图纸，承包人能否要求顺延竣工日期？

答：《中华人民共和国合同法》规定依法成立的合同受法律保护，当事人应严格按照合同约定全面履行自己的义务，一方不履行或者不适当履行自己的义务将承担违约责任。发包人主要合同义务是为工程施工准备条件，开工后负责协调各方关系，保障施工工作顺利进行。《建设工程质量管理规定》第九条规定，建设单位必须向有关的勘察、设计、施工、工程监理等单位提供与建设工程有关的原始资料。原始资料必须真实、准确、齐全。发包方应保证向承包人提供的施工图纸等技术资料经主管部门依法审核，按照合同约定的时间及时交付给承包方。《中华人民共和国合同法》第二百八十三规定，发包人未按照约定的时间和要求提供原材料、设备、场地、资金、技术资料的，承包人可以顺延工期，并有权要求赔偿停工、窝工等损失。

47. 建设工程施工合同中，债务人将其合同的义务全部或部分转移给第三人的，如何处理？

答：债务人将其合同的义务全部或部分转移给第三人的，在法理上称为债务承担。债务承担是指在不改变债的内容的前提下，债务人通过与第三人订立转让债务的协议，将债务全部或部分转移给第三人的法律行为。债务承担以承担后原债务人是否免责为标准，可以分为免责的债务承担和并存的债务承担。免责的债务承担，是指债务人经债权人同意，将其债务部分或全部转移给第三人负担。《中华人民共和国合同法》第八十四条规定：债务人将合同的义务全部或者部分转移给第三人的，应当经债权人同意。并存的债务承担，是指债务人不脱离债的关系，第三人加入债的关系，与原债务人共同承担债务。第三人加入后，与债务人之间成立连带关系，对同一债务负连带责任。债权人可以请求债务人履行义务，也可以径行向第三人请求履行义务。在建设工程施工合同中，如果债务人经过债权人同意，将其合同的义务全部或部分转移给第三人的，原债务人不再对转移的债务承担责任，第三人则成为新的债务人，对所承受的债务负责；如果债务人没有证据证明债务承担经过债权人同意，则原债务人和第三人将承担连带责任。

48. 拖欠工程款利息起算时间如何确定？

答：工程款利息在法律性质上属于法定孳息，应当自工程欠款发生之时，即到付款时间而未付款时起算。对于付款时间合同有约定的，应当遵从当事人约定，尊重当事人的真实意思表示，这也是体现合同应当全面履行的原则。当事人对付款时间没有约定或者约定不明的，下列时间为付款时间：（1）建设工程实际交付的，为交付之日。此时发包人对诉争建设工程已经实际控制，有条件对诉争建设工程行使占有、使用、收益的权利，从此时开始发包人应向承包人支付欠付的工程款。（2）建设工程没有交付的，为提交竣工结算文件之日。建设工程没有交付，但承包人已经在建设工程竣工验收合格后按照合同约定的时间提交了竣工结算文件，发包人如在合同约定的期限内不予答复的，应当认定此时为应付款时间。（3）建设工程价款未结算，建设工程也未交付的，为当事人向人民法院起诉之日。当事人因结算纠纷起诉到人民法院，承包人起诉之日就是以法律手段向发包人要求履行义务之日，人民法院对其合法权益应予以保护。

49. 建设工程合同中垫资条款的效力如何处理？

答：根据《中华人民共和国合同法》第二百八十三条规定，发包人承担按照约定的时间向承包人支付原材料、设备、场地、资金、技术资料的义务，如果发包人违反了这一义务，承包人可以顺延工期，并有权要求赔偿停工、窝工的损失。在实践中，发包人可能利用其在谈判中的有利地位，要求承包人先行垫付施工款项，等建设工程竣工后再向承包人支付工程款或者工程款及利息。根据最高人民法院《关于审理建设施工合同纠纷案件适用法律问题的解释（法释〔2004〕14）》第六条的规定，建设工程合同中垫资条款是有效的，并按照下列方式处理：在垫资合同或者合同中的垫资条款对垫资本金及其利息有约定的，如双方发生争议，应按照合同的约定处理本金及利息的问题，但是约定的利息标准高于中国人民银行发布的同期同类贷款利率的部分除外；如果仅对垫资本金有约定，对利息没有约定的则承包人请求返还利息的请求不予支持；如果虽有垫资的行为，但合同中没有关于垫资的约定，则发生纠纷后，已经发生的垫资按照一般工程欠款处理。

50. 分包单位完成工程质量不合格，发包人如何主张权利？

答：甲公司与乙建筑公司签订一栋楼房施工合同，后乙经甲同意，将部分的管道安装工程交由丙公司完成，后经验收，丙公司安装的管道工程严重不合格，甲应向谁主张自己的权利？

《中华人民共和国合同法》第二百七十二条规定，建设工程的总承包人经发包人同意，可以将自己承包的部分工作交由第三人完成。第三人就其完成的工作成果与总承包人向发包人承担连带责任。承包人不得将其承包的全部建设工程转包给第三人。建设工程主体结构的施工必须由承包人自行完成。本案中的"管道安装工作"不属于主体结构的施工工程，因此是可以被分包的。在合法分包的情况下，发包人与承包人之间有合同关系，承包人与分包人之间有合同关系，而分包人与发包人之间没有合同关系。但现在分包人完成的管道安装工作不符合约定，根据《中华人民共和国合同法》第二百七十二条之规定，发包人可以要求分包人就其完成的工作与承包人向自己承担连带责任，这是合同相对性的一个例外。

51. 在房地产合资、合作开发中设立的项目公司作为独立法人，如何行使权利？

答：项目公司应当履行其投资法人之间签订的合资、合作合同中规定的权利、义务。

项目公司虽然是独立的法人，但鉴于项目公司的设立依附于该合资、合作合同，合资、合作合同是设立项目公司的基础，投资各方在设立项目公司时订立的合资、合作合同对项目公司具有约束力。在不涉及公司之外的第三人利益，与公司章程不相冲突的情况下，合资、合作合同应视为项目公司的内部协议，与公司章程具有同等的效力。投资人的合资、合作合同（联建协议）应排除合同相对性原则的适用，即项目公司虽然不是合资、合作合同当事人，也应当履行合同中对其规定的权利义务。

52. 房地产合资、合作开发中设立的项目公司成立后，原合资、合作合同是否自行终止，关联方是否仍应履行原合同义务？

答：房地产合资、合作开发中设立的项目公司成立后，原合资、合作合同是否终止，关联方是否仍应履行合同义务，要区别下列两种情况：

其一，投资各方（项目公司的关联方）未履行合资、合作合同约定的投资义务，或者关联方实际控制项目公司的全部经营活动的，应当适用《中华人民共和国公司法》第二十条第三款之规定，对项目公司的独立法人资格予以否定。由其投资方（关联方）与项目公司对外承担连带责任。但在审判工作中应当慎重，只有在相关证据充分并适当时才能适用。

其二，投资人已经适当履行了投资义务，并且关联方并未实际操纵项目公司的经营活动，原合资、合作合同应终止，关联方不再需要履行原合同义务。

53. 房地产开发中，一方供地、一方出资，供地方只参与项目申报而按比例取得部分新建房屋产权，此种情况下的合同性质如何认定？

答：在房地产开发中，一方供地、一方出资，供地方只参与项目申报而按比例取得部分新建房屋产权，此种情况下的合同性质应认定为合作开发房地产合同，而不能认为是拆迁补偿合同。

对于此类合同，在审判中不能只看协议表面，而应结合合同订立的背景，双方在合同中的地位、作用及合同的性质来分析当事人的真实意思表示，按当事人的真实意思表示确定合同的性质。供地方拥有项目的土地使用权，并在订立合同时明确约定了双方的权利义务，是一种双方真实的意思表示，应当认定为合作开发合同。

54. 如何界定房地产开发规划范围内的相关设施？

答：《关于审理商品房买卖合同纠纷案件适用法律若干问题的解释》第十三条所说的"相关设施"，包括商品房的基础设施和相关配套设施。商品房的基础设施包括供暖、供电、供水、小区景观、小区内道路、停车场等。公共配套设施包括商品房规划范围内的配套和商品房规划范围外的配套，如商业、服务业以及医疗教育、公共交通等公共设施的配套。

55. 建设施工合同无效的法定情形有哪些？

答：建设施工合同是否有效，首先适用《民法通则》及《合同法》的一般规定。此外，最高人民法院《关于审理建设工程施工合同纠纷适用法律若干问题的解释》第一条规定：（1）承包人未取得建筑施工企业资质或者超越资质等级的；（2）没有资质的实际施工人借用有资质的建筑施工企业名义的；（3）建设工程必须进行招标而未招标或者中标无效的。第四条规定："承包人非法转包、违法分包建设工程或者没有资质的实际施工人借用有资质的建筑施工企业名义与他人签订建设工程施工合同的行为无效"。总之，在审查合同是否有效时，主要应该从签约的主体（如是否有资质）、签约的方式（必须招投标的建筑工程是否通过有效的招投标的方式）、签约的过程（是否非法转包、违法分包）这几个方面来确定合同的效力。

56. 合作开发房地产合同的超额投资比例如何确定？

答：合作开发房地产合同的投资比例应由当事人协商确定，并在合同中明确约定。如投资数额超出合作开发房地产合同的约定，对增加的投资数额的承担比例，当事人协商不成的，按照当事人的过错确定；因不可归责于当事人的事由或者当事人的过错无法确定的，按照约定的投资比例确定；没有约定投资比例的，按照约定的利润分配比例确定。

57. 合作开发建设的房屋实际建筑面积与合作开发房地产合同的约定的面积不符的，如何分配？

答：合作开发建设的房屋实际建筑面积少于合作开发房地产合同的约定的，对房屋实际建筑面积的分配比例，应当由当事人协商，当事人协商不成的，按照当事人的过错确定；因不可归责于当事人的事由或者当事人过错无法确定的，按照约定的利润分配比例确定。

房屋实际建筑面积超出规划建筑面积，经有批准权的人民政府主管部门批准后，当事人对超出部分的房屋分配比例协商不成的，按照约定的利润分配比例确定。对增加的投资数额的承担比例，当事人协商不成的，按照约定的投资比例确定；没有约定投资比例的，按照约定的利润分配比例确定。

58. 依法需经批准的房地产建设项目，未经有批准权的人民政府主管部门批准，合作开发房地产合同的当事人请求分配房地产项目利益的，人民法院如何处理？

答：依法需经批准的房地产建设项目，未经有批准权的人民政府主管部门批准，已建成的房屋依法应认定为违章建筑。在该建筑的合法性没有解决前，属于标的违法，人民法院不能对项目如何分配进行裁决。依法需经批准的房地产建设项目，如果项目本身没有经过批准，其建成的建筑物最终往往被责令拆除，此种情况下人民法院进行裁决没有实际意义，而且还有损法律的权威性、严肃性。如果最终建筑物没有被拆除，那么当事人必须完善相关手续。等当事人完善审批手续后，人民法院才能再对该纠纷进行处理。因此，最高人民法院在《关于审理涉及国有土地使用权合同纠纷案件适用法律问题的解释》中明确规定，依法需经批准的房地产建设项目未经有批准权的人民政府主管部门批准，合作开发房地产合同的当事人请求分配房地产项目利益的，不予受理；已经受理的，驳回起诉。

59. 房地产建设项目未取得建设工程规划许可证，合作开发房地产合同的当事人请求分配房地产项目利益的，人民法院如何处理？

答：建设工程规划许可证主要解决的是建设工程的合法性的问题。根据《城市规划法》的规定，建设单位或者个人在取得建设用地工程规划许可证件和其他有关批准文件后，方可申请办理开工手续。如果建设工程没有规划许可证，表明该工程没有经过城市规划行政主管部门审批，或者虽然经过审批，但审批没有通过。那么说明该工程违法，是违章建筑，对于违章建筑，合作开发房地产合同的当事人请求分配房地产项目利益的，不予受理；已经受理的，驳回起诉。因为违法建筑属于标的违法，所以人民法院不能对该建筑如何分配进行裁判。

60. 擅自变更建设工程规划，合作开发房地产合同的当事人请求分配房地产项目利益的，人民法院如何处理？

答：凡是取得建设工程规划许可进行建筑的，都必须严格按照建设工程规划许可证的要求包括附图和附件的要求施工，不允许擅自变更。擅自变更规划许可，属于违法行为。《城乡规划法》第六十四条规定"未取得建设工程规划许可证或者未按照建设工程规划许可证的规定进行建设的，由县级以上地方人民政府城市规划主管部门责令停止建设；尚可采取改正措施消除对规划实施的影响的，限期改正，处建设工程造价5%以上10%以下的罚款；无法采取改正措施消除影响的，限期拆除，不能拆除的，没收实物或者违法收入，可以并处建设工程造价10%以下的罚款"。据此，最高人民法院相关司法解释规定，擅自变更规划的建筑属于违法建筑，合作开发房地产合同的当事人请求分配房地产项目利益的，不予受理；已经受理的，驳回起诉。

61. 当事人隐瞒建设工程规划变更的事实所造成的损失，如何处理？

答：虽然擅自变更规划的建筑属于违法建筑，合作开发房地产合同的当事人请求分配房地产项目利益的，人民法院不予受理，但在诉讼时如果当事人都没有提出建设工程规划变更的事实，人民法院无从知晓这一情况，可能会受理并做出实体判决。裁判生效后，如果不利一方提出建设工程规划已经变更，人民法院不应管辖，据此想不执行法院的生效裁判，如何处理？最高人民法院相关司法解释规定，当事人隐瞒建设工程规划变更的事实造成的损失，由当事人按照过错承担。因为建设项目规划是否变更，只有当事人才能知道，如果当事人刻意隐瞒，人民法院无从知晓。因此当事人不能以此否认人民法院裁判的效力。至于规划变更后，该建筑是否拆除，还是补办有关手续变成合法建筑，均与人民法院无关。如果建筑物严重影响城市规划被责令拆除，其损失由当事人按照过错承担。如果规划变更可采取改正措施的,当事人遭受的损失也由当事人自行处理。但建筑物的分配,还得执行人民法院的生效裁判。也就是说,建筑物由违法变成合法后,其项目利益的分配,仍应该按照人民法院的生效裁判执行。

62. 合作开发建设的房屋被拆除的,如何处理?

答:当事人违反规划开发建设的房屋,被有批准权的人民政府主管部门认定为违法建筑责令拆除,当事人对损失承担协商不成的,按照当事人过错确定责任;过错无法确定的,按照约定的投资比例确定责任;没有约定投资比例的,按照约定的利润分配比例确定责任。

63. 名为合作开发房地产合同,但约定一方只收取固定利益,不承担风险的,如何定性?

答:合作开发房地产合同约定提供土地使用权的当事人不承担经营风险,只收取固定利益的,应当认定为土地使用权转让合同。

合作开发房地产合同约定提供资金的当事人不承担经营风险,只分配固定数量房屋的,应当认定为房屋买卖合同。

合作开发房地产合同约定提供资金的当事人不承担经营风险,只收取固定数额货币的,应当认定为借款合同。

合作开发房地产合同约定提供资金的当事人不承担经营风险,只以租赁或者其他形式使用房屋的,应当认定为房屋租赁合同。

64. 设立房地产开发企业有何具体条件?

答:房地产开发企业是以赢利为目的,从事房地产开发和经营的企业。设立房地产开发企业,应当具备下列条件:

1. 有自己的名称和组织机构;
2. 有固定的经营场所;
3. 有符合国务院规定的注册资本;
4. 有足够的专业技术人员;
5. 法律、行政法规规定的其他条件。

设立房地产开发企业,应当向工商行政管理部门申请设立登记。工商行政管理部门对符合本法规定条件的,应当予以登记,发给营业执照;对不符合本法规定条件的,不予登记。

设立有限责任公司、股份有限公司,从事房地产开发经营的,还应当执行公司法的有关规定。

房地产开发企业在领取营业执照后的一个月内,应当到登记机关所在地的县级以上地方人民政府规定的部门备案。

65. 享有优先权保护的建筑工程价款范围如何界定？

最高人民法院《关于建设工程价款优先受偿权问题的批复》（以下简称《批复》）第三条规定"建筑工程价款包括承包人为建设工程应当支付的工作人员报酬、材料款等实际支出的费用，不包括承包人因发包人违约所造成的损失"。实践中，对享有优先权保护的建筑工程价款不包括承包人因发包人违约造成的损失一项没有争议，但对于是否包括承包人的应得利润存有争议，请问，享有优先权保护的建筑工程价款范围应如何界定，是否包括承包人的应得利润？

答：关于享有优先权保护的建筑工程价款范围的界定，应结合《合同法》第二百八十六条和《批复》第三条加以确定。

住房和城乡建设部《建设工程施工发包与承包价格管理暂行规定》第五条规定，建设工程价款由成本（直接成本、间接成本）、利润（酬金）和税金构成。根据该条规定，一般来说，工程价款可分为四个部分：一是直接成本，又称直接费，包括定额直接费、其他直接费、现场管理费和材料价差。其中，定额直接费又包括人工费、材料费和施工设备使用费三部分。二是间接成本或称企业管理费，包括管理人员工资、劳动保护费等10多项。三是利润，由发包人按工程造价的差别利率计付给承包人。四是税金，包括营业税、城市建设税、教育费附加税三种。这四部分构成工程价款的整体，缺一不可。在实践中建设工程价款的表现形式有工程估算价、设计概算价、施工图预算价、施工预算（概算）价和竣工结算价五种。《合同法》第二百八十六条中所称工程价款，如指已竣工工程，应指竣工结算价；未竣工工程则应以施工预算价为基础进行评估确定工程价款。《合同法》第二百八十六条的立法精神是保护建筑施工企业被拖欠的工程款，主要是工人的工资、承包人的管理费和正常的利润。利润是工程价款的重要组成部分，显然应享有优先受偿权。

《批复》第三条则实际上解决了实践中的两个疑问：一是承包人垫资款是否享有优先受偿权；二是承包人因发包人违约造成的损失是否享有优先受偿权。

《批复》尊重现实，将垫资款纳入承包人的优先受偿权的范围，明确规定建筑工程价款包括承包人为建设工程应当支付的材料款等实际支出的费用。同时将承包人因发包人违约造成的损失予以排除。

综上，享有优先保护的建筑工程价款的范围可以界定为，一指已竣工工程；二指竣工结算价，未竣工工程则应以施工预算价为基础进行评估确定工程价款；三指含承包人的正常利润，也包括承包人的垫资款，但不包括承包人因发包人违约造成的损失。

66. 转包合同被认定无效后，发包人管理费如何确定？

转包合同被认定无效后应根据发包人参与管理程度，酌定管理费。（2017）最高法民申4383号案中《项目合作补充协议》约定，案涉工程洞外一切临时设施，炸药库等由发包人负责提供，基本保险费用亦由发包人负责购买。《项目合作补充协议》虽无效，但因发包人对案涉工程实际进行了管理，故可参照补充协议约定，在工程结算时扣除管理费。

对非法转包等建设违法行为，更宜采用行政处罚方式予以制裁。新颁布的民法总则已删除民事责任条款中有关收缴非法所得的规定，《建设工程司法解释》中的相关规定亦不能再适用。对于违反行政法或既违反民法又违反行政法的，应当参照发现刑事犯罪线索移送侦查机关的做法，移送有关行政机关处理，或向有关行政机关发出司法建议。这样既使违法行为得到应有的制裁，又可以克服民事制裁制度固有的弊端。

67. 施工企业项目部对外借款性质应如何认定？

施工企业项目部对外借款性质应认定为施工企业的法人行为。《民事诉讼法》第四十八条规定的其他组织是指合法成立、有一定的组织机构和财产，但又不具备法人资格的组织。施工企业的项目部系其内设机构，并无独立法人资格，也不属于民诉法规定的其他组织。对于项目部以自己名义对外借款，款项进入施工企业账户的，应认定为施工企业的行为，对外由施工企业承担责任。对出借人主张逾期利息的，如果借款合同对逾期利息有约定，可在该利率的基础上上浮30%主张逾期利息，但上浮后不得超过中国人民银行公布的同期同类贷款利率的4倍；如果借款合同对利息没有约定或者约定不明的，可以在中国人民银行公布的同期同类贷款利率基础上上浮30%主张逾期利息。

68. 非法转包人对实际施工人用于工程项目的对外借款应如何承担责任？

实际施工人向第三人借款，并将该借款实际用于工程的，同时由项目部提供保证的，如果债权人不知道项目部无权提供担保，则施工企业应对该借款承担连带还款责任。建筑施工企业在承包工程后，往往由于自己并无相应的施工队伍和施工能力，将工程以内部承包等方式转包给实际施工人，以谋求不正当利益。为了掩盖双方工程转包的事实，施工企业一般会设立工程项目部，刻制项目部印章。双方签订的协议由于违反法律和行政法规的强制性规定而无效。实际施工人为了完成工程项目，向第三人借款，同时在担保人处加盖了项目部印章，若借款实际用于工程，考虑到施工企业实际分享了该借款利益，从公平原则和权利义务相一致原则出发，应当由施工企业对该借款承担连带还款责任，参见《人民司法·案例》（2017年第20期），第86～89页。

69. 建设工程经竣工验收合格后，实际施工人与发包人所签订的建设工程价款结算协议，人民法院应如何认定？

建设工程经竣工验收合格后，实际施工人与发包方已经就涉案工程签署结算协议的，该结算协议应视为实际施工人与发包方就施工工程价款结算问题所达成的合意。实际施工人请求发包方依据结算协议支付工程价款的，人民法院可予支持。从实际施工人的制度设计来看，承认实际施工人同发包人之间结算的效力，对于保护实际施工人的利益具有重要意义。从减少诉讼、促进经济发展的角度，实际施工人已经同发包人就工程价款进行了结算，在工程竣工验收合格的情况下，应认定当事人结算的意思表示真实，并予以保护。承认结算协议的效力更有利于节约诉讼成本，在案件审理工程中，如果能够通过其他方式确定当事人之间关于争议工程价款的数额的，应避免简单地通过鉴定的方式对工程价款进行鉴定，从而尽可能地解决鉴定乱、鉴定滥的问题。

70. 实际施工人与承包人约定仲裁的情况下能不能起诉发包人？

实际施工人与转包人或者违法分包人之间约定了仲裁条款，实际施工人不得以《最高人民法院关于审理建设工程施工合同纠纷案件适用法律问题的解释》第二十六条的规定为依据起诉发包人。

《最高人民法院关于审理建设工程施工合同纠纷案件适用法律问题的解释》第二十六条规定:"实际施工人以转包人、违法分包人为被告起诉的,人民法院应当依法受理。实际施工人以发包人为被告主张权利的,人民法院可以追加转包人或者违法分包人为本案当事人。发包人只在欠付工程价款范围内对实际施工人承担责任。"本条司法解释第一款确立了实际施工人工程价款请求权的一般规则,即实际施工人可以依法起诉与其具有合同关系的转包人、违法分包人;第二款明确了实际施工人工程价款请求权的例外救济,即实际施工人可以要求发包人在欠付工程价款范围内对实际施工人承担责任。依据上述条款规定,实际施工人能否向发包人主张权利,取决于实际施工人与转包人、违法分包人之间的合同关系,而非发包人与转包人、违法分包人之间的合同关系,同时还取决于发包人是否存在欠付工程价款的事实。实际施工人主张工程价款的基础法律关系是其与转包人、违法分包人之间的合同关系,若双方在合同中约定了仲裁条款,排除了法院管辖权,那么实际施工人将发包人、转包人、违法分包人作为共同被告起诉,违背了合同中仲裁条款的约定,也违反了仲裁法第五条的规定,人民法院不予受理。即使实际施工人与转包人、违法分包人之间的合同因实际施工人不具有相关资质而无效,也不影响仲裁条款的效力,因为《合同法》第五十七条规定:"合同无效、被撤销或者终止的,不影响合同中独立存在的有关解决争议方法的条款的效力。"

下篇　案例参考

案例 1

一、基本案情

甲、乙均为与某劳务公司订立劳动合同的工人。2009年5月5日，工人甲与工人乙在工地发生口角，甲遂于5月6日夜趁乙不备从背后将其用麻袋蒙住殴打然后逃逸。5月7日乙委托律师向公安机关报案，5月10日甲主动承认了殴打乙的事实。试述工人乙关于损害赔偿诉讼时效的确定。

二、案例评析

诉讼时效，是指权利人在法定期间内，未向人民法院提起诉讼请求保护其权利时，法律规定消灭其胜诉权的制度。

根据我国《民法通则》及有关法律的规定，诉讼时效期间通常可划分为四类。其中短期诉讼时效期间为1年：身体受到伤害要求赔偿的；延付或拒付租金的；出售质量不合格的商品未声明的；寄存财物被丢失或损毁的。

诉讼时效期间从知道或应当知道权利被侵害时起计算。但是，从权利被侵害之日起超过20年的，人民法院不予保护。

本案中，工人甲殴打工人乙的行为适用短期诉讼时效，工人乙明确知道侵害主体的时间为2009年的5月10日，故其诉讼时效期间为2009年5月11日至2010年5月10日。

案例 2

一、基本案情

某家具厂厂房是一座四层楼的钢筋混凝土建筑物，在外墙装饰施工过程中由于现场场地狭小，第一层楼做为原材料库房，库房内存放了木材、脚手架等物品；第二层楼被用作办公室；第三层楼为成品库；第四层楼为工人宿舍。由于办公室用电产生火花引燃库房内的易燃物，发生了火灾爆炸事故，导致4人重伤，直接经济损失80多万元。请分析施工单位在施工过程中的错误及该安全生产事故的性质。

二、案例评析

1. 施工单位违反《建设工程安全生产管理条例》的行为：应当将施工现场的办公、生活区与作业区分开设置，并保持安全距离；办公、生活区的选址应当符合安全性要求。职工的膳食、饮水、休息场所等应当符合卫生标准。施工单位不得在尚未竣工的建筑物内设置员工集体宿舍。

2. 该安全生产事故的性质。《生产安全事故报告和调查处理条例》规定。根据生产安全事故造成的人员伤亡或者直接经济损失，事故一般分为以下等级：

（1）特别重大事故，是指造成30人以上死亡，或者100人以上重伤（包括急性工业中毒，下同），或者1亿元以上直接经济损失的事故；

（2）重大事故，是指造成10人以上30人以下死亡，或者50人以上100人以下重伤，或者5 000万元以上1亿元以下直接经济损失的事故；

（3）较大事故，是指造成3人以上10人以下死亡，或者10人以上50人以下重伤，或者1 000万元以上5 000万元以下直接经济损失的事故；

（4）一般事故，是指造成3人以下死亡，或者10人以下重伤，或者1 000万元以下直接经济损失的事故。

故本案中安全生产事故属于一般事故。

案 例 3

一、基本案情

某大学为建设学生公寓，经招标于2008年与建筑公司签订了一份建设工程合同。合同约定工程采用固定总价合同形式，工程的全部合同价款于承包人提交竣工结算资料后28日内一次付清，双方签订了《质量保修书》并预留了质量保证金。1年后学生公寓如期完工，在某大学和某建筑公司共同进行竣工验收时，发现工程3~5层的内承重墙体有较多裂缝，经建筑公司修复后验收合格。竣工验收后建筑公司递交了结算文件，假如校方未能支付结算款，则建筑公司可以要求学校支付拖欠工程款利息的日期如何计算？

二、案例评析

根据最高人民法院《关于审理建设工程施工合同纠纷案件适用法律问题的解释》第十七条，当事人对欠付工程价款利息计付标准有约定的，按照约定处理；没有约定的，按照中国人民银行发布的同期同类贷款利率计息。第十八条，利息从应付工程价款之日计付。当事人对付款时间没有约定或者约定不明的，下列时间视为应付款时间：

（1）建设工程已实际交付的，为交付之日；

（2）建设工程没有交付的，为提交竣工结算文件之日；

（3）建设工程未交付，工程价款也未结算的，为当事人起诉之日。

本案中，承发包双方对于应付工程价款是有明确约定的，因此应从承包人提交竣工结算资料后28日起计算利息。

案例 4

一、基本案情

起重机械生产厂家甲近期推出一种改进型设备,向其老客户施工单位乙发出以原价出售该改进型设备的要约。乙在电话中向甲表示愿意购买该改进型设备,但要求对原定采用的包装质量标准和运输方式作一些改进。后乙向甲订购5套设备,并交纳了定金。乙将其中的2套设备售予丙公司,但是由于甲单位未能及时交货,致使乙无法向丙交付设备。试分析本案例中的合同违约责任如何承担。

二、案例评析

要约,在商业活动中又称发盘、发价、出盘、出价、报价。《合同法》第十四条规定了要约的概念,即要约是希望和他人订立合同的意思表示。

在受要约人回复时,对要约的内容作实质性变更的,视为新要约,原要约失效。

当事人一方因第三人的原因造成违约的,应当向对方承担违约责任。当事人一方和第三人之间的纠纷,依照法律规定或者按照约定解决。

本案中乙在电话中向甲表示愿意购买该改进型设备,但要求对原定采用的包装质量标准和运输方式作一些改进。这一行为属于新要约。由于甲单位未能及时交货,致使乙无法向丙交付设备,则应由甲单位向乙单位承担违约责任,乙单位向丙单位承担违约责任。

案例 5

一、基本案情

建设单位甲与施工单位乙于2007年12月18日签订了某工业厂房的施工合同,其中约定,合同自实际提交履约保证之日起生效;建设单位认为设计过于保守,要求混凝土强度按设计强制标准的规定降低一个等级施工;争议解决方式为仲裁。施工单位实际于2007年12月28日提交了履约保证并开始施工。在该工程施工过程中,建设主管部门发现该工程施工单位超越资质等级承揽工程,责令该工程终止施工。建设单位遂提起仲裁,要求施工单位赔偿损失。试分析发承包双方的违法行为。

二、案例评析

1. 建设单位违法行为。《建设工程质量管理条例》第十条,建设工程发包单位不得迫使承包方以低于成本的价格竞标,不得任意压缩合理工期。

建设单位不得明示或者暗示设计单位或者施工单位违反工程建设强制性标准,降低建设工程质量。

2. 施工单位违法行为。根据最高人民法院《关于审理建设工程施工合同纠纷案件适用法律问题的解释》第一条，建设工程施工合同具有下列情形之一的，应当根据合同法第五十二条第（五）项的规定，认定无效：

（1）承包人未取得建筑施工企业资质或者超越资质等级的；

（2）没有资质的实际施工人借用有资质的建筑施工企业名义的；

（3）建设工程必须进行招标而未招标或者中标无效的。

案例 6

原告：××房地产开发有限公司（以下简称"甲方"）

被告：××建筑集团第六分公司（以下简称"乙方"）

一、基本案情

1998年4月，甲方与自称是××建筑集团第六分公司的乙方签订《建设工程施工合同》，约定：经甲方同意，技措费及赶工费用按实际发生进入结算价款。1999年1月双方又签订《终止协议》，该协议约定："技措费及赶工费另行协商，如不能达成协议，此纠纷交由某仲裁委员会仲裁"。2001年5月乙方根据《终止协议》中的仲裁条款就技措费、赶工费问题向协议约定的仲裁委员会申请仲裁。甲方则在仲裁庭首次开庭前向法院申请确认该仲裁条款无效。甲方认为：乙方在签订《建设工程施工合同》及《终止协议》时并未依法注册成立，因此根本不具有签订仲裁条款的主体资格。乙方辩称：1999年9月某建筑集团申请成立了第六分公司；而且早在1994年，某建筑集团就为乙方出具了授权其在该地区承揽工程的委托书，因此上述《建设工程施工合同》及《终止协议》有效，仲裁条款当然有效。

二、案件处理

法院认为，仲裁条款应由具有民事行为能力的民事主体签订。乙方与甲方签订仲裁条款时，尚未取得工商管理部门的工商登记，无缔约的民事行为能力，故法院裁定乙方与甲方签订的仲裁条款应属无效。

三、案例评析

本案的争议焦点为，未依法注册登记的公司分支机构签订的仲裁条款是否产生法律效力。根据《仲裁法》第十七条的规定，无民事行为能力人或限制民事行为能力人订立的仲裁协议无效。在本案中，被告在签订《建设工程施工合同》及《终止协议》时尚未依法注册登记。根据《公司登记管理条例》第四十条的规定："公司设立分公司的，应当向分公司所在地的市、县公司登记机关申请登记；核准登记的，发给营业执照"。因此，依法办理工商登记是公司分支机构取得民事主体资格的必要条件；未注册登记的公司分支机构，不具有合法的民事主体资格，即不具有民事权利能力及民事行为能力，其签订的仲裁条款当属无效。

此外，尽管某建筑集团曾为乙方出具授权委托书，但由于当时被告并未依法成立，不具有民事主体资格，因此这种代理行为不具有法律效力。

案 例 7

原告：香港××投资有限公司（以下简称"香港公司"）
被告：广州××有限公司（以下简称"广州公司"）

一、基本案情

1994年6月10日，香港公司与广州公司在深圳签订了一份《土地使用权转让合同书》，约定广州公司将其拥有的位于广州市××工业区的一块面积为2万平方米的工业用地转让给香港公司，转让款共500万元。该合同签订后，香港公司即依约将转让款500万元支付给广州公司。广州公司收款后却迟迟没有办理有关转让手续。至1996年12月，香港公司从有关部门了解到，广州公司所转让的土地根本不能依法办理过户手续。为此香港公司要求广州公司返还转让金，并于1998年8月12日向法院提起诉讼，要求依法解除双方签订的土地使用权转让合同，依法判决广州公司返还香港公司土地转让费人民币500万元及利息，并赔偿经济损失港币28万元。而广州公司辩称，香港公司与广州公司于1994年6月10日签订了土地使用权转让合同后，该合同已于1994年履行完毕。此后，双方从未对上述合同的履行有过任何争议或补充协议，香港公司的起诉已超过了诉讼时效。请求依法驳回香港公司的诉讼请求。

二、案件处理

法院经审理认为，香港公司的起诉已超过了法定的诉讼时效，且未能举证证实诉讼时效有中止或中断的情况，其诉讼请求依法应予驳回，根据《中华人民共和国民法通则》第一百三十五条的规定，判决驳回香港公司的诉讼请求，本案受理费港币41 000元由香港公司负担。

三、案例评析

本案中香港公司败诉关键在于其起诉已超过诉讼时效，而且又不能举证证实诉讼时效有中止或中断的情况。《民法通则》第一百三十五条规定"向人民法院请求保护民事权利的诉讼时效期间为二年。"第一百三十七条规定："诉讼时效期间从知道或者应当知道权利遭受侵害时起计算。"

本案中，原告与被告签订的合同约定：在合同签订后三个月内，香港公司付清余款的同时，广州公司应办理完用地手续，即出具有效的土地使用权证书。因此，诉讼时效期间从合同签订之日后三个月开始计算，即从1994年9月10日起至1996年9月10日止。《民法通则》第一百三十九条、一百四十条分别规定了诉讼中止和中断的情形。但是，本案中香港公司虽称其曾于1995年5月2日、1997年1月5日两次函告广州公司，但未举证证实其主张，所以未获法院采纳。因此，为了使诉讼时效延长，一定要留下证实诉讼时效中断的证据。例如，本案中香港公司致函给广州公司，应亲自送广州公司签收，留下回执，或通过邮局挂号邮寄，这样才能保证民事权利在被侵害时得到法律的保护。

案 例 8

原告：上海某房地产开发有限公司（以下简称"房产公司"）
被告：上海某投资集团有限公司（以下简称"投资公司"）

一、基本案情

原告房产公司与被告投资公司于2000年4月25日就某写字楼项目签订协议书一份。约定：投资公司投资人民币2 500万元参建，根据工程进度和房产公司的申请分批投入，直至帮助房产公司获得该项目的政府批准文件；房产公司保证在两年内归还投资公司的所有参建资金并承担银行利息及提供参建总额20%的投资回报；投资公司将参建资金2 500万元全部投入后，房产公司应将部分项目权证抵押给投资公司至归还参建资金；房产公司在两年内不能归还参建资金并提供约定回报，将承担违约责任并赔偿参建总额10%；投资公司不按约定投入参建资金，则向房产公司支付违约金250万元。

协议签定后投资公司向银行申请项目贷款并获批准。2000年6月投资公司从银行贷款4 500万元。然而投资公司却将所有借款用于他处，始终未用于参建项目。2001年1月，房产公司提起诉讼，请求法院判令投资公司赔偿违约金250万元。投资公司辩称：双方签订的参建协议实质是企业间拆借协议，不受法律保护，同时提起反诉，要求确认该协议无效。

二、案件审理

一审法院经审理后认为：原被告之间的两份协议是双方真实意思表示，且无法律明文禁止的内容，应合法有效，双方均应承担义务。投资公司在接受了银行贷款后，未依约将参建资金到位，应承担协议约定的违约责任，其主张双方协议为借贷协议，无充分证据证实，不予采信。据此判决项目合作协议有效，被告应于判决生效之日起十五日内支付原告上海某房地产开发有限公司违约金人民币250万元。

一审判决后投资公司不服，以同样理由提起上诉。二审法院审理后认为：房产公司与投资公司订立的参建协议，无任何参建的实质内容，双方签订参建协议其实质在于双方假借参建名义进行企业间的融资借贷。故该协议系名为参建、实为企业间的借贷协议，该协议与企业间未经许可不得贷款的规定相悖，系无效协议。据此作出终审判决：撤销一审法院判决，项目合作协议无效；房产公司要求投资公司支付违约金人民币250万元的诉讼请求不予支持。

三、案例评析

《民法通则》第五十八条第（七）项规定："以合法形式掩盖非法目的行为无效。"本案中，房产公司与投资公司的协议形式上是参建，但其实质是企业之间的资金拆借，违反了国家金融管理规定，是自始无效的。因此，二审法院的判决是正确的。

案 例 9

原告：赵某

被告：钱某

被告：××室内装饰装修设计工程有限公司（以下简称"设计公司"）

一、基本案情

1999年10月，原告赵某与被告设计公司订立一份《劳动合同》，进入设计公司从事装饰设计工作。2000年3月，设计公司与深圳市××投资发展有限公司（以下简称"投资公司"）订立合同一份，约定由设计公司为投资公司装修某住宅小区样板间一套。合同成立后，投资公司向设计公司提供了样板间的建筑结构图，设计公司为履行合同义务，分配赵某设计样板间。2000年4月赵某为完成设计公司交给的任务，利用工作时间和设计公司提供的物质技术条件，完成了样板间的室内设计施工图，其中编号为M的有5张图纸，编号为N的有18张图纸，每一张图纸的设计一栏均有原告的署名，审核一栏有钱某的署名。施工图中具体标明了每个部分应当使用的原材料及其尺寸或者规格，以及部分家具和内饰的位置和材质。施工图完成后，设计公司遂依据施工图进行施工，在施工过程中，为配合施工需要，实际工程曾对施工图的设计进行修改，一些修改是在赵某指导下进行，一些修改是在钱某指导下进行。施工图未做设计的家具、灯饰、装饰品和装饰物，由钱某设计、选购和配置。样板间完成后，设计公司针对样板间的不同角度，摄制了许多照片。2000年，该省举行室内装修设计大赛，钱某和设计公司持样板间拍摄的效果图片参赛，获得优胜奖。奖杯上无获奖者或者设计者的署名，未发给获奖证书或者奖金。2000年设计公司持上述效果图片参加市家居装饰设计作品展，获得一等奖，获奖证书上载明获奖单位为设计公司，设计师为钱某。2001年2月后，被告在一列媒体上通过报道和广告等形式，运用图片和文字方式，宣传样板间的设计者是钱某，只字未提到原告。原告遂以被告的上述行为构成著作权侵权为由向市中级人民法院提起诉讼。

二、案件审理

市中级人民法院经审理认为，样板间有三种表现形式，一是设计施工图（平面），二是依据设计施工图施工而形成的实物（立体），三是对样板间实物拍照而形成的照片。样板间设计施工图属于《著作权法》第三条第（6）项所规定的工程设计图作品形式，是原告为完成设计公司的工作任务，利用设计公司的物质技术条件创作，并由法人承担责任的作品，著作权由法人所有。从样板间的设计施工图看，在设计一栏中有原告的署名，并且施工图完成时原告正受聘于设计公司，任设计师职务，应认定本案样板间设计施工图是原告的职务作品，原告对施工设计图享有署名权。

设计公司依据本案样板间的设计施工图（平面）进行施工，形成立体实物样板间，平面与实物之间确有本源与结果的关系，但是《著作权法》第五十二条规定，著作权法所称的复制是指以印刷、复印、临摹、拓印、录音、录像、翻录、翻拍等方式将作品制作一份或者多份的行为；按照工程设计、产品设计图纸及其说明进行施工、生产工业品，不属于复制。因此，被告依据样板间的设计施工图施工形成实物样板间不属于著作权法意义上的复制。双方当事人虽然都主张实物样板间也属于作品，不过著作权法未规定类似本案实物样板间属于著作权法意义上的作品。被告将本案实物样板间拍成照片，就所拍的照片而言，应当认定以实物样板间为反映内容的照片又形成新的摄影作品，赵某在本案中未主张其对摄影作品享有著作权，案件中也无证据证明赵某是摄影作品的著作权人，法院不认定原告是上述摄影作品的著作权人。原告主张其应当对本案实物样板间享有署名权，进而要求被告更换获奖的设计者名字，返还奖杯等，没有直接的法律支持和证据佐证，不予采纳。依据《中华人民共和国民事诉讼法》第六十四条、《中华人民共和国著作权法》第五十二条规定，判决驳回原告赵某的诉讼请求。

三、案例评析

本案涉及著作权的一个重要问题即职务作品著作权归属。自 1991 年 6 月 1 日起施行、2001 年 10 月 27 日修定前的《著作权法》第十六条规定，"公民为完成法人或者非法人单位工作任务所创作的作品是职务作品，除本条第二款的规定除外，著作权由作者享有，但法人或者非法人单位有权在其业务范围内优先使用。作品完成两年内，未经单位同意，作者不得许可第三人以与单位使用的相同的方式使用该作品。有下列情形之一的职务作品，作者享有署名权，著作权的其他权利由法人或者非法人单位享有，法人或者非法人单位可以给予作者奖励：（一）主要是利用法人或者非法人单位的物质技术条件创作，并由法人或者非法人单位承担责任的工程设计、产品设计图纸及其说明、计算机软件、地图等职务作品……"

据此，职务作品的著作权一般由作者享有，其所在单位在业务范围内有优先使用权；但职务作品如果是作者主要利用其所在单位的物质技术条件创作，并由该单位承担责任的工程设计图、产品设计图、地图、计算机软件等，则作者只享有署名权，著作权的其他权利由其所在单位享有。本案中的原告赵某为完成被告设计公司的工作任务，利用该公司的物质技术条件创作并由该公司承担责任的样板间设计施工图，应当属于前面所述情形，原告赵某享有署名权，著作权的其他权利由被告设计公司享有。

本案争议的另一焦点在于著作权中的复制权。复制权是著作权的一项基本权利，即将作品制成有形的复制品的权利。修改前的《著作权法》规定按照工程设计、产品设计图纸及其说明进行施工、生产工业品，不属于复制。因此本案应驳回原告赵某的诉讼请求。

案 例 10

原告：霍某
被告：天津市某区规划土地管理办公室
第三人：陈某

一、基本案情

1992年4月9日天津市某区规划土地管理办公室应陈某的申请，根据《中华人民共和国城市规划法》第三十二条的规定，发给陈某建设工程规划许可证，同意其将坐落在天津市某区某胡同3号宅内的私有房屋拆除原东房5间改建为北房3间，并在东间南墙向南对接1间。霍某得知陈某取得许可证后，认为该许可证实施侵犯了自己的合法权益，向天津市某区人民法院提起行政诉讼，请求撤销被告发给陈某的建设工程规划许可证。

原告诉称：我与陈某及胡某3户同住一院落，陈某有北房5间、东房4间，连接其东房南山墙有1间共用过道房。原告有北房2间位于陈某的北房以南，东房以西，坐落在院落中央。现陈某经天津市某区规划土地管理办公室批准，拆除旧东房及过道房，转向改建北房两间，并将其北房东间南墙向南接通1间，形成三角状，向南接连的1间占用了该院的共用过道房，将通道挤移至南邻房有墙处。陈某将房改建后超出了其合法的土地使用范围并影响原告正常出入，请求撤销天津市某区规划土地管理办公室颁发给陈某的建设工程规划许可证。

被告辩称：（1）发给第三人陈某建设工程规划许可证，有陈某的申请，有修建房屋位置地形地貌示意图及陈某与相邻人霍某签订的调整该房屋坐落方向的协议书，陈某的申请符合法律规定。（2）陈某按许可证内容调整房屋后，虽将过道房占用，但已留出约3米的通道，不影响其他人通行。（3）陈某拆除房屋建筑面积为69.69平方米，改建后的建筑面积为58.64平方米，未超出原建筑面积，建房调整坐落朝向也在第三人申请前由原告霍某认可。该房调整也不影响该地区总体规划。据此认为，发给第三人陈某建设工程规划许可证事实清楚，证据充分，适用法律正确，程序合法。请求法院判决予以维持。

二、案件审理

法院经审理查明：第三人陈某共有房产11间，坐落在天津市某区某胡同3号，其中北房5间，西房1间，东房5间。原告霍某所有北房3间坐落在陈某北房以南，霍某北房右墙距陈某北房前墙6.73米，距陈某西房南墙0.8米，霍某北房东山墙距陈某东房前墙为4.20米，陈某东房北端山墙距其北房前墙2.75米，南端山墙距前邻右墙0.43米，该东房南端的次间为过道房，东房后墙与北房东山墙在一条直线上。申、郭、胡3家房屋构成一个院落，经过道房出入通行。该院中土地使用面积除霍某及胡某所占建筑范围外，其余均由陈某使用。

1992年4月1日，陈某与霍某达成协议：将东房5间拆除，改建北房与霍某北房东墙山并山起建，同月陈某向被告申请许可证，内容为：将东房全部拆除，改建北房3间，并在该北房东端的1间南墙向南对接1间，陈某改建后的北房与霍某同排，对接1间占用了原过道房，新通道南移，宽度约3米。

上述事实有如下证据为证：

1. 第三人陈某的房产所有证。
2. 第三人陈某的国有土地使用证。
3. 第三人陈某与原告霍某的协议书。
4. 第三人陈某的私房建设申请表，修建房屋位置地形地貌示意图。

5. 被告所核发的建设工程规划许可证。

6. 现场勘验笔录。

法院认为：根据《中华人民共和国城市规划法》第三十二条规定：改建建筑物须向城市规划行政主管部门提出申请，并持有有关文件，建筑物符合规划要求的，由城市规划行政主管部门核发建设工程许可证。被告在核发建设工程规划许可证之前，审核了第三人陈某的房产所有证和国有土地使用证以及陈某与霍某的协议，审查了陈某的申请表和修建房屋位置和地形地段示意图。被告以上审核审查程序并无遗漏，第三人陈某改建房屋后所使用的土地未超出陈某已经取得使用权的土地范围。改建后房屋虽将原有的过道房占用，但已留出供通行宽约3米的通道，比原有通道畅通，为相邻人通行提供了较以前更为优越的便利。而且改建住房对原告霍某的房屋不会造成损害，雨水排泄仍按原自然流向不变，也不影响原告住房的通风和采光。因此，被告依据《中华人民共和国城市规划法》第三十二条的规定颁发给第三人陈某建设工程规划许可证，事实清楚，证据充分，程序合法，适用法律正确。在诉讼期间，原告霍某以起诉前不知道建设工程规划许可证内容，也不知道第三人陈某改建后不影响相邻人利益为由，向法院提出申请撤回起诉。

根据《中华人民共和国行政诉讼法》第五十一条规定，作出如下裁定：准予原告霍某撤回起诉。本案诉讼受理费70元，减半收取，由原告霍某负担。

三、案例评析

本案是建设方申请规划许可证过程中，相关人对规划许可提出异议的一种情况。《行政诉讼法》第二条规定："公民、法人或者其他组织认为行政机关和行政机关工作人员的具体行政行为侵犯其合法权益，有权依照本法向人民法院提起诉讼。"这一条规定表明，在具体行政行为是否侵犯原告的合法权益问题上，行政诉讼法确立的是主观标准，即只要自己认为侵犯了自己的合法权益就可以提起诉讼。

本案是原告与规划行政部门的诉讼，但其诉讼结果直接关系到建设方能否取得规划许可证，进而能否取得施工许可证，与建设方有直接关系。本案启示我们，建设方在决定进行工程建设的时候，应当确保自己的建设行为没有侵犯他人的合法权益。关于这方面的法律规定，除《民法通则》有关相邻权的规定外，《建筑法》第五条第一款还规定："从事建筑活动应当遵守法律、法规，不得损害社会公共利益和他人的合法权益。"

案 例 11

原告：王某

被告：×××市规划管理局（下称"规划局"）

一、基本案情

1992年至1994年间，王某前邻韩某在未经市政规划部门批准的情况下采取分层施工的方法，沿王家两层小楼前20米处建房，损害了王家的采光、通风权益。为此，王某曾多次要求×××市规划管理局依法处理。1994年间，韩在原建筑基础上加盖二层时，王某出面阻止并砸坏了一根新建水泥柱,韩诉至法院要求恢复原状、赔偿损失。受诉法院经审理判令王赔偿人民币16.24元,并驳回了韩某恢复原状的诉讼请求。同年8月间,王某再次前往×××市规划局××区规划管理办公室,反映韩某非法加盖二层楼房问题并要求处理。规划局于同年10月26日作出并向韩某送达了《关于韩某违法建筑的处罚决定》,要求韩拆除第二层,但未向原告王某送达。韩某收到该处罚决定后未自动履行,规划局也因未在法定期限三个月内申请人民法院强制执行,而使该行政决定对韩某违法建筑的处罚落空。

原告王某于1995年4月22日以规划局不履行规划管理职责为由向×××市××区人民法院提起行政诉讼,请求人民法院判决被告×××市规划局履行法定职责,作出具体行政行为,对韩某违法建筑予以拆除,以保护原告的合法权利。

被告辩称:原告曾来规划局反映前邻韩某非法加盖二层楼问题,但被告已经于1994年10月26日下发了94(144)号《关于韩某违法建筑的处罚决定》,并于同日将该决定送达韩某。后原告没有主动查问,被告认为韩家已经自动履行处罚决定,两家矛盾已经解决。1995年4月底,被告接到原告的起诉状后,申请法院强制执行94(144)号文,但法院以超出申请执行的期限为由而不予强制执行。

二、案件审理

×××市××区人民法院经审理认为,被告规划局系地方人民政府城市规划行政主管部门,主管本行政区域内的城市规划管理工作,对本行政区域内的建筑行为依法负有管理职责。本案原告认为其前邻韩某未经批准擅自建筑楼房而严重影响其采光、通风的合法权益,请求被告依法处理是正确的,被告对原告的请求不仅应当作出明确的答复和处理,而且在违章建筑责任人不自觉履行处罚决定的情况下亦应依职权在法定期限内申请人民法院强制执行,以确保原告的合法权益不受侵害。依照《中华人民共和国城市规划法》第九条第二款、第十条、第三十二条、第四十条及《中华人民共和国行政诉讼法》第二条、第十一条第一款第五项之规定,××区人民法院于1995年6月28日作出判决:责成被告×××市规划局在本判决生效后30日内对原告王某的请求作出具体行政行为。

一审判决送达后,本案原、被告在法定期限内均未提起上诉。

三、案例评析

本案中,×××市规划管理部门虽然对韩某违法建筑的行为作出行政处罚决定并责令其拆除违法加盖的二楼,但规划部门既未认真督促韩某自觉履行,亦未在规定期限内申请人民法院强制执行,从而实际上使该处罚决定归于无效。《城市规划法》第四十二条规定,"当事人逾期不申请复议也不向人民法院起诉又不履行处罚决定的,由作出处罚决定的行政机关申请人民法院强制执行。"据此,对韩某违法建筑的行为作出具体行政行为以及依法申请人民法院强制执行均系规划管理部门的法定职责。《行政诉讼法》第五十四条规定被告不履行或者拖延履行法定职责的,人民法院应判决其在一定期限内履行。本案中,××区人民法院责成被告×××市规划局在本判决生效后30日内对原告王某的请求作出具体行政行为的判决是正确的。

案 例 12

上诉人（原审原告）：刘某等48人（均为××市永嘉路580弄居民）
被上诉人（原审被告）：××市城市规划管理局
第三人：××京剧院

一、基本案情

1998年5月8日，××市规划局向京剧院核发了沪规建基（98）159号建设工程（地下建筑部分）规划许可证，许可京剧院在××市东平路9号建造艺术家公寓的地下部分。规划许可证载明：经审核，规划许可下列建筑工程（地下建筑部分），特发此通知。建设单位：京剧院；建设地址：某区东平路9号；建设工程项目：艺术家公寓；建筑物名称：艺术家公寓；桩基结构：灌注桩；规格：Φ600mm；根数：179；地下室结构：剪力墙；深度：3.9m；面积：966m²。同年9月28日，刘某等48位居民具状诉至法院，以永嘉新村属××市近代优秀建筑，市规划局批准京剧院在该建设控制地带建造高层住宅，违反《××市城市规划条例》的有关规定。且该建筑物现已建至地面以上，严重影响居民的生活环境等为由，请求撤销该许可。

二、案件审理

原审法院认为，市规划局根据京剧院所持××市文化局及有关部门的批准文件，依据《中华人民共和国城市规划法》第三十二条，《××市城市规划条例》第六条、第五十四条，《××市城市规划管理技术规定》第六十一条之规定，向京剧院核发的沪规建基（98）159号建设工程规划许可证合法。刘某等要求撤销该许可证的理由，均指艺术家公寓的地上建筑部分，故对其起诉请求，不予支持。遂于1998年12月28日根据《中华人民共和国行政诉讼法》第五十四条第一款之规定，作出判决：维持市规划局1998年5月8日核发给京剧院沪规建基（98）159号建设工程（地下建筑部分）规划许可证的具体行政行为。案件受理费人民币100元，由刘某等48人负担。判决后，刘某等不服，上诉至××市第一中级人民法院。

刘某等上诉称，他们现居住的永嘉新村是经市政府批准的××市近代保护建筑之一，被上诉人市规划局批准京剧院在该保护地带内建造15层的高层建筑，违反了《××市城市规划条例》第三十六条，《××市优秀近代建筑保护管理办法》第十六条的规定。××市文化局批准京剧院建造的是综合楼，而系争许可证则是建造艺术家公寓，故被上诉人市规划局审核有误。艺术家公寓是完整的建筑物，且现已建造了10层，原审法院对系争许可证予以片面理解，认为居民的起诉理由均指艺术家公寓地上建筑不当。被上诉人市规划局批准京剧院建造艺术家公寓违反法定程序。原审判决错误，请求撤销原判及被上诉人市规划局所核发的系争许可证。被上诉人市规划局辩称，系争许可证是指许可京剧院建造艺术家公寓的地下部分，地上部分建筑的许可证尚未核发，故系争许可证未侵犯居民的合法权益。第三人京剧院同意原审判决。

二审法院认为，被上诉人市规划局许可建设艺术家公寓地下建筑部分工程。上诉人刘某等居住的房屋与该地下建筑部分相邻，但上诉人所诉影响永嘉新村近代保护建筑居住环境等起诉理由与该地下建筑部分的许可证之间尚不存在实际的法律上的利害关系，且该许可建设地下建筑部分工程并非最终建设许可行为。上诉人的起诉不符合行政诉讼法规定的起诉条件。原审法院判决应属违反法定程序。至于艺术家公寓实际已进行了地面以上的建设一节，尚不属本案诉讼请求撤销沪规建基（98）159号许可证的审理范围。上诉人的上诉请求，本院不予支持。据此，根据最高人民法院《贯彻执行〈中华人民共和国行政诉讼法〉若干问题的意见（试行）》第一百一十四条"人民法院审理行政案件，除依照行政诉讼法规定外，对本规定没有规定的，可以参照民事诉讼法的有关规定"以及最高人民法院《关于适用〈中华人民共和国民事诉讼法〉若干问题的意见》第一百八十六条"人民法院依照第二审程序审理的案件，认为依法不应由人民法院受理的，可以由第二审人民法院直接裁定撤销原判，驳回起诉"的规定，依法裁定如下：撤销××市某区人民法院（1998）某行初字第72号行政判决，即维持被告××市城市规划管理局1998年5月8日核发给第三人××京剧院沪规建基（98）159号建设工程（地下建筑部分）规划许可证的具体行政行为；驳回刘某等48人的起诉。

三、案例评析

根据《城市规划法》第三十二条的规定，在城市规划区内新建、扩建各改建建筑物等工程设施，应当取得建设工程规划许可证。本案中，××市京剧院未经取得规划许可证（地上建筑部分）建设艺术家公寓地上部分的行为，违反了《城市规划法》的有关规定，城市规划管理局应当依法对其进行处罚。

本案原告刘某等48人起诉被驳回的原因在于其诉讼请求不符合法律规定。根据《城市规划法》第四十条的规定，对违法建筑物进行查处是城市规划行政主管部门的法定职责。本案原告应当先请求被告城市规划管理局依法履行其查处违法建筑的法定职责，然后根据以下情况提出不同的诉讼请求：

1. 如果被告拒绝履行或者拖延履行的，原告可以以被告不作为向人民法院提起行政诉讼，人民法院依法应当受理。如果人民法院认定被告确实不履行或者拖延履行法定职责的，应当判决其在一定期限内履行法定职责。

2. 如果原告不服被告因此而作出的具体行政行为，原告可以以该具体行政行为侵犯其合法权益为由向人民法院起诉，人民法院依法也应当受理。

案 例 13

一、基本案情

某政府机关欲建办公大楼，但资金困难，便以自己出土地为条件与甲房地产开发企业共同开发建设办公大楼，在合作协议中约定大楼建成后双方按地上总面积四六分成。甲房地产企业作为建设方，与施工企业签订施工合同，施工合同履行过程中，甲企业出现资金困难，施工企业未能如期收到应付工程款。施工企业将甲企业起诉到法院时，能否将某政府机关列为共同被告，要求甲企业与政府机关承担连带责任？如果可以，是否违反合同相对性原则；如果不可以，甲企业无支付工程款能力，施工企业权益该如何保障？

二、案例评析

施工企业可以把政府机关和房地产开发企业作为共同被告起诉，并要求两被告承担连带责任，不违反合同相对性原则。本案中该政府机关和房地产开发企业签订的合作协议为合作开发房地产合同。在合同中双方约定共同投资、共享利润，就应当共担风险。最高人民法院《关于审理联营合同纠纷案件若干问题的解答》第九条规定："联营体是合伙经营组织的，可先以联营体的财产清偿联营债务。联营体的财产不足以抵债的，由联营各方按照联营合同约定的债务承担比例，以各自所有或经营管理的财产承担民事责任；合同未约定债务承担比例，联营各方又协商不成的，按照出资比例或盈余分配比例确认联营各方应承担的责任。合伙型联营各方应当依照有关法律、法规的规定或者合同的约定对联营债务负连带清偿责任"。因此，本案中政府机关和开发企业应对工程欠款承担连带的清偿责任。

案 例 14

一、基本案情

××医大三院医技大楼设计建筑面积为19 945平方米，预计造价7 400万元，其中土建工程造价约为3 402万元，配套设备暂定造价为3 998万元。2001年初，该工程项目进入该省建设工程交易中心以总承包方式向社会公开招标。

经常以"GZ辉宇房地产有限公司总经理"身份对外交往的包工头×××得知该项目的情况后，即分别到该省和GZ市4家建筑公司活动，要求挂靠这4家公司参与投标。这4家公司在未对×××的GZ辉宇房地产有限公司的资质和业绩进行审查的情况下，就同意其挂靠，并分别商定了"合作"条件：一是投标保证金由×××支付；二是GZ市××代×××编制标书，由×××支付"劳务费"，其余3家公司的经济标书由×××编制；三是项目中标后全部或部分工程由×××组织施工，挂靠单位收取占工程造价3%~5%的管理费。上述4家公司违法出让资质证明，为×××搞串标活动提供了条件。2001年1月×××给4家公司各汇去30万元投标保证金，并支付给GZ市××1.5万元编制标书的"劳务费"。

为揽到该项目，×××还不择手段地拉拢该省交易中心评标处副处长张×、办公室副主任陈×。×××以咨询业务为名，经常请张×、陈×吃喝玩乐，并送给张×港币5万元、人民币1 000元，以及人参、茶叶、香烟等物品；送给陈×港币3万元和洋酒等物品。张、陈两人积极为×××提供"咨询"服务，不惜泄露招投标中有关保密事项，甚至带×××到审核标底现场向有关人员打探标底，后因现场监督严格而未得逞。

2001年1月22日下午开始评标。评委会置该项目招标文件规定于不顾，把原安排22

日下午评技术标、23日上午评经济标两段评标内容集中在一个下午进行，致使评标委员会没有足够时间对标书进行认真细致地评审，一些标书明显存在违反招标文件规定的错误未能发现。同时，评标委员在评审中还把占标底价50%以上的配套设备暂定价3 998万元剔除，使造价总体下浮，影响了评标结果的合理性。下午7时20分左右，评标结束，中标单位为深圳市总公司。

由于×××挂靠的4家公司均未能中标，×××便鼓动这4家公司向有关部门投诉，设法改变评标结果。因不断发生投诉，有关单位未发出中标通知书。

二、案件处理

该省纪委、省监察厅、省建设厅组成联合调查组，对该省建设工程交易中心个别工作人员在××医科大学附属第三医院医技大楼工程招投标中的违纪违法问题展开调查。现已查实该工程项目在招投标中存在包工头串标、建筑施工单位出让资质证照、评标委员会不依法评标、省交易中心个别工作人员收受包工头钱物等违纪违法问题。经省建设厅、省监察厅研究决定，取消该项目招投标结果，依法重新组织招投标。目前，涉嫌违纪违法的交易中心工作人员张×、陈×已被停职，立案审查，其非法收受的钱物已被依法收缴。省纪委、省监察厅将依照有关法规和党纪政纪对涉案单位和人员进行严肃处理。这是该省建立有形建筑市场以来查处的首宗建设工程交易中心工作人员违纪违法案件。

三、案例评析

××医大三院医技大楼工程招投标中的违纪违法问题，是一宗包工头串通有关单位内部人员干扰和破坏建筑市场秩序的典型案件。本案中的有关当事人违反了多项法律强制性规定，依法应当受到惩处。但本案的处理结果值得斟酌。

首先，《招标投标法》规定了六种"中标无效"的法定情形。在本案中，从招标人和招标代理机构的行为看，并无导致中标无效的法定事由。而从投标人×××的行为看，虽然实施了串标和骗标的行为，但由于中标人并不是×××，所以也不符合中标无效的法定情形。因此，尽管本案中存在着一系列的违法违纪行为，但并不必然导致中标无效，行政监督部门做出的处理决定是不符合法律规定的。

其次，工程建设项目的招标投标活动，是建设工程合同订立的过程，在法律性质上属于民事行为。作为整个招投标活动的组成部分，中标自然也属于民事行为的一种，应当受到民法的调整。《民法通则》根据法律效力不同，把民事行为分为民事法律行为（合法有效的民事行为）、无效的民事行为以及可撤销、可变更的民事行为。而判定民事行为是否有效，只能由法院或仲裁机构做出，除此以外的任何机构（主要指行政管理部门）均无权确认民事行为的法律效力。《招标投标法》规定的六种中标无效情形，属于无效的民事行为，只能由人民法院依法确认无效；也就是说，人民法院是确认"中标无效"的唯一权力主体。如果赋予行政监督部门宣布"中标无效"的权力，就从根本上犯了行政法律规范与民事法律规范相竞合的错误，这在法理上是讲不通的。

案 例 15

原告：××建筑集团第三公司
被告：××房地产开发有限公司

一、基本案情

1999年9月22日被告就某住宅项目进行邀请招标，原告与其他三家建筑公司共同参加了投标。结果由原告中标。1999年10月14日，被告就该项工程向原告发出中标通知书。该通知书载明：工程建筑面积82 174平方米，中标造价人民币8 000万元，要求1999年10月25日签订工程承包合同，10月28日开工。

中标通知书发出后，原告按被告的要求提出，为抓紧工期，应该先做好施工准备，后签工程合同。原告同意了这个意见。随后，原告进场，平整了施工场地，将打桩桩架运入现场，并配合被告在10月28日打了两根桩，完成了项目的开工仪式。但是，工程开工后，还没有等到正式签订承包合同，双方就因为对合同内容的意见不一而发生了争议。2000年3月1日，被告函告原告："将另行落实施工队伍。"

双方协商不成，原告只得诉至法院。在法庭上，原告指出，被告既已发出中标通知书，就表明招投标过程中的要约已经承诺，按招投标文件和《施工合同示范文本》的有关规定，签订工程承包合同是被告的法定义务。因此，原告要求被告继续履行合同。但被告辩称：虽然已发了中标通知书，但这个文件并无合同效力，且双方的合同尚未签订，因此双方还不存在合同上的权利义务关系，被告有权另行确定合同相对人。

二、案件审理

法院在审理后认为，按照我国《招标投标法》第四十五条规定："中标人确定后，招标人应当向中标人发出中标通知书，并同时将中标结果通知所有未中标的投标人。中标通知书对招标人和中标人具有法律效力。中标通知书发出后，招标人改变中标结果的，或者中标人放弃中标项目的，应当依法承担法律责任。"第四十六条规定："招标人和中标人应当自中标通知书发出之日起三十日内，按照招标文件和中标人的投标文件订立书面合同。招标人和中标人不得再行订立背离合同实质性内容的其他协议。"很显然，被告的观点和行为是不符合法律规定的，因此法院依据上述规定认定了被告违约，并判决由被告补偿原告经济损失158万元。

三、案例评析

招标人发出中标通知书的行为，属于《合同法》规定的承诺。这时，双方虽然尚未签订书面合同，但是中标通知书已经对当事人具有法律约束力。任何一方拒绝签订合同，违反了诚实信用原则，应当承担缔约过失责任。2001年6月1日建设部令第89号发布的《房屋建筑与市政基础设施施工招标投标管理办法》第四十七条规定，中标人不与招标人订立合同的，投标保证金不予退还并取消其中标资格，给招标人造成的损失超过投标保证金数额的,应当对超过部分予以赔偿;没有提交投标保证金的,应当对招标人的损失承担赔偿责任。招标人无正当理由不与中标人签订合同,给中标人造成损失的,招标人应当给予赔偿。

案例 16

原告:××建筑有限责任公司(以下简称"建筑公司")
被告:××房地产开发有限公司(以下简称"房地产公司")

一、基本案情

1996年12月,原告与被告某房地产公司签订了一份《工程协议书》。双方约定由建筑公司承建某住宅工程,总建筑面积约6万平方米,每平方米造价739元,合同总价款为4 300余万元。其中协议第四条第二款约定:"本工程甲方(房地产公司)要求乙方(建筑公司)全过程垫资施工,施工过程中发生的所有贷款利息由甲方承担"。一天以后,双方又签订了《建设工程施工合同》,除了将工程造价改为500元/平方米,以及未约定垫资外,其余主要条款均与协议基本一致。

工程开工不久,双方对电气、自来水等配套工程是否包括在先期双方约定的每平方米739元的造价中发生争议。为此双方多次往来函件进行协商,并于1997年4月形成一份《会议纪要》:"双方约定由甲方(房地产公司)负责上述配套工程。"之后,房地产公司于1997年11月出具一份付款承诺书,承诺工程款在当年12月底以前结清并支付完毕。但后来双方对是否要在工程总造价中扣除配套工程款后才支付给建筑公司又产生分歧。到1997年12月底,房地产公司除支付了部分工程款外,其余款项一直未付。建筑公司在数次要求房地产公司付清款项未果的情况下,于1998年向法院提起诉讼,请求判令由房地产公司偿还拖欠工程款及违约金。

二、案件审理

一审法院经审理认为,建筑公司与房地产公司虽然分别签订了《工程协议书》和《建设工程施工合同》。但双方实际履行的是《工程协议书》。由于双方在《工程协议书》中有约定建筑公司垫资施工的条款,违反了1996年建设部、国家计委、财政部下发的《关于严格禁止在工程建设中带资承包的通知》(以下简称《通知》)的第四条规定:"任何建设单位都不得以要求施工单位带资承包作为招标投标的条件,更不得强行要求施工单位将此类内容写入工程承包合同。"和第五条规定:"施工单位不得以带资承包作为竞争手段承揽工程"。据此法院判定双方执行的《工程协议书》为无效协议;双方签订的《建设工程施工合同》虽没有垫资条款,但双方并未实际按该合同履行,因此该合同也不认为是有效合同。而基于无效的《工程协议书》基础上签定的《会议纪要》及还款承诺都不具有法律约束力。因此法院不能按双方约定的方法以及工程量来作为定案的依据,而只能依据鉴定部门出具的鉴定意见。据此,法院裁决:房地产公司支付建筑公司拖欠工程款744 326元及利息。

一审判决下达后，建筑公司不服并上诉至二审法院。但二审法院审理后也认为，原审法院依据《通知》确认《工程协议书》无效并无不当。同时考虑到房地产公司对协议无效也有过错，应对建筑公司垫资产生的利息承担赔偿责任。因此二审法院判决：维持一审判决；房地产公司赔偿建筑公司部分损失。

终审判决下达后，建筑公司仍不服，又向最高人民法院提出申诉。最高人民法院研究后发函要求二审法院对此案进行复查。二审法院复查的焦点集中在"国务院各部委的规范性文件能否作为审判民事经济案件依据"的问题上。该院就这个问题形成两种意见：一种意见认为，国务院部委的规范性文件，不属于法律规定的行政法规范畴，不能作为人民法院审判案件的依据，原判决以两部一委通知确认承包合同无效是不当的；另一种意见认为，国务院两部一委的规范性文件，是针对各行业在实际经济生活中出现的问题而制发的，目的在于规范管理，维护市场有序发展；原判决确认合同无效有利于避免建设单位在资金不实的情况下盲目上新的建设项目，有利于规范建设市场，预防和减少纠纷。二审法院就这两种意见向最高人民法院请示。

2000年10月，最高人民法院经研究对该请示作出如下答复：人民法院在审理民事、经济纠纷案件时，应当以法律和行政法规为依据。建设部、国家计委、财政部《关于严格禁止在工程建设中带资承包的通知》，不属于行政法规，也不是部门规章。从该通知内容看，主要以行政管理手段对建筑工程合同当事人带资承包进行限制，并给予行政处罚，而对于当事人之间的债权债务关系，仍应按照合同承担责任。因此，不应以当事人约定了带资承包条款，违反《通知》而认定合同无效。

三、案例评析

该案争论的焦点在于垫资条款能否导致合同无效。或者说，《关于严格禁止在工程建设中带资承包的通知》这样一个部门文件是否具有法律约束力。从最高人民法院的答复中可以看出，最高人民法院认为该通知并不具有法律约束力。根据我国《合同法》及其司法解释的规定，判定合同无效，只能依据法律和行政法规。二部一委通知仅属于行政规范性文件，不具有法律效力，不能作为判定合同无效的依据。也就是说，从我国目前的法律条件下，垫资并不在法律禁止的范围内。2003年7月由建设部组织召开的《建筑法》实施情况研讨会上，应否在修改后的《建筑法》中禁止垫资成为争论的焦点之一。从我国目前的建筑市场情况来看，全面禁止垫资既不符合实际，也不符合国际惯例。规范建筑市场重在规范建设单位的行为，加强建筑市场主体的信用制度建设才是关键所在。

案 例 17

原告：××通信有限公司（以下简称"通信公司"）
被告：××建筑总承包公司（以下简称"总承包公司"）
被告：××建筑设计研究院（以下简称"设计院"）

一、基本案情

原告通信公司因建办公楼与被告总承包公司签订了施工总承包合同。其后,经通信公司同意,总承包公司分别与××建筑设计院和××建筑工程总公司签订了《工程勘察设计合同》和《工程施工合同》。《工程勘察设计合同》约定由设计院对通信公司的办公楼及其附属工程提供设计服务,并按勘察设计合同的约定交付有关的设计文件和资料。《工程施工合同》约定由某某建筑工程总公司根据设计院提供的设计图纸进行施工,工程竣工时依据国家有关验收规定及设计图纸进行质量验收。合同签订后,设计院按时将设计文件和有关资料交付给某某建筑工程总公司,某某建筑工程总公司依据设计图纸进行施工。工程竣工后,通信公司会同有关质量监督部门对工程进行验收,发现工程存在严重质量问题,是由于设计不符合规范所致。原来设计院未对现场进行仔细勘察即自行进行设计导致设计不合理,给通信公司带来了重大损失。设计院以与通信公司没有合同关系为由拒绝承担责任,总承包公司又以自己不是设计人为由推卸责任,通信公司遂以设计院为被告向法院起诉。

法院受理后,追加总承包公司为共同被告,判决总承包公司与设计院对工程建设质量问题承担连带责任。

二、案例评析

本案中,通信公司是发包人,总承包公司是工程总承包人,设计院和某某建筑工程总公司是分包人。《合同法》第二百七十二条规定,总承包人或者勘察、设计、施工承包人经发包人同意,可以将自己承包的部分工作交由第三人完成。第三人就其完成的工作成果与总承包人或者勘察、设计、施工承包人向发包人承担连带责任。《建筑法》也有类似的规定。

在本案中,总承包公司虽然没有进行勘察设计,但作为总承包人仍应向发包人通信公司承担责任。而设计院虽然和通信公司没有直接的合同关系,但此时应依照法律的特别规定,在其承包工作范围内,与总承包公司承担连带责任。本案判决总承包公司和设计院共同承担连带责任是正确的。

在工程实践中,存在大量的所谓"甲指分包",即分包商由业主选定,但合同由总承包商与分包签订。对于这种分包,总承包商仍难免要承担连带责任,应特别注意。

案 例 18

原告:某建筑工程承包公司
被告:某房地产开发公司

一、基本案情

某房地产开发公司欲建一豪华别墅,遂与某建筑工程承包司签订建设工程施工合同。关于施工进度,双方在专用条件中约定:4月1日至4月20日,地基完工;4月21日至6

月30日，主体工程竣工；7月1日至10日，封顶，全部工程竣工。4月初工程开工，该房地产公司的楼花在房地产市场极为走俏，为尽早建成该项目，该房地产开发公司便派专人检查监督施工进度。检查人员曾多次要求建筑公司缩短工期，均被建筑公司以质量无法保证为由拒绝。为使工程尽早完工，房地产开发公司所派检查人员遂以承包公司名义要求材料供应商提前送货至目的地，造成材料堆积过多，管理困难，部分材料损坏。该承包公司遂起诉该企业，要求其承担损害赔偿责任。房地产开发公司以检查作业进度，督促完工为由抗辩。法院判决该房地产开发公司抗辩不成立，应依法承担赔偿责任。

二、案例分析

本案涉及发包方如何行使检查监督权问题。《合同法》第二百七十七条规定："发包人在不妨碍承包人正常作业的情况下，可以随时对作业进度、质量进行检查。"

发包人有权随时对承包人作业进度和质量进行检查，但这一权利的行使不得妨碍承包人的正常作业，这是其行使监督检查权利的前提。所谓正常作业，是指承包人依据建设工程合同的约定，按施工进度计划表、预先设计的施工图纸及说明书等完成建设工程任务的行为。在行使监督检查权利的时间方面，《合同法》第二百七十七条未有限制，规定发包人可随时行使。在行使权利的范围方面，包括作业进度和质量两方面。发包人对承包人作业进度的检查，一般依承包方提供的施工进度计划表、月份施工作业计划为据。检查、监督为发包人的权利，接受检查、监督便成为承包人的义务。对于发包人不影响其工作的必要监督、检查，承包人应予以支持和协助，不得拒绝。

根据《合同法》第二百七十七条规定，如果发包人对作业进度、质量进行检查，妨碍了承包人正常作业，那么，承包人有权要求发包人承担由此造成的一切后果和损失；如果发包人的检查工作虽未妨碍承包人正常作业，但却超出了进度和质量两方面的范围限制，则承包人亦可拒绝接受检查，或要求发包人承担由此造成的损失。

在本案中，房地产开发公司派专人检查工程施工进度的行为本身是行使检查权的表现。但是，检查人员的检查行为，已超出了法律规定的对施工进度和质量进行检查的范围，且以承包公司名义促使材料供应商提早供货，在客观上妨碍了承包公司的正常作业，因而构成权利滥用行为，理应承担损害赔偿责任。

案 例 19

原告：××实业有限公司（以下简称"甲方"）
被告：××建筑工程有限责任公司（以下简称"乙方"）

一、基本案情

2002年3月，甲乙双方签定施工总承包合同，由乙方负责××宿舍楼施工。双方在合同中约定：隐蔽工程由双方共同检查，相应检查费用由甲方支付。地下室防水工程完成后，乙方通知甲方检查验收，甲方则答复：因公司内事务繁多，由乙方自己检查出具检查记录即可。一周后，甲方又聘请专业人员对地下室防水工程质量进行检查，发现未达到合同所定标准，遂要求乙方负担此次检查费用，并对地下室防水工程返工。乙方则认为，合同约定的检查费用由甲方负担，不应由乙方负担此项费用，但对返工重修地下室防水工程的要求予以认可。甲方多次要求乙方付款未果，诉至法院。法院对地下室防水工程重新鉴定，鉴定结论为地下室防水工程不符合同中约定的标准。法院据此判决由乙方承担复检支出费用。

二、案例分析

《合同法》第二百七十八条规定："隐藏工程在隐蔽以前，承包人应当通知发包人检查。发包人没有及时检查的，承包人可以顺延工程工期，并有权要求赔偿停工、窝工等损失。"

隐蔽工程隐蔽以前，发包人的义务是及时对该隐蔽工程进行检查。如果没有履行这一义务或者没有及时履行这一义务，发包人应当承担因停工、窝工造成的损失。如果发包人不能及时履行检查义务的原因是承包人怠于通知，则所造成的损失由承包人自己承担。

对承包人来说，隐蔽工程在隐蔽前，它首先有通知发包人检查的义务，如未履行这一义务，造成工程延期，承包人自己承担责任；其次，履行通知义务后，如发包人未履行及时检查义务，致使承包人不能进行隐蔽工程的隐蔽工作，则应当顺延工期，因顺延工期造成的停工、窝工损失，承包人有权要求发包人赔偿；第三，发包人未及时检查的，承包人可以停工待其检查，并有权要求发包人承担相应的违约责任。

按《合同法》第二百七十八条的规定，承包方在隐蔽工程隐蔽前，应通知发包方检查，发包方未及时检查，承包方可以停工。在本案中，乙方履行了通知义务，对于甲方不履行检查义务的行为，乙方有权停工待查，停工造成的损失应当由甲方承担。但乙方没有这样做，反而自行检查，并出具检查记录交与甲方后，继续进行施工。对此，双方均有过错。至于甲方的事后检查费用，则应视检查结果而定，如果检查结果是地下室质量未达到标准，那因这一后果是乙方所致，检查费用应由乙方承担；如果检查质量符合标准，重复检查的结果是甲方未履行义务所致，则检查费用应由甲方承担。因此，法院的判决是正确的。但是，我们认为，由于甲方也有过错，根据《合同法》第一百二十条的规定，当事人双方都违反合同的，应当各自承担相应的责任，因此，甲方也应根据过错程度承担部分责任。

案 例 20

原告：××建筑工程有限责任公司（以下简称"建筑公司"）
被告：××机械设备制造厂（以下简称"制造厂"）
被告：××实业有限公司（以下简称"实业公司"）

一、基本案情

1998年3月，原告建筑公司与被告制造厂就该厂技术改造工程签订《建设工程承包合同》。合同约定：建筑公司承担制造厂技术改造工程项目32项，负责承包各项目的土建部分；承包方式为固定总价合同一次包死，竣工后办理结算。合同签订后，建筑公司按合同约定完成该工程的各土建项目，并于1999年9月14日竣工。孰料，制造厂于1999年7月被实业公司兼并，由实业公司承担制造厂的全部债权债务，继承制造厂的各项工程合同、借款合同及各种协议。建筑公司在工程竣工后多次催促实业公司对工程进行验收并支付所欠工程款，实业公司对此一直置之不理，既不验收已完工程，也不付工程款。建筑公司无奈将两公司诉至法院。法院经审理后，判决实业公司对已完工的土建项目进行验收，验收合格后向建筑公司支付所欠工程款。

二、案例分析

《合同法》第九十条规定，当事人订立合同后合并的，由合并后的法人或者其他组织行使合同权利，履行合同义务。本案中，签订建设工程承包合同的是建筑公司与制造厂，但制造厂在被实业公司兼并后，实业公司承担了制造厂的全部债权债务并承接了制造厂的各项工程合同，应当继续履行建筑公司与制造厂签订的建设工程承包合同，代替制造厂成为建设工程承包合同的当事人。

《合同法》第二百七十九条规定："建设工程竣工后，发包人应当根据施工图纸及说明书、国家颁发的施工验收规范和质量检验标准及时进行验收。验收合格的，发包人应当按照约定支付价款，并接收该建设工程。建设工程竣工经验收合格后，方可交付使用；未经验收或者验收不合格的，不得交付使用。"

所谓竣工验收，是指新建、扩建、改建的基本建设项目（工程）和技术改造项目，已按设计要求建成并具备生产、使用条件时，由发包人依据验收标准组织验收，并与承包人办理移交手续。竣工验收是工程建设过程的最后一环，是全面考核建设工作，检查是否符合设计要求和工程质量的重要步骤，也是基本建设转入生产或使用的标志。因此，它对促进建设项目尽快投入使用、发挥投资效益、全面总结建设工程的经验都有很重要的意义和作用。

竣工验收的依据是施工图纸和说明书、国家颁发的施工验收规范和质量检验标准，包括上级主管部门批准的设计纲要、设计文件、设计说明书、招投标文件和工程合同、图纸会审记录、设计修改签证和技术核定单、协作配合协议，以及施工单位即承包方提供的有关质量保证文件和技术资料等。工程项目的规模、工艺流程、工艺管线、生产设备、土地使用、建筑结构、建筑面积、内外装修、质量标准等必须与上述文件、合同所规定的内容一致。

根据《合同法》第二百七十九条的规定，建设工程竣工后，发包人负有如下法定义务：第一，发包人应当依据建设工程的施工图纸及说明书、国家颁发的施工验收规范和质量检验标准，对已完工的建设工程进行验收；第二，如果建设工程经验收合格，发包人应当按照合同约定支付工程款；第三，发包人应当接收经验收质量合格的建设工程，不得无故拒绝接收。在本案中，对已完工的工程项目，实业公司依法应当进行竣工验收。验收合格无质量争议的，应当按照合同规定向建筑公司支付工程款，接收该工程项目，办理交接手续。因此，法院判决实业公司对已完工的土建项目进行验收，验收合格后向建筑公司支付所欠工程款是正确的。

案 例 21

原告：××建筑工程承包公司（以下简称"承包公司"）
被告：××房地产开发有限公司（以下简称"房地产公司"）

一、基本案情

2000年7月，原告某承包公司与被告某房地产公司就某项目签订了一份前期工程协议书，双方约定：承包公司负责该项目的前期工程，包括动拆迁和七通一平；房地产公司按面积分四期支付工程款。

在合同履行过程中，承包公司由于疏忽，对在项目基地红线边缘的两所协议规定应该拆除的民房未予以拆除。房地产公司虽然知道这个情况，但就是一直不予提醒，而且还不加说明地拒付了大部分工程款（因此还耽搁了一段时间的工期），这种状况一直延续至该项目完工。

结算过程中，承包公司根据协议，要求房地产公司支付尚欠的2 000万元工程款，但遭到了房地产公司的拒绝。理由是，承包公司没有按协议的约定完成任务，两所民房仍未拆除，而且还拖延了工期。2001年4月，无可奈何的承包公司只能以欠款为由，将房地产公司告上了法庭。

二、案件审理

庭审中，承包公司承认，这两所民房是双方协议规定应该拆除的，未予拆除的原因确实是承包公司的疏忽。但是，这两所民房未拆并未实际影响项目施工，现在工程已全部完工，房地产公司可以扣除这两所房子的拆迁费用，但不应拒付大部分的工程款。对此，房地产公司不但不予认可而且还提出反诉，要求承包公司支付延误工期的巨额违约金1 000万元。

2001年5月，法院经审理做出判决：承包公司应拆清剩余的2所民房；房地产公司则应按约支付全部工程款给房地产公司。至于延误工期的违约金系由房地产公司拒付巨额工程款而造成，是房地产公司的人为原因使损失扩大，依法予以驳回。

三、案例评析

"全面履行"是合同当事人依法应当履行的基本义务，《合同法》第六十条第一款规定："当事人应当按照约定全面履行自己的义务。"承包公司没有按约定将应该拆除的民房拆除，就是没有"全面履行"，应当判令其全部完成。

同时，法律又为当事人设定了"减损义务"，这是诚实信用原则的根本体现。《民法通则》规定："当事人一方因另一方违反合同受到损失的，应及时采取措施防止损失的扩大；没有及时采取措施致使损失扩大的，无权就扩大的损失要求赔偿。"防止损失扩大是在合同履行过程中因某种原因致使当事人遭受损失，双方在有条件的情况下都有采取积极措施防止损失扩大的义务，而不管这种损失的造成与自己是否有关。房地产公司显然是属于在"另一方违反合同受到损失"时,没有及时采取措施防止损失的扩大。因此对于扩大了的损失,当然也就不能要求赔偿了。

案例 22

原告:××建筑材料设备租赁站(以下简称"租赁站")
被告:××建筑工程总公司(以下简称"建筑公司")

一、基本案情

1998年5月,被告建筑公司承包了某工程项目。被告就脚手架工程与原告租赁站签订分包合同,约定建筑公司以每平方米15元的造价,并以包工包料的方式将搭建脚手架工程分包给租赁站。至工程完工,租赁站共计完成搭架工程量5 000平方米,合计工程款为75 000元。但建筑公司仅支付工程款2万元,余款一直未付。2002年3月,租赁站将建筑公司告上法庭,要求该公司支付余款及违约金。

建筑公司辩称,该公司与原告租赁站签订搭设脚手架合同后,双方于1998年11月另外签订了一份协议,明确约定:建筑公司给付租赁站2万元后,双方就不存在任何权利义务了。因此建筑公司要求法院驳回原告的诉请。

二、案件审理

一审法院经审理认为,原告租赁站与被告签订的搭设脚手架承包合同,是双方当事人真实意思的表示,应确认合法有效。签约后,原告实际完成的工程量经被告项目经理签字确认的是5 000平方米,但被告仅付2万元,拖欠余额支付属被告违约。对此,被告应给付该工程余款并承担延付该工程余款的违约金。同时,一审法院还认为,按照原告与被告在1998年11月签订的协议,原告放弃大部分工程款是不切实际的,故应确认该协议不是其真实的意思表示,依法应确认其无效。2002年8月,法院判决被告于判决生效后的十日内给付尚欠原告工程款55 000元及延付该工程款的违约金,被告逾期付清的,则由被告按《民事诉讼法》的有关规定,向原告加倍支付延迟履行期间的债务利息。

一审判决下达后,建筑公司不服并提出上诉。二审法院经审理后认为:虽然建筑公司与租赁站在1998年5月的合同中约定了脚手架以每平方米15元计算,而且建筑公司也签字确认了该工程量。但1998年11月双方再次达成协议,即:约定建筑公司给予租赁站2万元之后,双方之间的合同终止。同时,这个协议签订后,双方均履行了各自的义务。根据该协议,双方在履行了各自的义务后,就已经不存在债权债务关系了。如果租赁站认为该协议显失公平,那么他应该在一年内向人民法院提出予以撤销的要求,而事实上租赁站直至2002年3月才提起诉讼,显然已超过法定时间,因此,租赁站要求建筑公司给付工程款是没有法律依据的。2002年11月,二审法院依据有关法律对该案做出改判:撤销一审法院的判决,驳回租赁站要求建筑公司支付工程欠款的诉讼请求。

三、案例评析

本案中的当事人对工程价款有过两次约定。《合同法》规定，当事人协商一致的，可以变更合同。后一个协议虽然明显不利于原告，但它毕竟是当事人双方协商一致的结果，具有变更原合同的法律效力。当事人双方的债权债务关系应当根据后一个协议重新确定。租赁站如果认为该协议显失公平，应当在法律规定的时效内（知道或者应当知道撤销事由之日起一年内）行使撤销权。但遗憾的是，租赁站并没有及时行使该项权利，其诉讼请求无法得到法律保护。

建设工程合同履约期长，影响因素多。尽管建筑企业越来越重视合同的谈判和签订过程，但对合同履行过程中诸如会议纪要、补充协议等同样具有合同效力的法律文件重视不够，这种"头重脚轻"的现象必须引起重视，否则很容易使自己的权利受到不必要的损害。

案例 23

一、基本案情

甲公司与乙公司签订了建设工程施工合同，由乙为甲承建新办公楼。经甲同意，乙将主体结构的施工分包给丙公司。后整个办公楼工程验收合格，甲向乙支付了部分工程款，乙未向丙支付工程款。乙丙之间的分包合同是否有效，丙应如何维护自己的权利？

二、案例评析

《中华人民共和国合同法》第二百七十二条规定，总承包人或者勘察、设计、施工承包人经发包人同意，可以将自己承包的部分工作交由第三人完成。第三人就其完成的工作成果与总承包人或者勘察、设计、施工人向发包人承担连带责任。承包人不得将其承包的全部建设工程转包给第三人或者将其承包的全部建设工程肢解以后以分包的名义分别转包给第三人。禁止承包人将工程分包给不具备相应资质条件的单位。禁止分包单位将其承包的工程再分包。建设工程的主体结构的施工必须由承包人自行完成。虽然乙经甲同意分包，但是乙是将主体工程的施工分包给丙公司，分包合同因为违反了法律的强制性规定而无效。《最高人民法院关于审理建设施工合同纠纷案件适用法律问题的解释》第二条规定，建设工程施工合同无效，但建设工程经竣工验收合格的，承包人请求参照合同约定支付工程价款的，应予以支持。第二十六条规定，实际施工人以转包人、违法分包人为被告起诉的，人民法院应当依法受理。实际施工人以发包人为被告主张权利的，人民法院可以追加转包人或者违法分包人为本案当事人。发包人只在欠付工程款范围内对实际施工人承担责任。丙可以以乙为被告要求支付工程款，也可以以甲为被告主张自己的权利。

案 例 24

原告：FJZ 省某某建筑工程总公司海南公司（以下简称"FJZ 海南工程公司"）
被告：三亚××建设有限公司（以下简称"建设公司"）
被告：广州××实业总公司（以下简称"实业公司"）

一、基本案情

被告建设公司系被告实业公司于 1993 年 10 月 15 日在三亚市注资 1 000 万元成立的有限责任公司，用于建设某商住楼，该楼由建设公司运作。

原告 FJZ 海南工程公司与被告建设公司于 1996 年 6 月 3 日签订某商住楼《工程承包合同书》。约定建设公司将某商住楼发包给原告施工，原告依约完成该楼土建工程，被告建设公司也支付了土建工程款。进入装修阶段，原告垫资施工，并完成 80% 的装修工程量，被告建设公司因建设资金严重紧缺，不能准时支付原告装修工程款，自 1996 年 12 月起，该工程被迫停工。原告与被告建设公司办理工程交工后，要求结算，但被告建设公司置之不理。

1999 年 4 月 30 日，实业公司与广州市某农村信用合作社联合社签订流动资金贷款 2 000 万元合同。建设公司用某商住楼为该笔借款作抵押担保，并签订抵押担保借款合同。原告 FJZ 海南工程公司得知该情况后，认为二被告行为严重侵犯了其合法权益，遂诉至法院，请求依法判令二被告支付所欠工程款 530 万元。在庭审中，原告增加诉求，请求判令：二被告支付工程款为 5 947 488.70 元；并依法确认垫资修建的某商住楼 5—14 层楼房进行拍卖所得价款具有优先受偿权。

被告建设公司辩称，建设公司对原告要求工程结算一事并非置之不理，而是依据公正、合理的原则，按照程序和标准积极与原告结算。被告实业公司未作书面答辩。

庭审过程中，2000 年 5 月 31 日，经双方结算实欠原告垫资于某商住楼工程款 4 018 578.50 元及其利息 1 928 915.20 元，共计 5 947 488.70 元。建设公司对上述欠款作出了确认书。

二、案件审理

法院经审理认为，原告 FJZ 海南工程公司与被告建设公司签订某商住楼《工程承包合同书》，意思表示真实，且内容不违法，属有效合同。因双方已办理交工决算，且被告建设公司已无力支付所欠原告工程款，继续履行合同已成为不必要，该工程合同应予依法解除。原告依约完成该楼土建及大部分装修工程，被告建设公司未依约支付工程进度款，致成工程被迫停建，给原告带来重大经济损失，被告建设公司应负全部责任。在本案审理中，原告与被告建设公司达成工程决算欠款协议，应予确认。被告建设公司尚欠原告某商住楼工程款（含利息）5 947 488.70 元应支付给原告。

被告实业公司注资兴办被告建设公司，并投资兴建某商住楼，但在该楼房尚未竣工，且有原告 590 余万元财产在内的情况下，实业公司指使其下属建设公司，将该商住楼全部用于抵押借款，其行为侵犯了原告的财产权益。《中华人民共和国民法通则》第一百三十条规定："二人以上共同侵权造成他人损害的，应承担连带责任。"故被告实业公司对被告建设公司所欠原告的工程款（含利息）应负连带责任。根据《中华人民共和国合同法》第二百八十六条和最高人民法院关于适用《中华人民共和国合同法》若干问题的解释（一）第一条之规定，原告 FJZ 海南工程公司对某商住楼工程折价或者拍卖所得价款具有优先受偿权。工程承包人享有优先权的效力优先于发包人的其他债权人的担保物权。

据此，依照《中华人民共和国民法通则》第一百零六条、第一百三十条；《中华人民共和国经济合同法》第二十六条第一款第三项、第二十九条第一款；《中华人民共和国合同法》第二百八十六条；参照最高人民法院关于适用《中华人民共和国合同法》若干问题的解释（一）第一条之规定，判决如下：

1. 解除原告 FJZ 海南工程公司与被告建设公司签订的《工程承包合同书》。
2. 被告建设公司应自本判决生效之日起三十日内向原告 FJZ 海南工程公司支付工程款（含利息）人民币 5 947 488.70 元。被告实业公司对上述债务承担连带责任。逾期付款则加倍支付延迟履行期间的债务利息。
3. 原告 FJZ 海南工程公司对被告建设公司的财产某商住楼 5~14 层楼房折价或者拍卖所得价款具有优先受偿权。本案诉讼费 39 748 元，保全费 32 740 元，均由被告建设公司负担。

三、案例评析

这是一起典型的承包人运用优先受偿权使自己的合法权益受到保护的案件。《合同法》第二百八十六条规定："发包人未按照约定支付价款的，承包人可以催告发包人在合理期限内支付价款。发包人逾期不支付的，除按照建设工程的性质不宜折价、拍卖的以外，承包人可以与发包人协议将该工程折价，也可以申请人民法院将该工程依法拍卖。建设工程的价款就该工程折价或者拍卖的价款优先受偿。"该条规定尽管有利于保护承包人的合法权益，但由于规定得过于原则，可操作性不强。因此几年来人民法院在适用二百八十六条时，一直持慎重态度。正是在这种背景下，本案的判决结果对于人民法院正确的适用法律规定起到了积极的示范作用。随着《最高人民法院关于适用二百八十六条司法解释》的出台，承包人的优先受偿权获得了进一步法律保障。建筑业企业应当认真学习有关法律规定，特别是在法律规定的时效内及时行使优先受偿权。

案 例 25

原告：××房地产开发有限公司（以下简称"甲公司"）
被告：××设计咨询有限责任公司（以下简称"乙公司"）

一、基本案情

甲公司与乙公司签订了一份勘察设计合同，合同约定：乙公司为甲公司筹建中的商业大厦进行勘察、设计，按照国家颁布的收费标准支付勘察设计费；乙公司应按甲公司的设计标准、技术规范等提出勘察设计要求，进行测量和工程地质、水文地质等勘察设计工作，并在2000年1月9日前向甲公司提交勘察成果资料和设计文件。合同还约定了双方的违约责任、争议的解决方式。甲公司同时与施工单位签订了建设工程施工合同，在合同中规定了开工日期。不料，乙公司迟迟不能按约定的日期提交出勘察设计文件，而施工单位已按建设工程施工合同的约定做好了开工准备，如期进驻施工场地。在甲公司的再三催促下，乙公司迟延25天提交勘察设计文件，此时施工单位已窝工18天。在施工期间，施工单位又发现设计图纸中的多处错误，不得不停工等候甲公司请乙公司对设计图纸进行修改。施工单位由于窝工、停工要求甲公司赔偿损失，否则不再继续施工。甲公司将乙公司诉至法院，要求乙公司赔偿损失。法院经审理支持了甲公司的诉讼要求，判决乙公司应承担违约责任。

二、案例分析

《合同法》第二百八十条规定："勘察、设计的质量不符合要求或者未按照期限提交勘察、设计文件拖延工期，造成发包人损失的，勘察人、设计人应当继续完善勘察、设计，减收或者免收勘察、设计费并赔偿损失。"

所谓勘察、设计质量不符合要求，是指勘察或设计均没有达到国家强制性标准和合同约定的质量要求。勘察设计是影响工程质量的关键性阶段，设计方案不科学，不按设计规范要求设计，势必为工程质量埋下隐患。因此，勘察设计单位的设计文件必须符合国家现行的有关法律、法规、工程设计技术标准和合同的规定。工程勘察设计文件应反映工程地质地形地貌，水文地质状况，评价准确，数据可靠；设计文件的深度，应满足相应设计阶段的技术要求，所完成的施工图应配套，细部节点应交待清楚，标注说明应清晰、完整；设计中选用的材料、设备等，应注明其规格、型号、性能、色泽等，并提出质量要求，但不能指定生产厂家。勘察、设计单位应参与图纸会审和做好设计文件的技术交底工作，对大中型建设工程、超高层建筑以及采用新技术、新结构的工程，设计单位还应向施工现场派驻设计代表。此外，如果承包人不能按合同约定的期限提交勘察设计文件，包括勘察报告、初步设计、技术设计、施工图及其说明和图样，将会使工程不能按期开工，甚至造成经济损失。

因此，当出现勘察设计质量不符合要求，或者不能按照合同约定的期限提交勘察设计文件的情况时，根据《合同法》第二百八十条的规定，承包人应当承担下列违约责任：根据实际情况继续完善勘察设计；减少或免收勘察设计费；如果给发包人造成经济损失的，还应赔偿损失。

本案中，乙公司不仅没有按照合同的约定提交勘察设计文件，致使甲公司的建设工期受到延误，造成施工单位的窝工，而且勘察设计的质量也不符合要求，致使施工单位因修改设计图纸而停工、窝工。乙公司的上述违约行为已给甲公司造成了经济损失，使甲公司的建设工期被延误，而且还赔偿施工单位窝工、停工的损失。因此，乙公司应当承担免收或减收勘察设计费并赔偿甲公司损失的责任。

案 例 26

第一原告：宋某
第二原告：上海某房地产开发公司
被告：上海某区建设行政主管部门

一、基本案情

1999年3月15日，被告上海某区建设行政主管部门收到原告举报，称其正在进行施工的建筑施工图纸存在严重质量问题，希望被告对该图纸的设计单位进行查处。被告经调查后发现，该项目施工图纸是由第一原告宋某组织无证设计人员，私自安排刻制并使用本应当是由市建委统一管理发放的施工图出图专用章，且以蚌埠某建筑设计院上海分院的名义设计。据此，被告于1999年11月17日对第一原告作出了"责令停止建筑活动并处五万元罚款"的行政处罚。同时，上述项目的开发单位、第二原告在未验明设计单位的资质的情况下，将工程设计发包给事实上是个人的第一原告，并将无证人员设计的施工图纸交给施工单位使用，被告因此对第二原告也作出了"责令改正，并处罚款三万元"等的行政处罚。处罚决定书下达后，两原告均不服上述行政处罚，遂于2000年1月6日向法院提起行政诉讼，要求撤销被告的上述行政处罚。

第一原告认为其在设计活动中的一切行为均代表蚌埠某建筑设计院上海分院，施工图出图专用章系由该设计院的管理机关领取，是有证从事建筑设计活动，不应由其承担无证设计的法律后果；同时，委托设计合同是在1996年上半年签订的，被告援引1997年10月颁布实施的地方性法规和《上海市建筑市场管理条例》对其进行处罚，在法律适用上也是错误的。第二原告则认为其所委托的设计单位是有设计资质和入沪许可的蚌埠某建筑设计院上海分院，从未委托过第一原告个人；工程设计发包行为发生在1996年，1997年经上海市建设工程招投标办公室同意，补办了招标手续。被告援引1999年3月颁布实施的法规对其进行处罚，显系适用法律不当。

而被告方则以大量证据材料证明：

1. 第一原告与第二原告签订委托设计合同时使用的"合同章"蚌埠某建筑设计院并不认可，该院从未有此合同章，故更不可能同意第一原告使用；

2. 第一原告及其雇用的在施工设计图纸上签字的人员均不具备国家规定的相应从业资格；

3. 第一原告私自安排刻制了应由上海市建委颁发的"工程建设施工图出图专用章"，并在其组织无证人员设计的图纸上使用了该出图专用章，没有证据证明蚌埠某建筑设计院在此事上有授权或共同行为；

4. 第二原告在与第一原告签订合同时没有验证设计单位有效的证明文件；

5. 第二原告签订委托设计合同时，看了出示的无效的营业执照性质后，仍与第一原告签订合同，且在施工过程中委托第一原告担任项目经理，将工程全权委托给其管理，因此第一原告代表第二原告接受无证人员设计的施工图纸所引起的法律后果应追责至第二

原告;

6. 第二原告所称的 1997 年补办招标手续时,提交的设计合同为 1994 年的,而当时蚌埠某建筑设计院尚未进沪,第二原告也尚未成立,招标手续显系欺骗取得;

7. 第一原告的无证设计活动自 1996 年至被告对其进行查处的过程中,一直处于持续状态;而第二原告委托第一原告设计的行为,自双方委托设计合同签订之日至第二原告重新委托设计之日止从未间断;且该工程一直没有竣工。因此,被告援引违法行为继续期间颁布实施的法律、法规对其予以处罚,在法律适用上是正确的。

二、案件审理

法庭对被告方提供的证据和法律依据逐项进行了审查,认为这些证据内容真实、与被诉行政处罚决定认定的事实相关且合法,具有证明效力,法院全部予以采信,并据此确认:

1. 第一原告在进行工程项目设计时,组织没有本市建筑设计从业资格的设计人员进行设计,并在设计图纸上加盖了自行刻制的施工图出图章和施工图发图负责人章,其主观上违法的故意十分明显。被告认定其无证从事建筑设计活动的事实清楚、证据充分。

2. 第二原告在将设计这一工程重要环节发包给设计单位时,理应验明设计单位的资质证书和勘察设计临时许可证。以第二原告的行为能力,应当能够验明第一原告提供的注册税务登记证、企业法人代码证书、企业法人营业执照、进沪许可证已全部无效。

3. 第一原告与第二原告于 1997 年 4 月 18 日签订设计合同,委托设计行为自此开始,并一直继续到 1999 年 9 月 1 日第二原告将工程重新委托给其他设计所设计时止。期间,双方并未发生终止、解除合同的情形。故对违法行为的追责,应当从行为终了之日起计算。因此,被告适用法律正确。

2000 年 4 月 13 日,受理案件的上海市某区人民法院作出了一审判决,依法维持了被告的具体行政行为。两原告不服一审判决,于 2000 年 4 月 20 日向上海市第一中级人民法院提起上诉。经开庭审理,二审法院于 2000 年 11 月 17 日作出了终审判决:"驳回上诉,维持原判。"

三、案例分析

在本案中,第一原告宋某未经注册,以注册执业人员的名义从事建设工程勘察、设计活动,且私刻图章,以其他单位的名义从事建设工程勘察、设计任务;第二原告上海市某房地产开发公司违反有关法律法规的规定,将建设工程勘察、设计任务发包给不具有相应资质等级的勘察、设计单位。第一原告和第二原告均违反了有关法律法规的强制性规定,本案被告建设行政主管部门依据有关法律规定对上述被告进行行政处罚,是正确的。

案 例 27

原告:××建筑设计事务所(以下简称"设计事务所")
原告:××建筑设计院(以下简称"设计院")

被告：××投资有限公司（以下简称"投资公司"）

一、基本案情

1995年9月，原告某设计事务所和原告某设计院下设的某分院（不具备法人资格）签订了联合设计"××商厦"建设项目协议。随后，设计事务所、设计院浦东分院与被告签订一份工程设计合同。约定：两原告为被告设计"××商厦"建设项目，总设计费20万元。两原告依约完成设计时，即通知被告付费20万元，被告未支付。经催讨未果，两原告向人民法院提起诉讼，要求被告支付20万元设计费。

被告辩称：被告的"××商厦"属乙级建设项目，而原告设计事务所设计资质属丙级，属越级设计。原告设计院无营业执照，根据建设部有关文件规定，不能从事地方上的设计，其下属的某分院更不具有法人资格，故原、被告间签订的工程设计合同属无效合同。由于两原告的过错造成合同无效，被告不应承担设计费20万元。

二、案件审理

一审法院经审理认为："××商厦"建设项目属"乙级"项目，原告设计事务所设计资质属"丙级"，设计院设计资质属"乙级"并具备收费资格证书、上海市勘察设计临时许可证。设计院某分院和设计事务所作为承包方与被告签订工程设计合同得到设计院的认可。1996年7月16日，上海市勘察设计市场管理办公室出具确认意见，载明：设计院具备建设部建设工程乙级设计资质，并取得进沪许可；设计事务所具备建设工程丙级设计资质。现两设计单位就"××商厦"工程施工图进行联合设计，根据建设部建设（1993）678号文件第三条、《上海市工程勘察设计市场管理暂行办法》第八章、上海市建设委员会沪建设（1993）第0597文件第六条的规定，两单位之间横向联合符合国家有关政策，应予确认。两原告与被告签订的工程设计合同可以认定为有效合同。原告依约完成了合同约定的设计，而被告未能支付设计费属违约，被告应即支付所欠设计费。被告辩称原告设计事务所设计资质不符，设计院无营业执照不能从事地方上设计，而造成合同无效之理由不能成立，遂判决被告应给付两原告设计费20万元。

被告不服一审判决，上诉至二审法院，请求撤销一审判决。二审法院经审理认为：设计院某分院虽属编外事业单位，但其签约行为得到具有乙级设计资质的上级主管单位设计院承认，并持总院资格证书对外承接任务；设计事务所虽属丙级设计资质，但其与乙级资质的设计院联合设计符合国家有关规定，故设计院某分院、设计事务所与被告签订的本案系争工程设计合同有效。上诉人未依约支付设计费，应承担责任。原审法院认定事实基本清楚，处理并无不当。判决驳回上诉，维持原判。

三、案例评析

合同当事人的主体资格合法，是合同生效的必要条件。我国对工程勘察设计行业实行准入制度，不具有相应资质等级条件的勘察设计企业不能承揽业务，也就不具有签订勘察设计合同的主体资格。

本案发生在《建筑法》施行之前，尽管法院根据当时的规范性文件确认了原告的主体资格，但《建筑法》对建筑市场准入有了更加严格的要求。《建筑法》第十三条明确规定为"从事建筑活动的建筑施工企业、勘察单位、设计单位和工程监理单位，按照其拥有的注册资本、专业技术人员、技术装备和已完成的建筑工程业绩等资质条件，划分为不同的资质等级，经资质审查合格，取得相应等级的资质证书后，方可在其资质等级许可的范围内从事建筑活动。"简言之，从事建筑活动应与其资质等级相适应。具体来讲，就是根据建筑工程项目本身被评定的等级，应由不低于该等级的相应资质等级的建筑施工企业、勘察单位、设计单位等承包建筑工程的勘察、设计和施工。如本案涉及的建筑工程项目属"乙级"项目，所要求的设计单位应为具有"乙级"资质等级的单位。

本案的特殊之处在于两原告实行联合设计且资质等级不同。关于联合设计的资格认定，在《建筑法》施行之前，这种资格认定要求是比较宽松的，即当其资质等级不同时，以级别高的一方为主，并由其对工程质量负责。但在《建筑法》施行后，则从严要求。根据《建筑法》第二十七条第二款的规定，两个以上不同资质等级的单位实行联合共同承包的，应当按照资质等级低的单位的业务许可范围承揽工程。这在审判工作中应予以注意。

案例 28

上诉人：××水泥厂
被上诉人：××建设公司

一、基本案情

1995年4月22日，某水泥厂与某建设公司订立《建设工程施工合同》及《合同总纲》，约定：由某建设公司承建某水泥厂第一条生产线主厂房及烧成车间等配套工程的土建项目。开工日期为1995年5月15日。建筑材料由某水泥厂提供，某建设公司垫资150万元人民币，在合同订立15日内汇入某水泥厂账户。某建设公司付给某水泥厂10万元保证金，进场后再付10万元押图费，待图纸归还某水泥厂后再予退还等。

合同订立后，某建设公司于1995年5月前后付给某水泥厂103万元，某水泥厂退还13万元，实际占用90万元。其中10万元为押图费，80万元为垫资款，比约定的垫资款少付70万元。同年5月某建设公司进场施工。从5月24日至10月26日某建设公司向某水泥厂借款173 539.05元。后因某建设公司未按约支付全部垫资款及工程质量存在问题，双方产生纠纷；某建设公司于同年7月停止施工。已完成的工程为：窑头基础砼、烟囱、窑尾、增温塔。

某水泥厂于1995年11月向人民法院起诉。一审法院在审理中委托省建设工程质量安全监督总站对已建工程进行鉴定。结论为：窑头基础砼和烟囱不合格应予拆除。另查明，已建工程总造价为2 759 391.30元。窑头基础砼造价84 022.92元，烟囱造价20 667.36元，两项工程拆除费用为52 779.51元；某水泥厂投入工程建设的钢筋、水泥等建筑材料折合人民币70 738.96元；合格工程定额利润为5 404.95元；砂石由某建设公司提供。还查明：某水泥厂在与某建设公司订立合同和工程施工时，尚未取得建设用地规划许可证和建设工程规划许可证。

二、案件审理

一审法院审理认为，某水泥厂与某建设公司1995年4月22日签订施工合同及合同总纲时，建设工程的初步设计与概算未得到批准，某水泥厂也未到建设行政主管部门办理报建手续，故不具备1983年国务院《建筑安装工程承包合同条例》第五条第一款，1994年建设部《工程建设项目报建管理办法》，1991年国家工商总局、建设部《建筑市场管理规定》第八条、第十二条第一款规定的发包条件。此外，订立该合同时，某水泥厂未进行招投标，违反了某省人大常委会1995年1月25日施行的《某省建设工程招投标管理条例》第二条第一款的规定，故合同无效。同时，该工程开工之前，某水泥厂未取得规划管理部门颁发的《建设工程规划许可证》；未得到建设行政部门发给的《施工许可证》，违反了《中华人民共和国规划法》第三十二条、1992年建设部《建筑工程施工现场管理规定》第五条第二款的规定，故开工亦不合法。因此，某水泥厂与某建设公司应互相返还对方财产，并按过错承担因合同无效而造成的损失。导致本案合同无效的主要过错是某水泥厂不具备发包条件而发包，某建设公司未审查发包方的条件而与之签约，也有一定的过错。因合同无效造成的损失，某水泥厂与某建设公司按7∶3的比例分担。因此，某水泥厂应返还某建设公司的所有款项1 030 000元，扣除某建设公司借支、退还、差款等费用173 499.86元，某水泥厂应返还某建设公司856 500.44元。某水泥厂占用某建设公司856 500.44元的同期同类贷款利息，应视为合同无效造成的损失，某水泥厂与某建设公司分别承担70%和30%。施工现场上尚未使用的钢材、水泥、砖应返还某水泥厂。未使用的砂、石归某建设公司所有。鉴于窑头基础砼和整个烟囱不合格应予拆除，某水泥厂应付给某建设公司工程款168 732.39元；拆除窑头基础砼及烟囱的费用52 779.51元以及该两项工程中某水泥厂投入的水泥、钢材、砖的损失45 405.95元，应由某建设公司承担。一审法院据此判决：

（1）某水泥厂与某建设公司于1995年4月22日订立的施工合同和合同总纲无效。

（2）某水泥厂应返还某建设公司垫资等款项856 500.44元，支付某建设公司工程款168 732.39元。窑头基础砼和烟囱由某水泥厂组织拆除，拆除费用52 779.51元和某水泥厂的材料损失费用45 405.95元由某建设公司向某水泥厂支付。上述费用相抵，则某水泥厂应在本判决生效后二十日内向某建设公司支付927 047.37元。

（3）某水泥厂占用某建设公司856 500.44元资金的同期同类贷款利息从1995年5月9日开始计算，某水泥厂应将其中的70%付给某建设公司，限于本判决生效后二十日内付清。

（4）施工现场上未使用的水泥、钢材、砖返还归某水泥厂所有，砂石返还归某建设公司所有。

（5）驳回某水泥厂的其他请求。

案件受理费23 010元；诉讼保全费1 060元，鉴定费9 000元，共计33 070元，由某建设公司负担9 921元，某水泥厂负担23 149元。

某水泥厂不服一审判决，上诉称：双方签订的合同有效；原审判决将已返还给某建设公司的13万元重复认定，并且对建材计算调差费不当；在判决中未责令某建设公司返还施工图纸亦属不当，请求予以改判纠正。

某建设公司答辩承认已收到某水泥厂退还的13万元，原审判决确属重复认定，应予纠正。请求维持原审判决的其余部分。

二审法院经审理认为：某水泥厂在与某建设公司订立《建设工程施工合同》及《合同总纲》时，尚未取得建设用地规划许可证和建设工程规划许可证，并且违反有关规定，在合同中设立垫资施工的条款，因此上述合同应属无效。原判认定事实和适用法律基本正确。但将某水泥厂已返还给某建设公司13万元重复认定，且未判决某建设公司返还施工图纸以及计算未实际发生的建材调差费等，均属不当，应予纠正。上诉人的部分上诉请求有理，最高法院予以支持。

（1）维持原审判决的第（1）（4）（5）项；

（2）撤销原审判决第（2）、（3）项；

（3）某水泥厂退还某建设公司垫资款 626 460 95 元人民币并承担该款自 1995 年 5 月 9 日至本判决生效之日止的中国人民银行同期同类贷款利息的 70%；

（4）某水泥厂支付某建设公司工程款 275 939.30 元人民币，扣除不合格工程造价 104 690.28 元、材料款 70 738.96 元、定额利润 5 405.72 元、拆除费 52 779.51 元，实际应支付 42 324.83 元人民币；

（5）某建设公司返还某水泥厂施工图纸（以收据为准）后，某水泥厂返还某建设公司押图费 10 万元人民币。

上述第（3）（4）（5）项判决，限于本判决生效之日起 15 日内履行完毕。

二审案件受理费 23 010 元人民币由某水泥厂、某建设公司各半负担。

三、案例评析

我国实行建筑工程施工许可制度。《建筑法》第七条规定："建筑工程开工前，建设单位应当按照国家有关规定向工程所在地县级以上人民政府建设行政主管部门申请领取施工许可证；但是，国务院建设行政主管部门确定的限额以下的小型工程除外。按照国务院规定的权限和程序批准开工报告的建筑工程，不再领取施工许可证。"因此，依法领取施工许可证是工程建设项目必须遵守的强制性规定，也是工程建设行为合法的必要条件。如果违反了这一法律强制性规定，施工合同将是无效的。此外，根据《建筑法》第八条的规定，取得施工许可证的前提是取得土地使用证、规划许可证。因此，工程建设项目施工必须"三证"齐全，即必须同时具备土地使用证、规划许可证、施工许可证。

本案发生在《建筑法》实施前，但由于发包人某水泥厂没有依法取得建设用地规划许可证和建设工程规划许可证，属于违法建设，其签订的工程施工合同应属无效合同。同时，尽管法律规定领取施工许可证是建设单位的责任，但施工单位不经审查而签订了合同，也要承担一定的过错责任。

案 例 29

上诉人：××经济贸易公司（以下简称"经贸公司"）

被上诉人：××建设有限公司（以下简称"建设公司"）

一、基本案情

1992年10月2日,并不具备承包工程资质等级的某建设公司与某经贸公司签订《工程承包协议书》,约定由建设公司垫资承建某工程项目。根据该协议书的约定,双方同时还签订了《工程承包垫资协议书》,约定建设公司垫资中的5 000万元人民币,垫资期限为三年,垫资款的年回报率为15%,如三年内银行贷款基准利率上浮,回报率亦随之上浮。建设公司负责协办的第二批垫资款5 000万元人民币,暂定年限为一年半。1992年10月10日至11月2日,建设公司将其所承包的全部工程分别包给某勘察工程公司、某建筑工程总公司和某工业设备安装公司。

1993年10月,建设公司与经贸公司又签订《协议书》,约定:根据经贸公司的要求,为了减少管理上的中间环节,即撤出建设公司在该项目工程国道指挥部的管理人员,建设公司总包的权利、责任和义务托由经贸公司承担执行,经贸公司付给建设公司人民币1 100万元作为补偿。建设公司垫资的5 000万元人民币年回报率上调为18%。1994年7月1日,建设公司与经贸公司进行总结算,建设公司应收经贸公司款项为63 384 052.05元,其中包括撤出总承包补偿费1 100万元、承包工程协调费50万元,赔偿某建筑工程总公司、某工业设备安装公司延迟开工费23.12万元,1993年度垫资款利息850万元。扣除经贸公司已付的53 430 913.15元,经贸公司尚欠建设公司9 953 138.90元。

双方约定:经贸公司一次性补给建设公司280万元,余款以2 958.28吨钢材冲抵。1995年6月16日,经贸公司以其在某市的物业冲抵尚欠建设公司的1 292 250元后,余款773 338元作为欠建设公司5 000万元垫资款的部分利息。1996年7月29日,经贸公司向一审法院提起诉讼,要求判令建设公司返还总承包管理费1 100万元并赔偿经济损失1 135万元。

二、案件审理

一审法院认为:建设公司与经贸公司之间订立的合同,因建设公司没有承包建设工程的资质等级,不具备履行合同的能力,依照国家有关法律规定,双方所订合同为无效合同。合同无效,双方均有过错,应各自承担其相应责任。建设公司收取的撤出总承包补偿费、承包工程协调费应返还给经贸公司。双方就已建部分工程的结算,因双方无争议,法院予以确认。经贸公司主张赔偿其他经济损失的请求,因举证不力而不予支持。一审法院据此判决:

(1) 经贸公司应于判决生效三十日内返还建设公司5 000万元垫资款,并按建设银行同期同类贷款利率支付自1992年11月14日至还款之日的利息。

(2) 建设公司应于判决生效三十日内返还经贸公司下列款项:(1) 撤出总承包补偿费1 100万元。(2) 承包工程协调费50万元。(3) 经贸公司支付的垫资款利息9 223 338元,并按建设银行同期同类贷款利率支付利息(其中850万元的利息自1994年8月11日至还款之日,773 338元的利息自1995年6月16日至还款之日)。

(3) 驳回经贸公司的其他诉讼请求。

诉讼费371 760元由双方各负担185 880元。

一审判决后,建设公司不服,向二审法院提出上诉。二审法院认为:建设公司没有承包建设工程的资质等级,即不具备建设工程总承包的主体资格,其与经贸公司签订的《工程承包协议书》应属无效。双方基于此合同签订的《协议书》也应无效,《协议书》约定由经贸公司支付建设公司总承包管理费1 100万元,将垫资款年利率上调到18%,违背法律规定,依法不予保护。双方签订的《工程承包垫资协议书》是《工程承包协议书》第五条有关垫资内容的进一步细化,约定垫资款的年回报率为15%,名为垫资实为借贷,违反了我国有关金融管理法规的规定,应当确认为无效。判决驳回上诉,维持原判。二审案件受理费371 760元由建设公司承担。

三、案例评析

我国自1984年起,对建筑施工企业实行资质管理。1997年颁布的《建筑法》则以法律形式确立了这一制度。《建筑法》第二十六条规定:"承包建筑工程的单位应当持有依法取得的资质证书,并在其资质等级许可的业务范围内承揽工程。禁止建筑施工企业超越本企业资质等级许可的业务范围或者以任何形式用其他建筑施工企业的名义承揽工程。禁止建筑施工企业以任何形式允许其他单位或者个人使用本企业的资质证书、营业执照,以本企业的名义承揽工程。"在建设工程施工合同中,如果建筑施工企业不具有相应的资质等级,就意味着不具有签订合同的主体资格,合同应当认定为无效。合同被判无效以后的基本处理原则是相互返还,不能返还或者没有必要返还的,应当折价补偿。有过错的一方应当赔偿对方因此所受到的损失,双方都有过错的,应当各自承担相应的责任。承包单位没有资质等级自然有过错,发包单位没有审查承包单位的资质等级也有一定的过错,应当承担相应的责任。

案 例 30

上诉人(原审被告):××实业公司
被上诉人(原审原告):××建筑工程总公司

一、基本案情

1994年6月15日,某实业公司与某建筑总公司第一工程处(以下简称第一工程处)签订了《工程协议书》,约定由第一工程处承建某大厦工程。合同签订后,某建筑工程总公司于1994年7月30日开始施工,1994年12月末因故停止施工。1995年4月21日实业公司、第一工程处、某建筑集团第四工程公司签订《某大厦工程交接协议书》(以下简称《交接协议书》),约定第一工程处将承建的某大厦工程移交给某建筑集团第四工程公司施工。工程移交时间为1995年4月22日,此后即由某建筑集团第四工程公司负责该大厦的施工和工程管理工作。第一工程处除参与善后工作处理之外不再参与该项工程的任何工作。协议书确定了工程交接部位、移交时间及工程结算时间,同时还约定于1995年9月末由实业公司结清全部工程款。至1995年8月止,实业公司共给付工程款(包括材料折款)5 160 796元。1995年8月15日,某建筑工程总公司以要求实业公司依据《交接协议书》支付所欠工程款为由向法院起诉。

经一审法院委托某建设工程预算审查处决算审定,该工程由某建筑工程总公司施工部分造价为 9 943 642 元,实业公司尚欠某建筑工程总公司工程款 4 782 846 元。实业公司认可 4 782 846 元欠款。

另查明,某建筑工程总公司资质等级为一级。第一工程处隶属于某建筑工程总公司,以第一工程处名义所签《工程协议书》和《交接协议书》均系某建筑工程总公司法定代表人授权所签。某建筑工程总公司认可上述两个协议。

二、案件审理

一审法院审理认为:某建筑工程总公司与实业公司签订的《工程协议书》及《交接协议书》,均是双方真实意思的表示,符合法律规定,应为有效合同。双方均应及时全面履行合同所约定的义务。实业公司未按协议约定结算应给付某建筑工程总公司的工程款,应当给付并应承担逾期付款的利息损失。

关于某建筑工程总公司是否转包问题,根据承包协议,这只是企业内部的一种经营方式,不能认定为转包,所以不能以此认定某建筑工程总公司违约。据此判决:1. 实业公司给付拖欠某建筑工程总公司的工程款 4 782 846 元及利息(计息时间自 1995 年 9 月 30 日起至还款之日止,按银行同期同类贷款利率计算)。2. 驳回双方的其他诉讼请求。案件受理费 36 315 元由实业公司负担;鉴定费 6 万元由实业公司负担 5 万元,某建筑工程总公司负担 1 万元。

实业公司不服一审判决,向最高法院上诉称:某建筑工程总公司将此工程转包他人,只收取管理费,不承担任何风险。该行为违反了《工程协议书》约定的"本工程不准转包他人,如发现转包立即收回工程,所发生的一切损失由某建筑工程总公司负责"的条款。一审判决认定事实不清,请求予以改判。

最高法院认为:双方所签《工程协议书》及《交接协议书》是双方经过平等协商的真实意思表示,内容符合有关法律、法规的规定,应当认定为有效。依据《交接协议书》,双方已终止了《工程协议书》的履行。实业公司应依《交接协议书》的约定,给付某建筑工程总公司的工程款,并承担逾期给付的利息损失。某建筑工程总公司直接参与工程施工方案的制订,并对施工组织机构、工程质量、工程安全进行管理,并非只收取工程管理费,不承担任何风险。某建筑工程总公司的内部经营方式,不能认定为转包。对实业公司要求某建筑工程总公司赔偿"转包"违约的损失,其请求亦不予支持。判决驳回上诉,维持原判。二审案件受理费 36 315 元,由实业公司负担。

三、案例评析

在本案中,建筑工程总公司是否存在转包行为,是双方争议的一个焦点。实业公司认为"某建筑工程总公司将此工程转包他人,只收取管理费,不承担任何风险。该行为属于转包,根据双方约定,所发生的一切损失由某建筑工程总公司负责。"但法院判决认定某建筑工程总公司和第一工程处是属于内部经营方式,而不是转包。

案 例 31

原告：××监理公司
被告：××房地产开发公司

一、基本案情

某房地产开发公司投资开发一住宅小区，与某工程监理公司签订建设工程委托监理合同。在专用条件的监理职责条款中，双方约定："乙方（监理公司）负责甲方（房地产开发公司）住宅小区工程设计阶段和施工阶段的监理业务。……房地产开发公司应于监理业务结束之日起5日内支付最后20%的监理费用。"住宅小区工程竣工一周后，监理公司要求房地产开发企业支付剩余20%的监理费，房地产开发公司以双方有口头约定，监理公司监理职责应履行至工程保修期满为由，拒绝支付。监理公司索款未果，诉至法院。法院判决双方口头商定的监理职责延至保修期满的内容不构成委托监理合同的内容，房地产开发企业到期未支付最后一笔监理费，构成违约，应承担违约责任，支付监理公司剩余20%监理费及延期付款利息。

二、案例分析

依据《合同法》第二百七十六条和《建筑法》的有关规定，依法应当实行监理的建设工程，发包人应与监理人订立书面委托监理合同，由监理人按合同内容对建设工程进行监理。

根据《中华人民共和国建筑法》第四章的规定及《建设工程监理范围和规模标准规定》（建设部令第86号）等有关规定，依法应当实行监理的建设工程有5类：（1）国家重点建设工程；（2）大中型公益事业工程；（3）成片建设的住宅小区工程；（4）利用外国政府或者国际金融组织赠贷款、援助资金的工程；（5）国家规定必须实行监理的其他工程。

本案中，房地产开发公司开发住宅小区，属于需要实行监理的建设工程，依法应当与监理人签订委托监理合同。本案争议焦点在于确定监理公司监理义务范围。依书面合同约定，监理范围包括工程设计和施工两阶段，而未包括工程的保修阶段；双方只是口头约定还应包括保修阶段。依据《合同法》第二百七十六条规定，委托监理合同应以书面形式订立，口头形式约定不成为委托监理合同。因此，该委托监理合同关于监理义务的约定，只能包括工程设计和施工两阶段，不应包括保修阶段，也就是说，监理公司已完全履行了合同义务，房地产开发公司逾期支付监理费用，属违约行为，故判决其承担违约责任，支付监理费及利息是正确的。

案例 32

原告：北京市某物资公司
被告：王某

一、基本案情

1995年10月17日，王某与北京市某物资公司签订了拆迁安置居民回迁购房合同书，根据此合同，王某原租住公房属于拆迁范围，王某属于拆迁安置对象，某物资公司对广外南街回迁楼建设完毕以后，安置王某广外南街小区53号楼601号3居室楼房1套。合同签订后，1998年10月，某物资公司如约将回迁楼建设完毕并交付使用。王某在没有办理回迁入住手续的情况下，私自进入广外南街小区53号楼601号房，在向某物资公司的房屋物业公司缴纳了装修押金1 000元后，于1999年3月对该房进行了装修。装修过程中，雇用没有装修资质的装修人员对房屋内部结构进行拆改，将多处钢筋混凝土结构承重墙砸毁，并将结构柱主钢筋大量截断。其间，某物资公司曾多次向王某发出停工通知，并委托宣武区房屋安全鉴定站对此房屋进行了鉴定，结论为：房屋墙体被拆改、移位，已对房屋承重结构造成破坏，应恢复原状。王某对此均未理睬。1999年4月，某物资公司向某区人民法院提起诉讼，要求王某立即搬出强占的房屋，停止毁坏住宅楼主体结构的行为，消除危险，并承担对所破坏房屋由专业施工单位进行修复的费用47 439.04元、鉴定费240元以及加固设计费1万元。

二、案件审理

一审法院经审理认为，根据建设部《建筑装饰装修管理规定》，凡涉及拆改主体结构和明显加大荷载的，房屋所有人、使用人必须向房屋所在地的房地产行政主管部门提出申请，并由房屋安全鉴定单位对装饰装修方案的使用进行审定。经批准后向建设行政主管部门办理报建手续，领取施工许可证。原有房屋装饰装修需要拆改结构的，装饰装修设计必须保证房屋的整体性、抗震性和结构安全性，并由有资质的装饰装修单位进行施工。北京市《关于加强对城镇居民住宅装饰装修改造管理的通知》规定：凡居民对住宅进行装饰、装修的，不得破坏建筑物结构，不得私自拆改各种住宅配套设施。本案中王某在没有办理房屋入住手续的情况下，私自进入房屋，并违反上述规定，未经有关部门批准，在装修过程中对房屋的主体结构及其他设施进行拆改，经某物资公司多次制止后仍不停止，给整幢房屋造成严重安全隐患（诉讼过程中，中国建筑科学研究院工程抗震研究所作出了广外南街小区53号楼加固报告，并提供了加固方案及加固工程造价计算书），应承担民事责任。关于加固费用，中国建筑科学研究院工程抗震研究所是建筑业的权威机关，出具的加固报告及费用具有权威性，对所需33 746元的加固费用本院予以确认；对于恢复费用，因被告对原告提供的预算费用表示异议，且该费用未经有关部门审核，因此，恢复原状的费用以恢复后实际支出费用为准。故判决：

1. 自本判决生效后3日内，被告王某将本区广外南街小区53号楼601号住房腾空，交原告某物资公司；

2. 自本判决生效后 3 日内，被告王某给付原告某物资公司对本区广外南街小区 53 号楼 601 号住房的鉴定费 240 元、加固设计费 1 万元、加固费 33 746 元，并由原告某物资公司负责加固施工；

3. 自加固工程完成后 30 日内，由被告王某负责对拆改的本区广外南街小区 53 号楼 601 号住房门厅隔断墙恢复原状。

三、案例评析

本案发生在《建筑法》和《建设工程质量管理条例》颁布实施之前。审理法院参照部门规章《建筑装饰装修管理规定》（建设部令第 46 号）对其进行了判决。

《建筑法》第四十九条规定："涉及建筑主体和承重结构变动的装修工程，建设单位应当在施工前委托原设计单位或者具有相应资质条件的设计单位提出设计方案；没有设计方案的，不得施工。"《建筑法》第七十条规定："违反本法规定，涉及建筑主体或者承重结构变动的装修工程擅自施工的，责令改正，处以罚款；造成损失的，承担赔偿责任；构成犯罪的，依法追究刑事责任。"

《建设工程质量管理条例》第十五条规定："涉及建筑主体和承重结构变动的装修工程，建设单位应当在施工前委托原设计单位或者具有相应资质等级的设计单位提出设计方案；没有设计方案的，不得施工。房屋建筑使用者在装修过程中，不得擅自变动房屋建筑主体和承重结构。"《建设工程质量管理条例》第六十九条规定："违反本条例规定，涉及建筑主体或者承重结构变动的装修工程，没有设计方案擅自施工的，责令改正，处 50 万元以上 100 万元以下的罚款；房屋建筑使用者在装修过程中擅自变动房屋建筑主体和承重结构的，责令改正，处 5 万元以上 10 万元以下的罚款。有前款所列行为，造成损失的，依法承担赔偿责任。"

根据上述法律规定，在房屋建筑装饰装修过程中，不论是建设单位还是房屋建筑使用者都必须严格遵守法律强制性规定。本案中，王某作为房屋建筑使用人，擅自变动建筑主体和承重结构，是严重的违法行为，不仅要依法承担赔偿责任，还应当受到建设行政管理部门的行政处罚。

案 例 33

原告：XH 日报社
被告：南京 HS 有限公司

一、基本案情

1991 年 4 月，南京 HS 有限公司（以下简称 HS 公司）在毗邻 XH 日报社处投资建设的华荣大厦基础工程开始施工，未作护栏维护工程即进行敞开式开挖并大量抽排地下水，一个月后因施工现场附近地面下沉，施工暂时停止。经过修改施工方案，华荣大厦基础工程于 1991 年 7 月 28 日恢复施工，进行人工开挖桩孔。同年 10 月中旬，XH 日报社发现其印刷厂厂房墙壁、地面开裂，3台德国进口的UNIMAN4/2卷筒纸胶印机出现异常，报纸印刷质量明显下降，印刷机严重受损，厂房墙体受损危及人员安全。经南京市人民政府召集有关单位、专家共同研究提出补救措施予以实施后，XH日报社印刷厂地面沉降才得到控制，但对XH日报社所受损失没有涉及。"会议纪要"还明确指出了HS公司在华荣大厦工程施工中违反有关施工规范、规程造成事故的错误。事故发生后，XH日报社还委托南京土木建筑学会、国家印刷机械质量监督检测中心和江苏省地震局等单位对事故原因进行了鉴定。鉴定认为：华荣大厦基础工程施工大量抽排地下水是造成XH日报社印刷厂厂房和印刷机受损的直接原因。1992年7月10日，XH日报社向南京市人民政府请求解决赔偿损失问题，但一直未得到解决。

1994年6月30日，XH日报社向江苏省高级人民法院起诉，称：HS公司在建设与本社相距20米的华荣大厦基础工程施工期间，大量抽排地下水，造成本社印刷厂地面下沉，厂房墙体多处开裂，印刷机基础移位，印刷机受到严重损伤，造成巨额经济损失，要求HS公司赔偿其请国内外专家调校修理印刷机的费用、修理所需零部件购置费、停机期间委托他人代印报纸的印刷费差价等各项损失共计1 399万元。

被告HS公司答辩称：原告的损失是华荣大厦基础工程施工单位造成的，应由施工单位赔偿。原告的起诉已超过了一年的诉讼时效，已丧失胜诉权。原告的请求应交由行政部门处理，请求驳回原告的诉讼请求。

二、案件审理

江苏省高级人民法院经审理查明：XH日报社所受经济损失包括，请外国专家调校修理印刷机费用179 504元，修理调校印刷机期间请他人代印报纸费用差额31 893.50元，外国专家调校修理印刷机期间食宿费6 796.40元，修理印刷机必须进口的零部件购置费765万元，购置此零部件所交关税及增值税244万元，机装、运印刷机费用190万元，加固厂房和重做印刷机基础费用1 506 686.38元，有关单位鉴定、评估、咨询等费用168 700元，上述损失共计人民币13 883 580.28元。

江苏省高级人民法院认为：HS公司在建设华荣大厦时，未充分考虑相邻建筑物的安全，于施工期间大量抽排地下水，并于初期发现问题后又未能及时采取必要的防护措施，使XH日报社印刷厂地面发生沉降，损坏了厂房基础，致厂房及室内印刷机械受损，事实清楚，证据充分，可以认定。HS公司违背处理相邻关系的原则，在建设房屋时给XH日报社造成了巨大损失，应负全部责任。XH日报社在法定期间内依法起诉，所举证据能证明其主张成立，依法应予支持。依照《中华人民共和国民法通则》第八十三条之规定，该院于1994年11月28日判决如下：

HS公司于本判决生效后30日内，赔偿XH日报社各项损失共计人民币13 883 580.28元。

诉讼费79 428元，诉讼保全费70 520元，合计人民币149 948元，由HS公司负担。

HS公司不服一审判决，以XH日报社胶印车间设计使用不合理，印刷机基础下未做砂石垫层，印刷机运转后无沉降观测记录，因此不能证明不均匀沉降是华荣大厦施工抽水所致为理由，上诉至最高人民法院，请求在分清双方当事人责任程度、合理计算对方损失的前提下，改判由双方分别承担民事责任；请求追加华容大厦施工人珠海特区中新建筑公司为本案第三人，并判令其承担相应的民事责任。

XH日报社答辩称：原审认定的事实完全符合实际，本社厂房和机器受损，完全是华荣大厦施工中长期、大量抽排地下水造成的，请求维持原判，驳回HS公司的上诉。

最高人民法院审理期间，根据HS公司的申请，委托江苏省技术监督建筑工程质量检验站就华荣大厦施工中抽取地下水对XH日报社厂房及进口胶印机基础有什么影响等问题，再次进行鉴定。鉴定认为："华荣大厦施工大量抽排地下水，是造成XH日报社厂房下沉开裂和印刷机不能正常运行、遭受损伤的直接原因。该厂房基础和设备基础的结构形式对沉降反应敏感，对环境变化适应性差，但事故发生前三年来的使用尚没有发现问题。在华荣大厦基坑施工期间如不抽水，不致突然发生这个事故。"

最高人民法院认为：HS公司在XH日报社厂房相邻处修建华荣大厦，本应充分考虑相邻建筑物的安全，但其违反《中华人民共和国民法通则》关于处理相邻关系的原则，未作维护工程即开始敞开式开挖，大量抽排地下水，初期发现问题后采取的补救措施亦未能完全阻止不均匀沉降，致使XH日报社印刷厂和设备基础地面发生沉降，厂房及进口胶印机严重受损，其应对此负全部责任。原审法院认定事实清楚，适用法律正确。HS公司所持上诉理由经查不能成立，本院不予支持，依照《中华人民共和国民法通则》第八十三条之规定，于1996年5月13日判决如下：驳回上诉，维持原判。二审诉讼费79 428元，鉴定费232 751.70元，由HS公司承担。

三、案例评析

《民法通则》第八十三条规定："不动产的相邻各方，应当按照有利生产、方便生活、团结互助、公平合理的精神，正确处理截水、排水、通行、通风采光等方面的相邻关系。给相邻方造成妨碍或者损失的，应当停止侵害，排除妨碍，赔偿损失。"人民法院根据该条的规定判决由建设单位HS公司承担民事责任是正确的。

施工单位中新建筑公司应该承担什么样的责任？《建筑法》第三十九条规定："建筑施工企业应当在施工现场采取维护安全、防范危险、预防火灾等措施；有条件的，应当对施工现场实行封闭管理。施工现场对毗邻的建筑物、构筑物和特殊作业环境可能造成损害的，建筑施工企业应当采取安全防护措施。"《建设工程质量管理条例》第三十二条的规定："施工单位对施工中出现质量问题的建设工程或者竣工验收不合格的建设工程，应当负责返修。"据此，我们认为，中新建筑公司具有采取安全防护措施和对施工质量进行返修的义务。如果中新建筑公司在施工过程中没有履行上述义务，HS公司有权依法向其追偿。

案 例 34

一、基本案情

2001年11月16日上午10时30分，XN市繁华街道西门口，正在进行爆破拆除西关街四号商住楼。一声巨响过后，楼房没有如人们预料的轰然倒下，只是做过预处理的底层支柱受到了较为严重的破坏。经过专家"会诊",11月19日上午,负责此次爆破的XL爆破工程有限责任公司加大药量,进行二次爆破。但楼房坐落1层后非但没有倒下,反而成了向北倾斜近20度的"斜楼",斜而不倒,摇摇欲坠,使这座本来就已潜伏危险的商住楼成了一颗随时可能爆炸的"炸弹"。

根据XN市政府规划,XN市繁华市区西门要修建一个大型绿地广场,有关部门决定对位于此地区的西关街商住楼等进行爆破拆除。今年10月,成立仅仅一年半的XL爆破工程有限责任公司(以下简称XL公司)与XN市城建开发总公司签订了爆破这座7层商住楼的合同,具体由XN市ZH建设投资控股有限公司(以下简称ZH公司)负责。今年11月13日,XL公司为第一次爆破召开了"工作汇报会",邀请负责工程发包的ZH公司副总经理胡某,以及青海某建筑工程总公司总工程师田某参加。会上,发包方负责人胡某对不够施工资质的XL公司提出"原则上要求人工拆除六层、七层砖混结构后再实施爆破"的要求。田某则发表意见认为,为了取得较好的爆破解体效果,不宜将六、七层人工拆除,否则上部重量减轻,会使定向倾倒有难度……就这样,"专家"和发包方同意了事后被证明完全错误的《爆破方案》。而据了解,在此前,XL公司只爆破过两座锅炉房烟囱和一处景亭,根本没有爆破拆除楼房的经验和实力。这印证了爆破行业的一句行话:没有不敢炸的,只有掏不起钱的。据调查了解,两次爆破的XL公司总工程师和《爆破方案》的设计者邱某根本不具备公安部门认定的爆破工程设计资格。

根据《爆破工程施工企业资质等级标准》规定,三级资质企业只能爆破拆除五层的楼房、50米以下的烟囱;二级企业,应承接高度为5至10层的楼房、50米至80米高度的烟囱。XL公司的资质为三级,根本不能承揽七层高楼的爆破工程,XL公司属于违规经营,越级施工。

据了解,作为XN市城市中心广场——新世纪广场拆迁项目,共有3栋商住楼采取爆破拆除,项目都由XN市城建开发总公司发包。

XL公司总经理曹某称,工程刚开始时,第一栋楼城建局进行了招标,共有3家爆破企业竞标,最后YC定向爆破有限责任公司中标。中标的那栋楼,YC公司第一次爆破也失败了,又经过两次重新爆破,才算交了差。后来的第二、三栋楼,我们才算和YC定向爆破公司展开了较量,100多万元的工程,连招标都省了,全靠"人工"操作。大的(指12层楼)我们做不了,我们通过关系做"小"(指4层以下楼)的,这样两家都有钱赚。

11月23日,被公安部门取消使用爆破物品资格后,XL公司还在组织机械和人工拆除,在距离他们100多米的北侧,有一座更高的楼房已经拆完了门窗,正在加紧进行爆破前的最后准备。工人们说,那是北园迎宾楼,YC公司号称它为"某第一爆",楼高12层,建筑面积9 800平方米,26日前后起爆。YC公司是二级,只能承担低于10层的楼房,也是越级施工。当谈到具体由谁监管时,YC公司称爆破行业属于高度危险特种行业,主要由公安部门监管。但XN市公安局治安处副处长吕某说,他们只对炸药的流向及起爆后的公共安全负责,企业资质应该由建设部门监管,而且公安部门也没有懂行的专家。

二、案例分析

《建筑法》第五十条明确规定:"房屋拆除应当由具备保证安全条件的建筑施工单位

承担，由建筑施工单位负责人对安全负责。"实施房屋拆除的建筑施工单位应具备的安全条件是一个强制性规定。所谓具备安全条件是指具有拆除房屋建筑的技术人员、技术设备等保证房屋拆除安全的必备条件，不具备拆除条件的不能从事拆除作业。拆除房屋应具备的安全条件，应以建设行政主管部门和有关部门的规定为准，通常表现为符合一定的资质等级条件。例如，对于以采取爆破为拆除业务的建筑施工单位，除符合建设行政主管部门规定的条件外，还应当符合公安主管部门的有关规定。但是，交叉管理、监管不力，致使城市民用爆破行业市场混乱、漏洞重重，如何健全制度规章，堵塞漏洞，是值得我们深思的问题。

案 例 35

上诉人：××大酒店有限公司（以下简称"某酒店"）
上诉人：××设计研究院（以下简称"某设计院"）
被上诉人：××建筑工程总公司（以下简称"某建筑公司"）
原审第三人：××地质工程地质队（以下简称"某地质队"）

一、基本案情

1993年5月，某酒店筹建处与某建筑公司签订《建设工程施工合同》，约定：某建筑公司承包建设某酒店的全部建筑安装工程、室外配套设施及附属工程等，合同价款以建设银行某支行审定价为准；工程质量等级达到省优奖励5万元。

工程如期开工后，因在组织验槽钎探中发现地质资料与实际不符、需修改设计，于同年6月1日停工，直至10月下旬恢复施工。工程施工过程中，某酒店未能及时按约定拨付工程款，加之多次变更局部设计造成反复施工，工期受到严重影响。

1996年1月，工程全部完工。某酒店和某建筑公司根据合同的约定，经某酒店委托，由中国建设银行某支行对工程造价进行结算，经会同某建筑公司、某酒店三方工程技术人员现场丈量核实，确认工程造价数额，并由三方共同签字盖章。同年4月，某建筑公司与某酒店双方财务人员对已付工程款、欠款进行核对，确认某酒店已付工程款35 144 392.40元，尚欠5 801 305.60元，其中某建筑公司未做工程造价为24 826元。

此前，某酒店1995年12月—1996年1月组织了该工程竣工验收并通过。1996年1月，该工程经市质量监督站核验为优良工程，后又经省工程质量监督总站复验，被省建设委员会评定为省优质样板工程。同年6月，某酒店接管整个工程并向市城建局递交了《竣工验收报告》，请求对某酒店工程给予验收，后因某酒店未交纳相关费用，验收工作未能如期进行。

1997年3月，某酒店开始试营业。某建筑公司为此于同年3月26日、4月2日、4月3日先后三次致函某酒店，告知该工程未经国家工程质量监督部门验收，不得投入使用，并督促其尽快与质检部门联系组织验收。但某酒店仍将未经验收的工程全面投入经营，使用至今。

1997年6月，某酒店主楼客房部一楼非承重墙局部开始出现裂缝。同年7月21日，省质量监督总站针对某酒店工程质量问题,召集各有关部门在现场勘验调查的基础上,形成了《关于某大酒店工程质量问题会议纪要》(以下简称《纪要》),认定一楼非承重墙裂缝是由于地基不均匀压缩变形和湿陷下沉引起的,同时认为设计单位、施工单位、勘察单位、建设单位均存在问题,并提出了处理意见。某建筑公司对该《纪要》中与其有关的责任表示认可和愿意执行,但因某设计院提出异议,问题未能得到解决。

1997 年 10 月 18 日,某建筑公司以拖欠工程款为由向法院提起诉讼,请求某酒店支付拖欠工程款 5 801 305.60 元及滞纳金等。

1998 年 12 月 7 日,某酒店以某建筑公司为被告,某设计院、某地质队为第三人提起反诉,请求赔偿因一楼工程质量问题造成的损失 5 355 640 元及工期延误违约金等。

二、案件审理

一审法院经审理认为:

某建筑公司与某酒店签订合同合法、有效,双方的合法权益理应受到法律的保护。某建筑公司请求某酒店偿还工程欠款和赔偿银行利息的诉讼请求,有双方签订的合同、工程竣工验收单、双方签字盖章认可的由建设银行某支行审计核定的工程价款结算书和 1996 年 4 月 17 日双方财务人员核对工程已付款、欠款的材料等证据所证实,依法应予支持。但对未施工项目的工程款应从工程欠款额中予以扣除。某酒店辩称的建设银行审计核定的工程结算款不实,应以其委托审计的工程结算款作为工程款结算的唯一、合法、有效凭据,并以此为由认为超付了工程款,要求某建筑公司返还,因大酒店单方委托审计,违背了双方所签订合同的约定条款,理由不能成立,不予采信。

某酒店反诉要求某建筑公司对一楼非承重墙体的质量问题从基础予以彻底排除。根据其申请,为了查明某酒店工程一楼非承重墙墙体产生裂缝的原因和有关当事人的责任,法院依法委托省工程质量监督总站对某酒店工程质量进行鉴定。依据该站作出的鉴定意见及各方当事人提出的意见和相关证据说明:某酒店工程在建设单位投入使用 15 个月就发生一楼非承重墙体下沉裂缝,不是施工单位某建筑公司一方造成的。

1. 设计单位某设计院对该工程的个别部位设计违反了国家颁布实施的规范标准,而且对省建设委员会 1993 年 1 月《关于某国际大酒店工程初步设计审查的批复》中第三个问题曾明确指出设计"应考虑不均匀沉降对建筑物的影响"的批复意见,未给予足够的重视,诸如一楼墙体应设计基础梁而未设计,将砌墙体直接座落在回填土薄厚不等的垫层土,一楼地基下直埋管道而不设置检漏地沟等,因而未能有效解决地基的"不均匀沉降对建筑的影响",为一楼墙体下沉裂缝埋下了无法回避的隐患;因填土夯压不实和地表水的渗漏等,只是加速了问题的暴露;因此,设计单位对此质量问题应承担重要的责任。

2. 施工单位某建筑公司在施工过程中,回填土的压实系数未达到设计要求;自购的排水管个别管壁厚度偏薄,加之个别地段管道埋置的设计违反规范标准,导致使用不久出现破裂、跑水等情况,对造成地基下沉、墙体开裂应负直接责任。

3. 建设单位某酒店违反国家有关规范标准,在未采取任何防水措施的情况下,在大楼周围 6m 内种植草坪、花坛,并采用漫灌式浇水,致使大量排水渗入楼体地基下;由于一楼未设计基础地梁,加速了地基下沉,恶化了一楼墙体的裂缝;对此质量问题负有不可推卸的责任。

4. 地质勘察单位地质队提供的地质勘探报告虽然存在着几处资料不完善的地方，而作为使用该勘探资料的设计单位，并未对勘察报告提出任何异议，反诉原告也未提出赔偿请求，因此地质队对某酒店工程一楼部分墙体下沉裂缝不应承担责任。

这一反诉请求根据有关法律规定已超过诉讼时效，但鉴于某建筑公司已认可，并经有关部门鉴定，要求尽快加固整改，根据实际情况，某设计院、某建筑公司、某酒店均应承担相应责任。

某酒店要求某建筑公司赔偿因工程质量造成的损失 5 355 640 元的反诉请求，因其未提供造成损失的具体构成和相关合法证据，且该工程未经国家职能部门验收就投入使用，根据《中华人民共和国经济合同法》第三十四条第二款第四项和国务院《建筑安装工程承包合同条例》第十三条第二款第三项的规定，其责任应由自己承担，该反诉请求不予支持。判决：

（1）某酒店应给付某建筑公司工程款 5 776 479.60 元及利息（按银行同期同类贷款利率计算至付清之日止），于判决生效十日内付清。

（2）某酒店工程一楼非承重墙体裂缝问题，应增设墙基地梁，进行加固，在判决生效二十日内，某建筑公司做好加固维修施工的准备工作，承担全部加固费用的 30%；某酒店做好施工队伍进场前的有关准备工作，承担全部加固费用的 30%；第三人某设计院拿出加固整改设计图，承担全部加固费用的 40%。

某酒店和某设计院均不服一审判决，提起上诉。二审法院经审理认为：

某建筑公司将某酒店工程交付后，某酒店应依法履行其申请验收义务，但由于其不交纳相关费用，致使工程未能验收，对此某酒店应负完全责任。某酒店请求某建筑公司、某设计院、地质队赔偿因严重工程质量特别是一楼客房部非承重墙裂缝问题造成的损失等，由于某酒店工程未经验收即投入使用至今，根据《中华人民共和国经济合同法》"工程未经验收，提前使用，发现质量问题，自己承担责任"和国务院《建筑安装工程承包合同条例》"工程未验收，发包方提前使用或擅自动用，由此而发生的质量或其他问题，由发包方承担责任"的规定，某酒店工程出现的质量问题应由发包方和使用方某酒店自行承担责任。

鉴于某建筑公司对于省工程质量监督总站鉴定结论中属于自己的部分责任予以认可，且对于一审判决其承担某酒店工程一楼非承重墙体裂缝加固费用的 30% 未予上诉，可准予某建筑公司对于某酒店一楼的整改工作承担相应的费用。

某酒店一审中以某建筑公司为被告，某设计院、地质队为第三人提起的反诉，因其与某设计院、地质队属另外的法律关系，其对某设计院、地质队的诉讼请求超出本案的反诉范围，一审法院将其作为反诉一并审理不当，某酒店可依据委托设计合同和委托勘探合同另行对某设计院、地质队提起诉讼。

据此，依据《中华人民共和国经济合同法》第三十四条第二款第四项、国务院《建筑安装工程承包条例》第十三条第二款第三项、《中华人民共和国民事诉讼法》第一百二十六条、第一百五十三条第一款第（二）项之规定，二审法院于 2001 年 3 月判决如下：变更甘肃省高级人民法院（1998）甘民初字第 22 号民事判决第（4）项为：某酒店自行承担一楼非承重墙体裂缝的整改加固，某建筑公司承担其费用的 30%；一审案件受理费 69 835 元由某酒店承担，反诉费 97 000 元由某酒店承担 67 900 元，某建筑公司承担

29 100元，鉴定费 85 748.94 元，由某酒店与某建筑公司各承担 42 874.47 元；二审案件受理费 165 935 元由某酒店承担。

三、案例评析

关于工程质量的责任划分是本案审理当中的一个争议焦点。由于本工程未经验收提前使用，法院依据当时有效的法律判决由发包人某酒店承担责任。

不论是已失效还是仍然有效的法律，我国法律均规定工程在交付使用之前，必须经过竣工验收。但在因提前使用而导致的质量责任界定上，新旧法的规定有很大差异。已失效的《经济合同法》和《建筑安装工程承包合同条例》均规定由发包方承担责任（后者多了个"由此"），但现行的《建筑法》、《合同法》和《建设工程质量管理条例》均无明确规定。

我们认为，原《建筑安装工程承包合同条例》"工程未验收，发包方提前使用或擅自动用，由此而发生的质量或其他问题，由发包方承担责任"的表述是比较合理的。"由此"体现了过错和责任相统一的原则。而原《经济合同法》"提前使用，责任自负"的法律规定，虽然有利于强化建设单位的验收责任，但在明显是由施工单位或设计单位原因造成的质量问题时，这条规定就不合理了。因此，现行法律虽然没有明确"提前交付工程"的归属，但应采用过错推定原则，对于难以查明导致质量问题原因的由建设单位自行承担质量责任；但如果建设单位能够证明其他单位也有过错，其他单位也要承担相应的责任。

案 例 36

上诉人：××物资供应股份有限公司（以下简称"物资公司"）
被上诉人：××建筑工程总公司（以下简称"建筑公司"）

一、基本案情

1996 年 5 月 8 日，物资公司与建筑公司签订《施工协议书》，约定由建筑公司承包物资公司投资兴建的某商场项目。建筑公司垫付工程款 20 万元，超过 1998 年如付不清工程款，物资公司承担欠款利息，其余工程款待竣工交付使用时全部付清。

1996 年 12 月 14 日，该工程交工验收，12 月 16 日经市质检部门核验评为合格工程。该工程 1997 年 12 月 16 日经结算，物资公司尚拖欠建筑公司工程款 434 550.64 元。物资公司以建筑公司承建的工程存在严重质量问题为由拒付工程款。

1999 年 4 月 25 日，某市工程质量监督站和某市建设工程质量检测中心对该工程质量进行实地检测，作出了《关于某商场工程质量问题的处理意见》：（1）该工程尚未发现明显的不安全因素，可以正常使用；（2）楼梯梁距地面高度不够问题，应会同设计单位进行设计变更处理；（3）墙面裂缝属填充墙体材料干燥收缩引起，影响观感质量可进行表面修补；（4）对 C—④—⑤段梁存在微小裂缝，缝宽仅为 0.2 毫米，在规范允许范围内可进行封闭处理，对四层楼地面裂缝应揭露检查并予以处理，对其他砼缺陷按规范要求进行修补。

1999年5月18日，建筑公司起诉至一审法院，要求判令物资公司偿还拖欠款44万元及承担违约金206万元。

物资公司反诉称：建筑公司称物资公司拖欠其工程款44万元与事实不符，物资公司是按照现行建筑行业法律、法规拒付工程款434 550.64元，扣款的原因是建筑公司交付的建筑物存在严重工程质量问题。故请求法院依法委托省建筑工程质量检测中心就涉案工程质量进行检测；依法确认某市质量监督站就涉案工程所作的交工核验文件无效；判令建筑公司承担交付不合格工程给物资公司造成的全部经济损失（对存在的质量问题，能重修的予以重修，不能重修的赔偿损失）。

在一审法院审理期间，物资公司申请要求对某商场大楼的工程质量重新进行检测，并对在现有四层楼的基础上能否继续施工五、六层作出鉴定。经一审法院委托省工程质量监督总站检测，该站出具的"某大楼检测报告"称："该商场已经竣工的四层楼房，使用了两年零七个月时间。经过对一层地面和场地地面等的检查，未发现该建筑物地基的不均匀沉降情况和其他异常情况；施工时未严格地按设计图施工，未经设计单位同意，改变建筑物的使用功能，改变了设计约定的建筑材料等；混凝土表面粗糙，一、二层相对较好，三层麻面跑模较多，四层蜂窝、麻面、露筋严重，个别构件出现了影响结构性能的孔洞裂缝等缺陷，必须会同设计单位进行技术处理；一至四层实测混凝土强度均不满足设计要求。建议设计单位根据改变后的实际情况，实测的混凝土强度及部分混凝土构件的缺陷，按照七度抗震设防，对某商场的六层框架进行复核，提出能否继续施工五、六层及必须的加固方案，建议由建筑造价计算单位，预估经济损失和加固费用。"

随后，一审法院根据省工程质量监督总站的建议和物资公司的申请，分别委托省建筑设计研究院和省建设工程造价管理总站对某商场大楼的修缮加固进行设计和费用的造价，省建筑设计研究院"关于某商场大楼计算复检报告"称："原设计图纸未发现问题，满足设计要求。要满足现有四层的使用要求，按照检测报告所提出的加固部位进行加固补强处理。加固补强设计处理后方可进行五、六层施工。"省建设工程造价管理总站作出的"某商场大楼修缮加固工程"预算书表明：修缮加固费用为115 208元（其中土建111 353元、安装3 855元）。

物资公司对此提出异议，要求重新设计和造价。

一审法院经合议庭研究决定，具有资质的省级部门在双方当事人未能提供有关资料的情况下，根据现场实际作出的鉴定具有法律效力，故不再委托重新设计和造价。

二、案件审理

一审法院认为：

建设方物资公司与施工方建筑公司签订的某商场施工协议，双方意思表示真实，建设手续齐全，应视为有效协议。工程竣工验收交付使用后，物资公司未按协议约定偿还建筑公司的工程款属违约行为，建筑公司要求物资公司偿还工程欠款和赔偿损失的请求，应予支持。物资公司反诉提出某商场存在严重工程质量的问题，虽然该工程经交工验收，被县、市评为合格工程，并交付使用近两年，按双方施工协议的约定，保修期外出现的问题应由物资公司负责。但该工程质量经省、市质检部门进行检测，确实存在工程质量缺陷等问题，造成工程质量缺陷等问题，双方均有责任。工程竣工验收交付使用后，双方将属于自己所有的楼房，在框架结构楼上，未经设计单位同意，擅自进行隔墙和装修，改变建筑物的使用功能。施工方在施工中，改变设计图指定的材料和做法，作为建设方派有工地代表，在施工中对施工方的过错行为未进行制止，也未提出任何异议，应视为默认。因此，造成修缮加固的费用和损失由双方各自承担，各自负责对自己所有的楼房进行修缮加固，修缮加固后的质量要经有关单位的验证，否则出现的问题自负。物资公司要求确认市质检站就涉案工程作出的交工核验文件无效及要求建筑公司承担因工程质量给其造成的经济损失的请求，证据不足，不予支持。关于物资公司主张在某商场大楼现有四层上继续施工五、六层的问题，经修缮加固和有关部门的验证后，由物资公司自己决定。一审法院据此判决：

（1）物资公司在判决生效后 30 日内偿还建筑公司修建某商场的工程欠款 434 550.64 元。

（2）物资公司按照银行同期同类贷款利率，向建筑公司支付拖欠工程款（434 550.64 元）的利息，自 1996 年 12 月 14 日交工验收之日起至物资公司交清欠款之日止。

（3）某商场的修缮加固，由双方各自负责对自己权属的楼房进行修缮加固，造成的一切费用由各自承担。修缮加固后的质量要经有关单位验证，否则出现的问题自负。

一审案件诉讼费 35 000 元、反诉费 10 010 元、质量鉴定费 25 000 元、加固设计费 23 000 元、加固造价费 2 000 元，共计 95 010 元，由建筑公司负担 38 004 元，物资公司负担 57 006 元。

物资公司不服一审判决提起上诉称：一审判决将存在严重质量问题的不合格工程认定为质量缺陷是十分错误的。按照双方《施工协议书》第三条的约定，应自 1999 年 1 月 1 日起支付利息，一审判决却将计息时间提前到了 1996 年 12 月 14 日，显然是错误的。一审法院对不合格工程给物资公司造成的经济损失只审不判；对已经评估出的加固费用 115 208 元也没有处理。故请求二审法院撤销原判，依法改判：确认涉案工程为不合格工程，物资公司不再支付应按合格工程结算的工程款余额 434 550.64 元；判决建筑公司赔偿因工程质量问题给物资公司造成的全部经济损失。

建筑公司答辩称：物资公司提出确认涉案工程为不合格工程，不属本案应调整的民事法律关系。本案所涉工程已经有关部门确认为合格工程，如果物资公司对鉴定结论不服，可以依法提起行政诉讼。时至今日物资公司一分工程欠款未付，建筑公司蒙受重大经济损失，故一审法院利息计算期间与事实相符。

在二审期间，物资公司请求对所涉工程因质量问题引起的加固设计、加固造价和其他经济损失等事项进行重新设计、造价。

二审法院经审理认为：

（1）本案所涉工程 1996 年 12 月 14 日竣工验收，12 月 16 日经市质检部门核验评为合格工程，当时物资公司并未提出异议且实际使用将近五年。

（2）在一审期间，一审法院已经委托省建筑设计研究院对某商场大楼的修缮加固进行了设计及委托省建设工程造价管理总站进行修缮加固费用的估算，物资公司在二审时再次提出重新设计、造价的请求依据不足，不予支持。

（3）根据有关部门的检测，涉案工程尚未发现明显的不安全因素，可以正常使用，但也确实存在一些质量问题。省建设工程造价管理总站估算出的修缮加固费用为 115 208

元，此费用应当由建筑公司承担。物资公司应支付的工程欠款为 434 550.64 元，两项折抵，故物资公司还应向建筑公司支付工程欠款 319 342.64 元。由于已从物资公司应付工程欠款中扣除了修缮加固费用，故一审判决第（3）项内容应予撤销。

（4）关于欠款利息的计算问题，根据物资公司与建筑公司签订的《施工协议书》第三条的约定："物资公司必须在 1997—1998 年之间付给建筑公司垫资款 20 万元，超过 1998 年如还付不清工程款者，物资公司承担欠款利息。其余的工程款，待工程竣工验收后，物资公司使用开始时全部付清"，故对拖欠的 20 万元工程款应从 1999 年 1 月 1 日起算利息，对其余的工程款 119 342.64 元，应从 1996 年 12 月 14 日交工验收之日起算利息。

一审案件受理费等按一审判决执行，二审案件受理费 45 010 元，由物资公司和建筑公司各负担 22 505 元。

三、案例评析

在工程款拖欠纠纷中，当承包商追索欠款时，业主往往以工程质量有缺陷（或工程延误）为理由抗辩。实际上拖欠工程款与工程质量纠纷之间并没必然的联系，是不同的诉讼。

在这种工程款拖欠和工程质量问题纠缠在一起的诉讼当中，对诉讼时效的要求是不一样的。对于承包商追索欠款之诉而言，按一般诉讼时效的规定即可。但对于业主提出的工程质量之诉来说，只要是在保修期中发生的质量问题，从知道或应当知道发生质量问题之日起两年内即为诉讼时效；如果不在两年内提起诉讼（或发生诉讼时效中止中断等情形），即使保修期没有届满，业主仍将丧失胜诉权。如果是在保修期满后发生的质量问题，则承包商将不承担质量保修责任。但这并不意味着承包商可以就此不承担质量责任，因为《建筑法》第八十条特别规定："在建筑物的合理使用寿命内，因建筑工程质量不合格受到损害的，有权向责任者要求赔偿。"

本案涉及工程质量诉讼的另外一个问题就是反复鉴定。2001 年 12 月 21 日《最高人民法院关于民事诉讼证据的若干规定》（以下简称《规定》）对鉴定人的确定和重新鉴定作了明确的规定。其中第二十六条规定："当事人申请鉴定经人民法院同意后由双方当事人协商确定有鉴定资格的鉴定机构、鉴定人员。协商不成的，由人民法院指定。"这就是说，以当事人协商确定鉴定机构、鉴定人员为原则，法院一般不主动指定，只有在当事人协商不成的情况下，法院才指定鉴定机构或鉴定人员。对于重新鉴定，《规定》第二十七条规定："当事人对人民法院委托的鉴定部门作出的鉴定结论有异议申请重新鉴定，提出证据证明存在下列情形之一的，人民法院应予准许：（一）鉴定机构或者鉴定人员不具备相关的鉴定资格的；（二）鉴定程序严重违法的；（三）鉴定结论明显依据不足的；（四）经过质证认定不能作为证据使用的其他情形。对有缺陷的鉴定结论，可以通过补充鉴定、重新质证或者补充质证等方法解决的，不予重新鉴定。"这一规定对当事人反复要求重新鉴定的情况是一个有效的制约。

此外，《建筑法》第五十八条第二款明确规定："建筑施工企业必须按照工程设计图纸和施工技术标准施工，不得偷工减料。工程设计的修改由原设计单位负责，建筑施工企业不得擅自修改工程设计。"在本案中，建筑公司擅自修改设计，应承担相应责任。物资公司作为发包人有权利纠正建筑公司的违约行为，但这是发包人基于合同享有的一项权利而非义务。一审认为"建设方工地代表在施工中对施工方的过错行为未进行制止，也未提出任何异议，应视为默认"的判决是不正确的，二审法院判决加固费用由建筑公司承担是正确的。

案例 37

原告：某大学
被告：某建筑公司

一、基本案情

2000年4月，某大学为建设学生公寓，与某建筑公司签订了一份建设工程合同。合同约定：工程采用固定总价合同形式，主体工程和内外承重砖一律使用国家标准砌块，每层加水泥圈梁；某大学可预付工程款（合同价款的10%）；工程的全部费用于验收合格后一次付清；交付使用后，如果在6个月内发生严重质量问题，由承包人负责修复等。1年后，学生公寓如期完工，在某大学和某建筑公司共同进行竣工验收时，某大学发现工程3—5层的内承重墙体裂缝较多，要求某建筑公司修复后再验收，某建筑公司认为不影响使用而拒绝修复。因为很多新生急待入住，某大学接收了宿舍楼。在使用了8个月之后，公寓楼5层的内承重墙倒塌，致使1人死亡，3人受伤，其中1人致残。受害者与某大学要求某建筑公司赔偿损失，并修复倒塌工程。某建筑公司以使用不当且已过保修期为由拒绝赔偿。无奈之下，受害者与某大学诉至法院，请法院主持公道。

二、案件审理

法院在审理期间对工程事故原因进行了鉴定，鉴定结论为某建筑公司偷工减料致宿舍楼内承重墙倒塌。因此，法院对某建筑公司以保修期已过为由拒绝赔偿的主张不予支持，判决某建筑公司应当向受害者承担损害赔偿责任，并负责修复倒塌的部分工程。

三、案例评析

《建设工程质量管理条例》第四十条规定："在正常使用条件下，建设工程最低保修期限为：

（一）基础设施工程、房屋建筑的地基基础工程、主体结构工程，为设计文件规定的该工程的合理使用年限；

（二）屋面防水工程、有防水要求的卫生间、房间和外墙面的防渗漏，为5年；

（三）供热与供冷系统，为2个采暖期、供冷期；

（四）电器管线、给排水管道、设备安装和装修工程，为2年；

其他项目的保修期限由发包方与承包方约定。

建设工程的保修期，由竣工验收合格之日起计算。"

根据上述法律规定，建设工程的保修期限不能低于国家规定的最低保修期限，其中，对地基基础工程、主体结构工程实际规定为终身保修。

在本案中，某大学与某建筑公司虽然在合同中双方约定保修期限为6个月，但这一期限远远低于国家规定的最低期限，尤其是承重墙属主体结构，其最低保修期限依法应终身保修。双方的质量期限条款违反了国家强制性法律规定，因此是无效的。某建筑公司应当向受害者承担损害赔偿责任。承包人损害赔偿责任的内容应当包括：医疗费、因误工减少的收入、残废者生活补助费等。造成受害人死亡的，还应支付丧葬费、抚恤费、死者生前抚养的人必要的生活费用等。

此外，某建筑公司在施工中偷工减料，造成质量事故，有关主管部门应当依照《建筑法》第七十四条的有关规定对其进行法律制裁。

案 例 38

一、基本案情

2000年10月25日上午10时10分，××××（集团）有限公司（以下简称××××）承建的NJ电视台演播中心裙楼工地发生一起重大职工因工伤亡事故。大演播厅舞台在浇筑顶部混凝土施工中，因模板支撑系统失稳，大演播厅舞台屋盖坍塌，造成正在现场施工的民工和电视台工作人员6人死亡，35人受伤（其中重伤11人），直接经济损失707 815万元。

1. 事故经过：

NJ电视台演播中心工程位于NJ市白下区龙蟠中路，由NJ电视台投资兴建，东南大学建筑设计院设计，NJ花苑建设监理公司对工程进行监理（总监理工程师韩×、副总监理工程师卞×）。该工程在NJ市招标办公室进行公开招投标，××××于2000年1月13日中标，于2000年3月31日与NJ电视台签订了施工合同，并由×××上海分公司组建了项目经理部，由上海分公司经理史×任项目经理，成×任项目副经理。

NJ电视台演播中心工程地下2层、地面18层，建筑面积34 000平方米，采用现浇框架剪力墙结构体系。工程开工日期为2000年4月1日，计划竣工日期为2001年7月31日。工地总人数约250人，民工主要来自NT、AH、NJ等地。

演播中心工程大演播厅总高38米（其中地下8.70米，地上29.30米）。面积为624平方米。7月份开始搭设模板支撑系统支架，支架钢管、扣件等总吨位约290吨，钢管和扣件分别由甲方、市建工局材料供应处、铁心桥银泽物资公司提供或租用。原计划9月底前完成屋面混凝土浇筑，预计10月25日下午4时完成混凝土浇筑。

在大演播厅舞台支撑系统支架搭设前，项目部按搭设顶部模板支撑系统的施工方法，完成了三个演播厅、门厅和观众厅的施工（都没有施工方案）。

2000年1月，×××上海分公司由项目工程师茅×编制了"上部结构施工组织设计"，并于1月30日经项目副经理成×和分公司副主任工程师赵×批准实施。

2000年7月22日开始搭设大演播厅舞台顶部模板支撑系统，由于工程需要和材料供应等方面的问题，支架搭设施工时断时续。搭设时没有施工方案，没有图纸，没有进行技术交底。由项目部副经理成×决定支架三维尺寸按常规（即前五个厅的支架尺寸）进行搭设，由项目部施工员丁×在现场指挥搭设。搭设开始约15天后，上海分公司副主任工程师赵×将"模板工程施工方案"交给丁×。丁×看到施工方案后，向成×作了汇报，成×答复还按以前的规格搭架子，到最后再加固。

模板支撑系统支架由××××劳务公司组织进场的朱×工程队进行搭设（朱×是NJ标牌厂职工，以个人名义挂靠在××××江浦劳务基地，6月份进入施工工地从事脚手架的搭设，事故发生时朱×工程队共17名民工，其中5人无特种作业人员操作证），地上25米至29米最上边一段由木工工长孙×负责指挥木工搭设。2000年10月15日完成搭设，支架总面积约624平方米，高度38米。搭设支架的全过程中，没有办理自检、互检、交接检、专职检的手续，搭设完毕后未按规定进行整体验收。

2000年10月17日开始进行支撑系统模板安装，10月24日完成。23日木工工长孙×向项目部副经理成×反映水平杆加固没有到位，成×即安排架子工加固支架，25日浇筑混凝土时仍有6名架子工在加固支架。

2000年10月25日6时55分开始浇筑混凝土，项目部资料质量员姜平8时多才补填混凝土浇捣令，并送花苑监理公司总监韩×签字，韩×将日期签为24日。浇筑现场由项目部混凝土工长邢×负责指挥。××××混凝土分公司负责为本工程供应混凝土，为B区屋面浇筑C40混凝土，坍落度16～18cm，用两台混凝土泵同时向上输送（输送高度约40米，泵管长度约60米×2）。浇筑时，现场有混凝土工工长1人，木工8人，架子工8人，钢筋工2人，混凝土工20人，以及NJ电视台3名工作人员（为拍摄现场资料）等。自10月25日6时55分开始至10时10分，输送机械设备一直运行正常。到事故发生止，输送至屋面混凝土约139立方米，重约342吨，占原计划输送屋面混凝土总量的51%。

10时10分，当浇筑混凝土由北向南单向推进，浇至主次梁交叉点区域时，该区域的1平方米理论钢管支撑杆数为6根，由于缺少水平连系杆，实际为3根立杆受力。又由于梁底模下木枋呈纵向布置在支架水平钢管上，使梁下中间立杆的受荷过大，个别立杆受荷最大达4吨多，综合立杆底部无扫地杆、步高大的达2.6米，立杆存在初弯曲等因素，以及输送混凝土管有冲击和振动等影响，使节点区域的中间单立杆首先失稳并随之带动相邻立杆失稳，出现大厅内模板支架系统整体倒塌。屋顶模板上正在浇筑混凝土的工人纷纷随塌落的支架和模板坠落，部分工人被塌落的支架、楼板和混凝土浆掩埋。

事故发生后，NJ电视台项目经理部向有关部门紧急报告事故情况。闻讯赶到的领导，指挥公安民警、武警战士和现场工人实施了紧急抢险工作，采用了各种先进的手段，将伤者立即送往空军454医院进行救治。

2. 事故的原因分析：

事故的直接原因：

（1）支架搭设不合理，特别是水平连系杆严重不够，三维尺寸过大以及底部未设扫地杆，从而主次梁交叉区域单杆受荷过大，引起立杆局部失稳。

（2）梁底模的木枋放置方向不妥，导致大梁的主要荷载传至梁底中央排立杆，且该排立杆的水平连系杆不够，承载力不足，因而加剧了局部失稳。

（3）屋盖下模板支架与周围结构固定与连系不足，加大了顶部晃动。

事故的间接原因：

（1）施工组织管理混乱，安全管理失去有效控制，模板支架搭设无图纸，无专项施工技术交底，施工中无自检、互检等手续，搭设完成后没有组织验收；搭设开始时无施工方案，有施工方案后未按要求进行搭设，支架搭设严重脱离原设计方案要求、致使支架承载力和稳定性不足，空间强度和刚度不足等是造成这起事故的主要原因。

（2）施工现场技术管理混乱，对大型或复杂重要的混凝土结构工程的模板施工未按程序进行，支架搭设开始后送交工地的施工方案中有关模板支架设计方案过于简单，缺乏必要的细部构造大样图和相关的详细说明，且无计算书；支架施工方案传递无记录，导致现场支架搭设时无规范可循，是造成这起事故的技术上的重要原因。

（3）花苑监理公司驻工地总监理工程师无监理资质，工程监理组没有对支架搭设过程严格把关，在没有对模板支撑系统的施工方案审查认可的情况下即同意施工，没有监督对模板支撑系统的验收，就签发了浇捣令，工作严重失职，导致工人在存在重大事故隐患的模板支撑系统上进行混凝土浇筑施工，是造成这起事故的重要原因。

（4）在上部浇筑屋盖混凝土的情况下，民工在模板支撑下部进行支架加固是造成事故伤亡人员扩大的原因之一。

（5）××××及上海分公司领导安全生产意识淡薄，个别领导不深入基层，对各项规章制度执行情况监督管理不力，对重点部位的施工技术管理不严，有法有规不依。施工现场用工管理混乱，部分特种作业人员无证上岗作业，对民工未认真进行三级安全教育。

（6）施工现场支架钢管和扣件在采购、租赁过程中质量管理把关不严，部分钢管和扣件不符合质量标准。

（7）建筑管理部门对该建筑工程执法监督和检查指导不力；建设管理部门对监理公司的监督管理不到位。

二、对事故的责任分析和对责任者的处理意见

重大事故调查组经调查，在对事故责任进行分析的基础上，对责任者提出如下处理意见：

1. ××××上海分公司项目部副经理成×具体负责大演播厅舞台工程，在未见到施工方案的情况下，决定按常规搭设顶部模板支架，在知道支架三维尺寸与施工方案不符时，不与工程技术人员商量，擅自决定继续按原尺寸施工，盲目自信，对事故的发生应负主要责任，建议司法机关追究其刑事责任。

2. 花苑监理公司驻工地总监韩×，违反"NJ市项目监理实施程序"第三条第二款中的规定，没有对施工方案进行审查认可，没有监督对模板支撑系统的验收，对施工方的违规行为没有下达停工令，无监理工程师资格证书上岗，对事故的发生应负主要责任，建议司法机关追究其刑事责任。

3. ××××上海分公司NJ电视台项目部项目施工员丁×，在未见到施工方案的情况下，违章指挥民工搭设支架，对事故的发生应负重要责任，建议司法机关追究其刑事责任。

4. 朱×违反国家关于特种作业人员必须持证上岗的规定，私招乱雇部分无上岗证的民工搭设支架，对事故的发生应负直接责任，建议司法机关追究其刑事责任。

5. ××××上海分公司经理兼项目部经理史×负责上海分公司和电视台演播中心工程的全面工作，对分公司和该工程项目的安全生产负总责，对工程的模板支撑系统重视不够，未组织有关工程技术人员对施工方案进行认真的审查，对施工现场用工混乱等管理不力，对这起事故的发生应负直接领导责任，建议给予史×行政撤职处分。

6. 花苑监理公司总经理张×违反建设部"监理工程师资格考试和注册试行办法"（第18号令）的规定，严重不负责任，委派没有监理工程师资格证书的韩×担任电视台演播中心工程项目总监理工程师；对驻工地监理组监管不力，工作严重失职，应负有监理方的领导责任。建议有关部门按行业管理的规定对花苑监理公司给予在NJ地区停止承接任务一年的处罚和相应的经济处罚。

7. NT三建总工程师郎×负责三建公司的技术质量全面工作，并在公司领导内部分工负责电视台演播中心工程，深入工地解决具体的施工和技术问题不够，对大型或复杂重要的混凝土工程施工缺乏技术管理，监督管理不力，对事故的发生应负主要领导责任，建议给予郎×行政记大过处分。

8. ××××安技处处长李×负责三建公司的安全生产具体工作，对施工现场安全监督检查不力，安全管理不到位，对事故的发生应负安全管理上的直接责任，建议给予李×行政记大过处分。

9. ××××上海分公司副总工程师赵×负责上海分公司技术和质量工作，对模板支撑系统的施工方案的审查不严，缺少计算说明书、构造示意图和具体操作步骤，未按正常手续对施工方案进行交接，对事故的发生应负技术上的直接领导责任，建议给予赵×行政记过处分。

10. 项目经理部项目工程师茅×负责工程项目的具体技术工作，未按规定认真编制模板工程施工方案，施工方案中未对"施工组织设计"进行细化，未按规定组织模板支架的验收工作，对事故的发生应负技术上重要责任，建议给予茅×行政记过处分。

11. ××××副总经理万×负责三建公司的施工生产和安全工作，深入基层不够，对现场施工混乱、违反施工程序缺乏管理，对事故的发生应负领导责任，建议给予万×行政记过处分。

12. ××××总经理刘×负责三建公司的全面工作，对三建公司的安全生产负总责，对施工管理和技术管理力度不够，对事故的发生应负领导责任，建议给予刘×行政警告处分。

三、案例分析

安全生产责任制度是工程建设中最基本的安全管理制度，是所有安全规章制度的核心。《建筑法》以专章的形式对建筑安全生产管理进行了规定，安全生产责任制度则是中心内容。安全责任制的主要内容包括：一是从事建筑活动主体的负责人的责任制。比如，建筑施工企业的法定代表人要对本企业的安全负主要的安全责任。二是从事建筑活动主体的职能机构或职能处室负责人及其工作人员的安全生产责任制。比如，建筑企业根据需要设置的安全处室或者专职安全人员要对安全负责。三是岗位人员的安全生产责任制。岗位人员必须对安全负责。从事特种作业的安全人员必须进行培训，经过考试合格后方能上岗作业。

本案中，施工单位严重违反了安全生产责任制度的有关规定，酿成了重大安全生产事故，这个教训是十分深刻的。

本案中，调查组建议司法机关追究总监理工程师韩××的刑事责任，这一处理意见引起巨大的社会反应。我国《刑法》第一百三十七条规定："建设单位、设计单位、施工单位、工程监理单位违反国家规定，降低工程质量标准，造成重大安全事故的，对直接责任人员，处五年以下有期徒刑或者拘役，并处罚金；后果特别严重的，处五年以上十年以下有期徒刑，并处罚金。"尽管韩×的行为能否构成重大安全事故罪还存在争议，但在整个事件中，韩×在主观方面存在一定的过失。这起重大安全事故为整个监理行业敲响了一个警钟，监理企业及监理人员作为工程质量责任主体和安全责任主体，必须严格依法履行监理职责，否则很可能面临严厉的法律制裁。

案 例 39

原告：封××
被告：××国道指挥部（以下简称"国道指挥部"）
被告：××道桥工程公司（以下简称"道桥公司"）

一、基本案情

1996年3月，308国道某段改建工程由该国道指挥部发包给道桥公司。同年8月15日晚9时，乌××驾两轮摩托车上班，途经该处。由于道桥公司的施工作业区两端在夜间未设置明显夜光标志和危险警示标志，乌××撞到道桥公司因挖坑施工而堆放在公路上的水泥石块上，经抢救无效于第二天死亡。原告封××（死者之母）共花去抢救医疗费15 800元。

原告难掩丧子之痛，起诉道桥公司及国道指挥部，要求赔偿原告抢救医疗费、死亡补助费、丧葬费等共计人民币35 000元。

被告国道指挥部辩称：308国道的改建工程，发包给施工单位承建，在施工中发生事故，应由施工单位承担责任。

被告道桥公司辩称：事故性质应属道路交通事故，现交警大队未作出交通事故责任认定书，法院不能先行裁决；308国道指挥部已发文通告施工，被告在施工作业区两端竖立明显警告标志，已做到按章施工，因乌××疏忽才酿成事故，故被告不应承担赔偿责任。

二、案件审理

法院经审理认为，道桥公司应负特殊侵权全部赔偿责任，其理由是：

（1）道桥公司在公路上挖坑施工，掘起的水泥石块堆在作业区旁，危及来往行人安全，又未设置明显标志，根据《民法通则》第一百二十五条规定，施工人道桥公司对造成乌××死亡的损害结果，应承担民事责任。

（2）施工人不能证明事故是死者故意造成的，故乌××依法不承担民事责任。

（3）国道指挥部已经把工程发包给道桥公司承包施工，其不合《民法通则》第一百二十五条所规定的特殊侵权损害的责任主体，故其不应对乌××的死亡后果承担民事责任。

根据《民法通则》第一百一十九条规定，道桥公司应赔偿原告医疗费、丧葬费、死亡补偿费等费用。上列费用的确定可参照《道路交通事故处理办法》第三十七条规定计算。

法院依照《中华人民共和国民法通则》第一百二十五条、第一百一十九条规定，参照《道路交通事故处理办法》的规定，主持双方当事人进行了调解。达成了如下调解协议：

被告道桥公司赔偿原告人民币 2 万元，本案诉讼费 1 300 元，由被告道桥公司负担。

三、案例评析

《民法通则》第一百二十五条：“在公共场所、道旁或者通道上挖坑、修缮安装地下设施等，没有设置明显标志和采取安全措施造成他人损害的，施工人应当承担民事责任。”该条规定的是施工人应承担的特殊侵权损害赔偿的民事责任。

本案中，施工人道桥公司虽设有警告标志，但其标志在夜间无明显反光功能，也无其他警告标志，以致不能引起过往行人的足够注意。也就是说，道桥公司安全设施是有缺陷的，对由此造成的损害，应当承担赔偿责任。

案 例 40

原告：吴某
被告：××工程公司
被告：郑某

一、基本案情

1998 年，被告某工程公司与该公司职工被告郑某签订工程承包合同，约定由郑某承包某大桥行车道板的架设安装。该合同还约定，施工中发生伤、亡、残事故，由郑某负责。

原告吴某经人介绍到被告郑某处打工。为防止工伤事故，郑某曾召集民工开会强调安全问题，要求民工在安放道板下的胶垫时必须使用铁钩，防止道板坠落伤人。某日下午，吴某在安放道板下的胶垫时未使用铁钩，直接用手放置。由于支撑道板的千斤顶滑落，重达 10 多吨的道板坠下，将吴某的左手砸伤。郑某立即送吴某到医院治疗 23 天后出院。吴某住院期间的医疗费、护理费、交通费、伙食费，以及出院后的治疗费用总计 5 310 元，已由郑某全部承担。

1999 年 2 月，某法医技术室对吴某的伤情进行鉴定，结论是：伤残等级为工伤七级。

随后，吴某与郑某因赔偿费用发生争执，吴某以郑某和工程公司为共同被告，提起诉讼，请求判令两被告赔偿误工费 7 000 元、住院生活补助费 300 元、鉴定费 500 元、交通费 1 450 元、残疾人生活补助费 1.1 万元和再次医疗的费用；诉讼费由被告承担。

两被告辩称：原告违反安全操作规定造成工伤，不同意赔偿。

二、案件审理

法院经审理认为：被告郑某是某大桥道板架设安装工程的承包人，招收原告吴某在该工程工作后，双方形成了劳动合同关系。郑某作为工程承包人和雇主，依法对民工的劳动保护承担责任。采用人工安装桥梁行车道板本身具有较高的危险性，对此，郑某应采取相应的安全措施，并临场加以监督和指导。而郑某仅在作业前口头予以强调，疏于注意，以致吴某发生安全事故。虽然吴某在施工中也有违反安全操作规则的过失，但其并非铁道建设专业人员，且违章情节较轻，故不能免除郑某应负的民事责任。

被告工程公司作为某大桥的施工企业，在有条件采用危险性较小的工作方法进行行车道板架设安装的情况下，为了降低费用而将该项工程发包给个人，采用人工安装，增加了劳动者的安全风险。该公司在与被告郑某签订的承包合同约定"施工中发生伤、亡、残事故，由郑某负责"，把只有企业才有能力承担的安全风险，推给能力有限的自然人承担，该条款损害了劳动者的合法权益，违反了我国宪法和劳动法前述有关规定，依照《中华人民共和国民法通则》第五十八条第一款（五）项的规定，该约定应当属于无效条款，不受法律保护。工程公司对原告吴某的工伤事故，依法应当承担连带责任。

法院据此判决：被告郑某在本判决生效后5日内付给原告吴某医疗、误工、住院生活补助、护理、交通、伤残补助金、伤残就业补助金，共计18 700元（已付5 310元，执行时予以扣除）。被告工程公司对上列费用承担连带责任。案件受理费760元，鉴定费500元，由郑某负担。

三、案例评析

在本案中，工程公司把只有企业才有能力承担的安全风险，推给能力有限的自然人承担，该条款损害了劳动者的合法权益，违反了我国宪法和劳动法有关规定，属于违反法律或者社会公共利益的无效民事行为，不受法律保护。本案法院判决由郑某承担赔偿责任，由工程公司承担连带责任，是正确的。

相对于企业而言，劳动者属于弱者。虽然原告在施工中也有违反安全操作规则的过失，但法院从加强对劳动者保护的立场出发，没有因此免除被告应负的民事责任，同样是合理的。

案 例 41

一、基本案情

WWX市山水娱乐城工程地处WWX闹市区，主体地上22层，地下3层，建筑面积47 800平方米，该工程建设单位为WWX山水娱乐城总公司，工程监理单位为WWX同济建筑工程监理公司。该工程建筑结构、水电暖通设计由WWX市建筑设计研究院承担，建筑结构土建施工由WWX市第二建筑工程总公司承建，基坑围护结构设计和施工单位为NJ勘察工程公司，工程桩基施工也同时由NJ勘察工程公司承建。该工程自1995年2月开始由 NJ 勘察工程公司进场开始围护及桩基施工，于 1995 年 9 月开始从东向西进行挖土、内支撑安装及桩间压密注浆施工，于 1996 年 4 月 13 日基本完成深基坑围护支护工程项目，1996 年 4 月 13 日至 4 月 20 日，继续以人工挖除基坑西南角剩余土方约 2 000 立方米。同年 4 月 20 日下午 5 时左右，基坑西南剩余土方基本挖清后，不满 10 小时，即于 4 月 21 日凌晨 2 时 25 分左右，基坑西南角发生倒塌。

二、事故责任的分析和处理

WWX 市山水娱乐城工程的基坑围护结构系由 NJ 勘察工程公司一体负责设计和施工，该公司一并对施工防护、基坑安全以及施工场地周围建筑物、地下管线的保护负责，并作出了合同承诺。在该基坑围护支护结构的设计和施工实践中，NJ 勘察工程公司应认真掌握该基坑围护支护的技术条件，对可能发生的各种情况进行强度和变形计算分析，且须加强管理。但在基坑围护支护结构的设计和施工中，该公司仅进行单一情况的强度计算，特别是对该基坑西边线的大转折凸角结点受力复杂部位考虑疏漏，未进行受力分析和变形计算，形成薄弱突破点，留下严重隐患。在施工中发现有关情况又未采取有效措施，致使该处钢围檩凸角结点连接焊缝强度严重不足，在土的被动压力减小后而首先破坏失效，引起基坑西南角维护支撑系统失去平衡稳定，而发生该基坑局部坍塌。作为该基坑围护支护结构设计和施工的一体承建商 NJ 勘察工程公司是该基坑部分坍塌事故的主要责任单位，该单位的工程项目设计负责人和工程项目施工现场负责人应为主要责任人。该工程深基坑西南角部位于 1996 年 4 月 21 日坍塌前一段时间，已明显出现周边邻近道路沉降和裂缝的非正常迹象，且不断有所发展，甚至临近 4 月 21 日该基坑部分坍塌前曾明显发生险情迹象，但均未受到现场有关方面的应有重视，而心存侥幸，未采取妥善预防措施。因此，WWX 山水娱乐城总公司作为建设单位，疏忽严格管理，应部分承担组织管理责任。

（1）NJ 勘察工程公司为该事故的主要责任单位，承担赔偿事故经济损失的 80%。在事故处理、经济损失赔偿实现前，吊销该单位进入 WWX 市"进市施工许可证"。在调查中发现有转包现象，由建设行政主管部门另行处理。该单位的事故责任人，由有关部门按规定进行处理。

（2）山水娱乐城总公司应部分承担组织管理的责任，承担事故经济损失的 20%。

（3）对周围建筑物的维修加固费用，考虑到基坑坍塌事故发生前已有一定影响，故可作为工程预算按实际发生数进入工程总造价中处理。

（4）土方总包单位苏州地质工程勘察院以及分包单位锡山市市政运输公司在基坑土方工程施工中也有缺陷，给予通报批评。

（5）WWX 同济建筑工程监理公司监理不力，给予行政批评，并督促其加强管理。

三、案例评析

《建筑法》第三十七条规定："建筑工程设计应当符合按照国家规定制定的建筑安全规程和技术规范，保证工程的安全性能。"《建设工程质量管理条例》第十九条第一款规定："勘察、设计单位必须按照工程建设强制性标准进行勘察、设计，并对其勘察、设计的质量负责。"

本案中，NJ 勘察工程公司仅进行单一情况的强度计算，造成重大质量隐患，实际上是违反工程建设强制性标准的行为,依法应当承担法律责任。

案 例 42

一、TZZ 市鼓楼北路 1 号商住楼

该工程建筑面积 5 461 平方米,六层砖混结构,一层为商业用房,二至六层为住宅。由 TXZ 市城镇建设开发总公司开发建设,DT 县建筑设计研究院勘察队进行岩土工程勘察,TXZ 市建筑设计院设计,TXZ 市新市建筑安装工程有限公司施工,TXZ 市工程建设监理有限公司监理。在检查中专家发现,在这项工程中勘察地质结构的方法、判定建筑物场地类别的方法都是错误的。其一层结构设计方案不合理,抗震构造柱有漏建,构造柱箍筋相当一部分弯钩不符合规范要求(135 度),砌筑砂浆饱满度不够。必须对结构方案、抗震构造、受力计算进行全面审核后,提出相应的处理方案,消除结构隐患。

二、WH 佳园 19 号楼

该工程为七层砖混结构。由 WH 房地产开发集团股份有限公司开发建设,HBZ 省地质勘察基础工程公司勘察,WH 华太建筑设计工程有限公司设计,FJZ 惠安建筑工程发展公司 WH 分公司施工。该工程勘察报告无钻孔柱状图,违反《岩土工程勘察规范》的规定。勘察报告中夯扩桩参数违反《建筑桩基技术规范》的规定。施工中砼的养护、内外墙留槎处理、砌体洞口的处理、三层柱 C-4 轴强度、部分砌体拉结筋等多方面违反工程建设标准强制性条文。

案 例 43

原告:江苏省某建筑集团公司
被告:上海市某房地产开发公司

一、基本案情

1996 年,上海某大厦建设工程即将开工。原、被告在签订承发包合同的同时签订了一份(履约)保证金协议,约定由原告向被告支付 500 万元作为履约保证金,期限一年;同时约定了补偿办法和违约责任等。协议签订后,经被告认可,原告实际支付了 450 万元。被告收取此笔保证金,即将其挪用于工程建设。一年期满后被告未按约如期履行返还义务。双方于 1999 年 9 月 24 日签订补充协议约定从 1999 年 10 月起,被告按月归还,每季度不少于 225 万元,在 2000 年 3 月前归还全部保证金。但到期被告仍未按约归还,原告催索无着,遂书面通知被告解除补充协议,并向法院提起诉讼,要求法院判令被告归还保证金及利息。

二、案件审理

庭审过程中，原告代理律师认为，保证金协议尽管不够完善、不尽规范，但并无违法性，亦无危害性，当时的法律、法规并无禁止性的规定，因此，其合法性是毋庸置疑的。2000年1月1日起生效的我国《招标投标法》明确规定："招标文件要求中标人提交履约保证金的，中标人应当提交。"这从另一方面说明了本案关于保证金协议的超前设定，获得后续法律的肯定。本案的关键在于保证金的如何收取和有效监管。被告收取保证金并将其挪作他用，从而使原本应起履约保证作用的保证金变作投资款，这是导致被告无力归还引发纠纷的根本原因。

至于被告又以自己的行为表明不履行补充协议约定的还款义务，原告有权依《合同法》第九十四条、第九十六条之规定解除补充协议。双方仍应按原保证金协议享有权利和履行义务。

被告代理律师则认为，所谓保证金协议，实为无效协议。名为履约保证，实为拆借资金，原告的目的是为了保证中标而屈就于被告。补充协议是一个新的协议，被告仅拖延了一个月未还，原告即行使解除权并起诉未免操之过急。

本案经庭审、调解，双方达成共识，保证金应当全额返还，被告长期占用原告的资金，应当给予适当补偿。在此基础上，双方于2000年4月14日在法院主持下达成调解协议：开发商应归还施工方保证金450万元，并补偿施工方50万元，两项合计500万元，自调解生效时起，每月给付100万元，五个月内付清。

三、案例分析

工程保证担保制度是规范建筑市场的一个重要的法律手段。在国际工程市场，已经建立了完善的担保制度，如投标担保、履约担保以及预付款担保等。工程合同履约保证金制度相当于国际承包工程中通行的履约保函，其设立的本意是为了确保建设工期和质量，并作为承包方履约的保证担保。

本案最大的教训是：履约保证金不能向发包人直接提交。因为发包人的建设资金或开发资金往往本身不落实或者有严重缺口，一笔可观的资金到手后，其不挪用、不先用似乎不可能。而履约保证金一旦被挪用，就不能起到《担保法》规定的："保障债权的实现，发展社会主义市场经济"的目的，这给承包人造成极大的风险。

按照立法原理，保证、保证人、保证金均应由债权人和债务人之外的第三人来担当或实施，而不应由权利义务双方之间直接收取或交付。中标人为承包工程提供履约担保，国际惯例采用的方式是履约保函。履约保函本质上是第三人的信用保证。《世界银行收贷采购指南》规定：工程的招标文件要求一定金额的保证金，其金额足以抵偿借款人在承包商违约时所遭受的损失。该保证金应当按照借款人在招标文件中的规定以适当的形式和金额采用履约担保书或者银行保函的形式提供。因此，在实践中应当明确操作程序，交付"履约保证金"应当像出具履约保证一样，由中标人向第三人提交并由第三人向招标人作担保。

案 例 44

原告：甲公司
被告：乙公司

一、基本案情

2000年1月，原告甲公司向乙公司提供借款200万元。同年5月，双方达成还款协议，乙公司承诺于该年10月底之前还清借款，丙公司在还款协议中承诺对乙公司的借款承担连带责任保证。2000年10月初，丙公司召开股东大会，丁公司作为列席方参加会议并形成股东大会决议，决议内容为丙公司将股权的60%及其为乙公司借款提供的保证责任一并转让给丁公司，丁公司同意承担。之后，丙公司于2000年12月函告甲公司，通知其关于乙公司借款的保证责任已转移给丁公司。2001年1月，甲公司复函丙公司，告知同意将丙公司的保证责任转移给丁公司。

后来，甲要求乙公司及丁公司共同承担连带还款责任。丁公司不同意承担责任，理由是：第一，丁公司与甲公司之间不存在保证合同关系，丁公司在股东大会决议中的承诺只能对丙公司产生效力，对甲公司不发生效力；第二，丁公司与甲公司没有签订担保转让协议，也未签订书面保证协议，该保证责任并未发生实际转让；第三，甲公司与乙公司之间的借款合同无效，担保条款亦无效，故丙公司将担保责任转让给丁公司的行为是无效的。

二、案件审理

法院经审理后认为：企业之间相互拆借属违法行为，因此甲公司与乙公司之间的借款协议无效，其中的担保条款亦无效。丙公司将保证责任转让给丁公司的行为是双方的真实意思表示，且甲公司同意丙、丁之间的保证责任转让行为，故该保证责任转让成立。担保人明知或应知企业之间相互拆借属违法行为而仍为债务人担保，应承担相应的民事责任。法院判决如下：(1)甲公司与乙公司达成的借款协议无效；(2)乙公司返还甲公司借款200万元，如乙公司不能返还借款，由担保人丁公司赔偿因此所致损失部分的1/3。

三、案例评析

处理本案的关键在于解决两个问题，一个是保证责任是否可以转让，一个是如何确定无效保证合同的民事责任。

《合同法》第八十四条规定："债务人将合同的义务全部或者部分转移给第三人的，应当经债权人同意。"从以上规定可以看出，因合同关系确立的债务经债权人同意可以转让。

保证是为确保债权的实现而为法律设立的一项担保制度。保证属于人保，它与物保的不同之处在于，物保属于物权范围，而保证则属于债权范围。因此，保证是合同之债，它的基本属性是主合同的从合同。保证作为合同之债的性质决定了保证责任有可以转让的可能性。

保证合同虽依附于主债务，但它并不是主债务的一部分，而是一个独立的合同，在依附于主债务的范围内有相对的独立性。例如，保证人与债权人可以约定只为主债务的部分提供担保，也可以单独就保证债务约定违约金。对于这些，保证合同都可以单独约定而不依附于主合同。虽然法律没有明文规定保证责任是否可以转让，但是，按照上述法律规定，合同之债可以转让，而保证责任又属于合同之债，且保证合同具有相对独立性，因此，在债权人同意的前提下，保证责任是可以转让的。

本案中，丙公司在还款协议中承诺对乙公司的借款承担连带保证责任，丙公司的保证责任成立；丁公司在股东大会决议中承诺承担丙公司的保证责任，股东大会决议为有效法律文件，丁公司的承诺也是其真实意思表示；事后，债权人甲公司亦同意保证责任转移给丁公司。因此，保证责任由丙公司转移给丁公司的事实成立，丁公司所称与甲公司没有签订担保转让协议也没有签订书面保证合同，故其与甲公司之间不存在保证关系的辩解，没有法律依据，不能成立。

《担保法》第五条规定："担保合同是主合同的从合同，主合同无效，担保合同无效。……担保合同被确认无效后，债务人、担保人、债权人有过错的，应当根据其过错各自承担相应的民事责任。"企业互相拆借属违法行为，丁公司明知或应知借款合同无效还为乙公司承担保证责任，因此，丁公司同意承担乙公司的保证责任是一种有过错的行为。根据《最高法院关于适用〈担保法〉若干问题的解释》第八条，主合同无效而导致担保合同无效，担保人有过错的，担保人承担民事责任的部分，不应超过债务人不能清偿部分的1/3。因此，当乙公司不能承担还款责任时，应由担保人丁公司赔偿其造成损失部分的1/3。

案 例 45

原告：王某
被告：××市××投资公司（以下简称"投资公司"）
被告：××市公路局（以下简称"公路局"）
被告：××市公路发展有限公司（以下简称"发展公司"）

一、基本案情

1992年11月，王某与拆迁人投资公司签订拆迁安置协议，约定安置其到××区10号院7号楼居住。1994年5月，王某入住后发现该楼邻近××高速公路，噪声污染十分严重，日常生活和学习受到严重干扰。王某多次要求解决噪声污染问题，均没有结果。为此，王某于2000年8月向法院提起诉讼，请求判令投资公司、公路局、发展公司限期采取减轻噪声污染的措施，将住房内噪声值降低到标准值以下，赔偿从入住以来的噪声扰民补偿费每月60元，总计4 500元。

1997年11月3日晚22时，××区环境保护监测站对10号院7号楼进行噪声监测，噪声值分别为78.4分贝、77.3分贝、69.2分贝。该区域适用国家《城市区域环境噪声标准》的4类标准，环境噪声最高限值昼间为70分贝、夜间为55分贝。

被告投资公司辩称，10号院的规划、设计、施工均履行了法定手续。房屋竣工后，经过了××区建设工程质量监督站的验收，符合交付使用条件。建设期间（1992年至1993年）××高速公路已通车，当时的设计已考虑了高速公路的影响。但随着发展，××高速公路的车流量增加了很多，而且××市实行的交通管制又使大型载重汽车只能在夜间进城，这是规划设计时无法预见的。

被告公路局辩称，××高速公路已于1999年10月1日前交发展公司管理和经营；××高速公路早在1987年即建成通车，而10号院是1994年建成的，交通噪声污染责任不能归咎于公路局。

被告发展公司辩称，原告住房的噪声污染问题完全是由于投资公司的过错造成的。理由是：(1) 根据收费站的统计，××高速公路的现流量还远未达到设计流量，并且公路局和我公司管理××高速公路时也没有由于未尽管理义务而导致交通噪声加大的情形，对噪声污染的损害结果没有任何过错。(2) 投资公司在已有的城市交通干线的一侧过近的地方建设噪声敏感建筑物，应当预见而未能预见可能给居民带来的噪声污染，未能采取有效措施防止噪声污染，应当承担本案的全部责任。

二、案件审理

法院审理后认为，投资公司在开发建设7号楼时，××高速公路已通车数年，该公司有关建楼规划手续虽符合当时规定，但并不能免除该公司对噪声污染进行治理的责任，故投资公司在治理和改善住户居住条件的问题上应承担主要责任。发展公司是目前××高速公路的经营管理人和受益人，且此次纠纷所争议的噪声污染源主要来自××高速公路，故发展公司在经营管理过程中有义务承担起治理和改善环境的责任。判决如下：(1) 投资公司在2个月内为原告居住的住房南侧大间、门厅及阳台安装隔声窗（双层），将住房的室内噪声降到昼间60分贝以下，夜间45分贝以下；(2) 投资公司、发展公司赔偿王某所受噪声污染损每月60元，其中，投资公司负担50元，发展公司负担10元，自1994年5月起到住房安装隔声窗之月止。

三、案例评析

本案是全国首例因公路噪声污染而索赔的案件，该案反映了社会公益与个人利益发生冲突时法律的取向，其判决适用的法理具有一定的示范意义。

环境污染致人损害民事责任是一种特殊侵权行为的民事责任，适用无过错责任原则，即无论行为人有没有过错，只要法律规定应当承担民事责任，行为人即应对其行为造成的损害承担责任。尽管无过错责任是解决环境污染问题的一般原则，但对于错综复杂的环境污染案件来说，单一的无过错责任原则是远远不足的，因为加害主体和因果关系的复杂性使每一对法律关系各具其特殊性，这就有必要适用不同的归责原则。

第一被告投资公司。投资公司作为拆迁人，其与原告有基于拆迁安置合同为原告安排好适合居住的合格房屋义务，所以，原告可追究投资公司的违约责任或侵权责任。尽管合同条款一般不会涉及噪声指标，可基于投资公司在投资开发建设该楼房时没有做环境影响评价、没有充分考虑该楼因距离高速公路过近给住户带来的噪声污染危害、没有采取减轻和避免交通噪声影响的措施等事实，认定投资公司应为某些法律义务而不为，其主观过错是明显的。况且适用过错责任原则，还可根据其过错程度加大其应当承担的责任。

第二被告公路局。公路局是××高速公路的开发建设者和最初经营者，但并不能按无过错责任原则追究其侵权责任，因为其对高速公路的所有权和经营权已转移给他人。

第三被告发展公司。发展公司是××高速公路的经营单位。作为噪声的制造者，其应按无过错责任原则承担侵权责任，并不能以主观上无过错为由进行抗辩。

案例 46

原告：庞某
被告：××露天煤矿建设国道指挥部

一、基本案情

1983年，××露天煤矿的建设确定为"七五"期间的重点工程项目。1985年6月，××煤矿设计院编制出《××露天矿可行性研究报告》，肯定该露天煤矿爆破引起的噪声和震动会对周围自然环境产生影响，但对如何采取预防措施未加论述。1988年，××矿务局成立露天建设管理委员会，1990年更名为××露天煤矿建设国道指挥部（下称国道指挥部），1991年该矿开始建设。在国道指挥部计划建设露天煤矿期间，××煤矿劳动服务公司在该露天煤矿东南界线的边缘建立养鸡场。1991年4月，劳动服务公司将该养鸡场发包给本案原告庞某，承包期为4年。1992年2月至6月，庞某分4次购进雏鸡6 970只，饲养在鸡场。同年8至10月，这些鸡先后进入产蛋期。与此同期，国道指挥部在露天煤矿进行土层剥离爆破施工，其震动和噪音惊扰养鸡场的鸡群，鸡的产蛋率突然大幅度下降，并有部分鸡死亡。同年12月底和1993年初，庞某将成鸡全部淘汰。经计算，庞某因蛋鸡产蛋率下降而提前淘汰减少利润收益120 411.78元。

××畜牧科学院兽医研究所对庞某承包的养鸡场的活、死鸡进行抽样诊断、检验，结论为：因长期放炮施工的震动和噪音造成鸡群"应激产蛋下降综合症"。

另，国道指挥部在露天煤矿爆破施工的震动、噪音，致使附近居民的房屋墙壁出现裂损和正常的生活秩序受到影响，引起一些居民不满，政府有关部门曾拨专款给予补偿。

1993年2月，国道指挥部委托地震局、环保局，对露天煤矿爆破施工的震动和噪音进行监测，结论是震动速度和噪音均没超出国家规定的标准。

原告庞某向人民法院起诉称：国道指挥部开矿爆破造成蛋鸡产蛋率由原来的90%以上下降到10%左右，并出现部分鸡死亡的现象，要求被告赔偿损失402 418.42元。

被告国道指挥部辩称：我部开矿爆破经国家有关部门批准，没有违法，不构成侵权，不应承担赔偿责任。

二、案件审理

一审法院经审理认为：露天煤矿开始施工建设时，养鸡场已经建成并投入生产，养鸡场的建立没有违反有关规定。国道指挥部长期开矿爆破施工，其震动和噪音惊扰庞某养鸡场的鸡群，造成该鸡群"应激产蛋下降综合症"，应该承担赔偿责任。该院根据《民法通则》第一百二十四条之规定，于1993年4月28日判决如下：国道指挥部赔偿庞某的经济损失 120 411.78 元。

国道指挥部对判决不服，以原诉答辩理由提起上诉。二审法院在审理中，对地震、环保部门的监测结论进行了核实，认为：这种事后委托有关部门作出的监测结论，因用作监测的对象与当时的客观情况不相一致，放炮点也发生了变化，加之养鸡场的鸡不复存在，故该监测结论不能作为推翻兽医研究所诊断结论的证据。二审法院还就鸡群"应激产蛋下降综合症"的问题听取了有关专家的咨询意见。专家认为：根据兽医学的理论研究，包括鸡在内的各种动物都对外界环境的变化有一定本能的反应，当这种反应超过其本身的适应能力时，就会给其生理和心理造成不良的影响，这种"反应"就是"应激"。庞某养鸡场的鸡群，属于对周围环境要求较高、适应环境能力较低的鸡种，这种鸡好静，长期爆破产生的震动和噪音完全改变了它生长的环境，给鸡群的生理和心理造成了不良的影响，以致产蛋率下降。据此，排除了庞某养鸡场的鸡群产蛋率下降是由于患病所致的因素。

二审法院经重新核算，庞某所受到的经济损失为 131 000 元。

二审法院在进一步查明事实和分清是非、责任的基础上进行调解。经调解，双方于 1994 年 2 月 2 日自愿达成如下协议：

1. 国道指挥部赔偿庞某的经济损失 131 000 元；
2. 国道指挥部于 1994 年 2 月 20 日付给庞某 65 500 元，剩余部分于 2 月底全部付清，否则加倍支付迟延履行期间的利息。

三、案例评析

本案被告国道指挥部在其露天煤矿爆破施工，造成原告养鸡场鸡群的产蛋率大幅度下降，属于环境污染致人损害，法院适用《民法通则》第一百二十四条的规定处理本案的实体问题，是正确的。

环境污染一般是指由于生产、科研、生活及其他活动而向人类生存环境排放废水、废渣、粉尘、垃圾、放射性物质、有毒物质等有害物及产生噪音、震动、恶臭等有害于人类生存环境的行为。这些污染源进入人类环境，使人的生命、健康、财产遭受损害及正常的生产、工作、学习、生活受到妨害，即为环境污染致人损害。环境污染致人损害的民事责任属于一种特殊侵权民事责任。《民法通则》第一百二十四条规定："违反国家环境防止污染的规定，污染环境造成他人损害的，应当依法承担民事责任。"《环境保护法》第四十一条规定："造成环境污染危害的，有责任排除危害，并对直接受到损害的单位或个人赔偿损失。"本案被告在其露天煤矿爆破施工产生的震动和噪音，使原告养鸡场鸡群的安静生活环境受到破坏，引起该鸡场鸡群的产蛋率大幅度下降，这显然属于环境污染致人损害。

案 例 47

一、基本案情

2001 年 1 月 2 日江西省环保局收到举报信，反映 FXX 县某水泥有限公司违法生产，污染严重,对周围居民造成极大影响。1月2日省环境监理总队接到省环保局转来的举报信后,1月3日派人和FXX县环保局共赴现场检查。在检查过程中约见了该水泥公司的总经理许某和投诉人,查明:该水泥有限公司是当地招商企业,由许某等人投资200余万元兴建,2000年5月3日动工,2000年10月23日投产,截止到2001年1月3日未办理环保审批手续,也未办理工商营业执照。FXX县环保局曾于2000年5月18日对该公司下达了停止建设通知书。该公司从事水泥半成品加工,从其他厂家购买水泥熟料进行加工,生产425#硅酸盐水泥。该公司的主要生产设备是一台直径2.2米的球磨,污染防治措施只有一套简易的布袋除尘装置。省环境监理总队建议责令该水泥有限公司停止生产,按规定限期补办环保手续。

二、案件处理

江西省环保局认为该水泥公司的行为,违反了《中华人民共和国大气污染防治法》第十一条的规定。根据《中华人民共和国大气污染防治法》第四十七条的规定,对该水泥厂作出如下行政处罚:(1)责令立即停止生产;(2)处2万元罚款。

三、案例分析

《建设项目环境保护管理条例》确立了"三同时"制度,即建设项目需要配套建设的环境保护设施,必须与主体工程同时设计、同时施工、同时投产使用。在本案中,该水泥厂违反该项制度,其结果是违反了《大气污染防治法》的有关规定,依法应当承担法律责任。

案 例 48

原告:××建筑公司
被告:××镇××村9户村民

一、基本案情

1996年2月,原告××建筑公司与被告××镇××村9户村民签订了建房协议,为被告建造住宅楼五套,每套建筑面积500平方米,每套造价26万元,付款方法是施工队伍进场时按总造价的10%付款,一、二、三层开工结构封顶时各付15%;全部完工后由镇政府有关人员进行工程质量评审,验收合格后付25%,余5%作为保修金,待一年保修期满后一次付清。

工程完工后,原告多次通知被告及镇政府前来验收,但他们认为工程质量较好不用验收,并且各建房村民均已入住。值得注意的是,实际每套建筑面积589.65平方米,超过原定标准89.65平方米。鉴于工程已完工,于是,原告对被告拖欠的25%的工程款137 330元和增加面积的工程款233 090元向被告追讨,但被告一直未予支付。1997年3月,原告起诉,要求被告支付增加面积部分的工程款。

二、案件审理

一审法院经审理,判决被告应支付增加面积部分的工程款 233 090 元。判决后,一审被告以工程未经验收不应支付增加面积部分工程款为由,提起上诉。二审法院支持了一审法院对超过部分面积的工程款被告应予支付的认定,但认为给付时间应按双方约定的协议执行,由此判决:各被告偿付给原告工程款 233 090 元,按 1996 年 2 月双方签订的协议书约定的付款方式、时间给付。

判决生效后,被告未履行。原告申请法院强制执行,执行法官却无奈地告诉原告,该判决书无法执行,因为判决书上写的给付时间和方式是按双方签订的建房协议书,协议书上付款时间分六次支付,而且要镇政府进行工程质量评审验收合格后才支付。判决不明确,无法执行。

为此,原告针对拖欠的工程款 137 330 元再次起诉各被告,法院委托某建筑工程技术研究鉴定中心对该工程进行鉴定,鉴定结果:工程已全部完工,质量完全合格。但法院却以"原告在工程未完工、验收、结算的情况下,又以同一法律关系起诉要求被告偿付工程款,不符合起诉条件"为由,裁定驳回起诉。尽管原告多次告知法院,原来的判决是针对增加部分面积的工程款,两次起诉不属同一事实。但法院认为,原判决中已认定:双方签订的建设工程承包协议确定的权利义务应受法律保护,工程款给付按双方约定的协议执行。故该判决已对工程款进行了判决。如此一来,原告面对判决书认定受法律保护的工程款却始终无法执行。

三、案例评析

本案原告确定的债权之所以无法执行,问题出在两份裁判书上:

第一份判决书虽然确认了债权的合法性,但判决主文含糊不清,对当事人的诉讼请求未明确处理意见,因协议本身约定不清,判决"按协议约定的付款方式履行",显然是错误的,该判决没有解决当事人的诉讼请求,导致执行无据可依。为此,当事人可依审判监督程序进行申诉。

第二份裁定书错误理解了"一事不再理"原则。法律规定,当事人不得对判决书认定的事实再行起诉。它指的是同一法律关系中的同一法律事实,而原告的第二次起诉针对的是不同的事实,该事实未经法院审理,是符合起诉条件的,法院以同一法律关系再行起诉不符合起诉条件为由驳回起诉,是错误的。对此,当事人可以申请再审。

案 例 49

申请人:××建筑集团公司
被申请人:××跨国集团

一、基本案情

××跨国集团作为业主与作为承包商××建筑集团公司订立了一份施工总承包合同,

就业主投资的某室内装修工程作了约定。该室内装修工程总承包面积9 954平方米，以原报价单为基础，双方确认合同总价款为6 771 435美元。在施工过程中发生设计变更所引起的工程费用在工程决算中予以调整。装修工程完工后，承包商应提前通知业主并与业主指定的设计师及管理人员进行验收，经验收合格后由业主委任的设计师、管理人员签发验收证明书。如验收中发现施工安装质量部分未全达到合同规定的技术要求但又不影响使用的，由承包商提出书面承诺在保修期内按合同规定的技术要求加以改善后，业主发给承包商工程验收证明书。业主在合同生效后两个星期内付给承包商合同总价30%作预付款。半年保修期满后，业主付还承包商合同总价5%的工程保养金。合同签订后，承包商开始装修工程的施工。但装修完成后，双方因拖欠装修工程款的争议协商未果，承包商遂依合同约定争议条款向中国国际经济贸易仲裁委员会深圳分会申请仲裁，请求裁决业主偿付工程尾款11万美元、工程保修金283 777美元及两项欠款利息。

在仲裁庭审理期间，被申请人的主要答辩意见是：由于工程质量问题，双方曾口头协商不再付给申请人5%保养金，此外的工程款早已全部支付。装修工程进行到最后，经双方协商确定最后付款额为5 651 443美元。因被申请人通过申请人将430 440美元转交香港某公司用来购买装修材料，而该香港公司的法定代表人与申请人的法定代表人都是同一个人，被申请人有理由认为，该笔款项实际上是由申请人收取了，故应冲抵工程款，且余额应返还被申请人。对于申请人提交的工程竣工验收证书，被申请人提出没有其公章、未经总经理签字，是申请人单方面制造的。

二、案件审理

仲裁庭审理查明：关于工程总价款问题，双方认可曾共同签字确认合同总价款由原来6 771 435美元降为5 610 099美元，申请人交给被申请人的工程预（结）算表中，就增加工程分项列价，标明新增工程价为56 636美元。被申请人代表对部分单价做修改，并注明"实际数量及价格合理，应按我们改后之单价结算，实际为52 057美元"。仲裁庭由此认定工程总价款为5 662 156美元。

关于工程验收问题，申请人在装修工程完工后，即会同被申请人指定的设计师及管理人员进行验收，并且设计师及管理人员向申请人签发了"工程竣工验收证书"。由此仲裁庭认为被申请人有关验收证书异议不成立。

关于5%保养金问题，在工程竣工后的保修期内，申请人按照被申请人在验收证书中所列的保修项目做了全面整改，被申请人对整改项目也有签字认可。仲裁庭认为，被申请人主张无事实依据，应按合同约定支付申请人5%保养金及利息。关于工程尾款问题，根据被申请人已付数额，认定尚欠尾款为11万美元。对于多支付的430 440美元，被申请人称双方均同意转交给某香港公司作为被申请人装修酒店购买装修材料的定金，被申请人同时承认申请人已将该定金汇给某香港公司。仲裁庭认为，香港公司和申请人是两个不同法人，被申请人不能以该两公司的法定代表人系同一人为由，而认为是申请人收取了定金，也不能以香港公司未履约为由，认为定金抵偿了工程款。最后仲裁委员会裁决被申请人偿付申请人工程尾款11万美元、保养金283 777美元及两款相应利息。

三、案例评析

诉讼与仲裁，是解决合同争议的两个基本法律途径。仲裁一般以不公开审理为原则，有着很好的保密性，对当事人今后的商业机会影响较小。同时仲裁实行一裁终局制，有利于迅速解决纠纷，并且由于时间上的快捷性，费用相应节省，又无需多级审多级收费，故仲裁收费总体来说要比诉讼低一些。相对诉讼而言，建筑企业可优先考虑通过仲裁解决拖欠工程款等工程合同纠纷。此外，由于仲裁员通常是具有行业背景的专家，在解决复杂的专业问题上更有权威，因此仲裁结果更能符合实际。

选择仲裁解决工程合同纠纷，应在合同中事先约定或在发生争议后各方对通过仲裁解决达成一致，这是仲裁协议成立的法律要件之一。我国一些直辖市、省、自治区人民政府所在地及其他设区的市设有仲裁委员会，受理国内仲裁案件。中国国际经济贸易仲裁委员会和中国海事仲裁委员会是我国两个常设涉外仲裁机构，前者受理涉及中国法人、自然人、其他经济组织利用外国的、国际组织的或香港、澳门特别行政区、台湾地区的资金、技术或服务进行项目融资、招标投标、工程建设等活动的争议以及其他涉外争议，后者受理的是涉外海事争议。

案 例 50

原告：某经济技术开发区某建筑装饰公司
被告：某地区城乡建设委员会

一、基本案情

原告某经济技术开发区某建筑装饰公司（以下简称某装饰公司）于1995年5月15日经某地区工商行政管理局核准登记，并领取营业执照，经营范围为：室内外装饰等。1995年9月14日领取了由某省第二轻工业厅颁发的《室内装饰施工企业资质等级证书》。

1995年10月13日，原告某装饰公司与某地区河道工程管理处海河宾馆签订了室内装饰工程施工承包合同。10月15日，某装饰公司进入施工工地，同时聘用了江苏省TXZ市田河乡集城村的6名工人。10月20日，某地区建设市场管理办公室对原告某装饰公司在海河宾馆的施工现场进行检查，认定原告某装饰公司有违法行为，遂于1995年11月7日对原告某装饰公司作出（95）某地建查字1109号《建设工程检查处理决定通知书》，认定原告某装饰公司有如下违法行为，并分别予以罚款：

（1）某地区海河宾馆装饰工程，在未取得建设装饰装修资质证书的情况下进行建筑装饰装修设计、施工，违反了建设部第46号令《建筑装饰装修管理规定》第二十五条第一款的规定，处以罚款12 900元；

（2）海河宾馆装饰工程由某装饰公司非法转包给江苏TXZ施工队伍，违反了建设部、国家工商局建法（1991）798号即《建筑市场管理规定》第二十六条第二款的规定，处以罚款2万元；

（3）某装饰公司擅自招用未办理进省手续的省外队伍（江苏省TXZ施工队伍）进行

施工,违反了《某省对省外建筑企业进省施工管理暂行办法》第十五条第一款的规定,处以罚款 5 000 元。

原告某装饰公司不服某地区建设市场管理办公室对其作出的上述处罚,在法定期限内向某地区中级人民法院提起了行政诉讼。

二、案件审理

某地区中级人民法院经审理后认为:装饰行业管理问题,国务院办公厅(1992)31 号文对此作了明确的规定,由轻工系统管理室内装饰企业,某装饰公司取得了某省二轻厅核发的施工资质证书,依据该证书与海河宾馆签订的室内装饰合同,符合国务院的有关规定,被告某地区城乡建设委员会以原告某装饰公司无资质证书为由对其进行处罚属超越职权。某地区城乡建设委员会以某装饰公司非法转包和招用省外施工队伍为由进行处罚,既缺乏事实根据又超越职权,其三项处罚应予撤销。依照《中华人民共和国行政诉讼法》第五十四条第(二)项第 4 目的规定,判决如下:

(1)撤销地区建委(1995)某地建查字第 1109 号建设工程检查处理决定通知书。

(2)案件受理费 1 526 元由被告某地区城乡建设委员会负担。

被告某地区城乡建设委员会不服某地区中级人民法院的一审判决,以某地区中级人民法院的行政判决严重背离事实,适用法律错误为由向某省高级人民法院提起上诉,请求二审人民法院撤销一审人民法院的判决。

某省高级人民法院作为第二审人民法院,审理认为:关于装饰行业归口管理问题,国务院办公厅(1992)31 号文已作了明确规定,室内装饰企业由轻工系统管理。某装饰公司已取得了某省二轻厅核发的室内装饰企业资质证书,与海河宾馆签订的室内装饰合同,既未超出经营范围也不违反国务院办公厅的有关规定。经查,某装饰公司既未非法转包工程,也未招用省外施工队伍,某地区城乡建设委员会以某装饰公司无资质证书等为由对其进行行政处罚属超越职权,且无事实根据和法律依据。一审人民法院依法撤销其作出(95)某地建查字 1109 号《建设工程检查处理决定通知书》并无不当。一审人民法院的判决认定事实清楚,适用法律、法规正确,应当予以维持。依据《中华人民共和国行政诉讼法》第六十一条第(一)项之规定,某省高级人民法院判决如下:驳回上诉,维持原判;二审案件受理费 1 526 元由上诉人承担。

三、案例评析

国务院办公厅(1992)31 号文将室内装饰的行政许可权归于轻工系统,也就是将室内装饰企业的许可证的核发以及监督管理一并赋予轻工系统。这样,在《建设工程质量管理条例》颁布实施之前,对违反室内装饰行政许可有关规定的行为进行处罚的行政处罚权也只能属于轻工系统的行政主管部门。本案原告某装饰公司经某地区工商行政管理局核准登记,领取了营业执照,并于同年取得由某省第二轻工业厅颁发的《室内装饰施工企业资质等级证书》,手续齐备,程序合法,已具备从事室内装饰工程的法定条件。

本案被告某地区城乡建设委员会并不是室内装饰企业行政许可的法定机关(即无权颁发《室内装饰施工企业资质等级证书》),被告某地区城乡建设委员会依据1995 年建设部第四十六号令,即《建筑装饰装修管理规定》第二十五条第一款的规定,以原告某装饰公司未领取资质证书为由对其进行行政处罚既无事实根据,又同国务院办公厅的有关规定冲突,又未经有权机关委托对原告某装饰公司进行处罚,此行为属于超越职权,应予撤销。

案例 51

原告:××建筑公司

被告:××房地产公司

一、基本案情

1997年原告与被告签订建筑安装工程施工合同,约定由原告承包被告某项目一期和二期工程。一期工程如期于1998年9月竣工并交付使用。工程质量经建筑工程质量监督站评定为优良等级,后又经省建设厅评定为省优良样板工程。而此项工程,被告欠工程尾款75万元。二期工程由原告施工,工程进度按合同约定进行,至收尾阶段,被告欠工程尾款560万元。另按合同约定,被告还应付两项工程逾期付款违约金46万元,逾期付款利息100万元。被告拖欠巨额工程款,原告为维护企业的合法权益,在多次与被告交涉未果的情况下,于1999年诉至人民法院。

二、案件审理

法院审理过程中,被告对原告诉指无异议,但对一期工程延误20天的工期,要求原告承担违约责任。法院在审理中查明,原告施工期间,市防汛抗旱指挥部于1998年8月1日发布冻结全市所有建筑施工单位的砂石建筑材料,以备统一调用的6号令。直到8月28日此令才得以解除。延误工期20天系不可抗拒力造成,原告不承担责任。

1999年12月法院对此案作出判决,就一期工程欠款判决被告偿付原告75万元,并付给原告垫付的案件受理费49 300元。然而,判决书下达后,被告既未在法定时限内提出上诉,判决生效后又不履行法律文书确定的还款义务。2000年11月,法院裁定将被告二期工程1~8层和地下室评估拍卖。

当法院下达194号《民事裁定书》后,某保险公司于2000年12月15日向法院提出执行异议,声明二期工程由该公司全额出资兴建,拥有产权,并出示了一份实际上并未履行的所谓"联合开发"的合同,希图否定被告作为开发单位的身份。可是,在同年12月12日某保险公司给原告的复函中则称该公司"已按合同向被告付款",表明被告是开发单位。原来被告将未竣工在建项目二期卖给了保险公司,保险公司则在四层以上安排了员工居住。依据《建筑法》,未验收工程是不准使用的。处于此种情况下,保险公司想为自身一辩。但是,市法院在2001年4月12日明确通知该公司,"你公司提出的执行异议不成立,现予以驳回。你公司应按我院194号裁定书履行。"

三、案例分析

造成建筑市场混乱的一个主要原因,是业主的不规范行为。在本案中,房地产开发商一方面拖欠巨额工程款,另一方面又将在建工程卖给他人,这种不规范行为应当受到法律的制裁。我国《建筑法》及《建设工程质量管理条例》均明确规定,建设工程未经竣工验收合格,不得交付使用。违反了这一强制规定的交易行为是违法的。本案中,案外人某保险公司在无完备竣工验收手续的情况下购买楼盘,这种行为是不受法律保护的。法院根据《建筑法》的有关规定驳回保险公司的异议是正确的。

案例 52

一、基本案情

SXZ 省 ZZ 县 ZZ 中学教学楼工程由 YYL 市榆阳区规划设计院设计（项目负责人宋 X）,YYA 市建筑工程总公司施工（项目经理杜 X）,于 1998 年 7 月 6 日开工,1999 年 10 月 31 日竣工验收,2000 年 4 月 4 日正式投入使用。该工程为 5 层外廊式砖混结构,建筑面积 3 535 平方米,楼层为预应力多孔板混凝土梁结构。6 月 5 日,校方发现部分大梁及五层多功能厅、阶梯挑梁出现不同程度的裂缝,最宽处达 1.5 毫米左右。经省质量安全监督总站组织省设计院、省检测中心专家对事故进行全面分析鉴定,并经建设部建筑管理司质量技术处、勘察设计司技术质量处负责同志现场察看,一致认为,造成质量事故的主要原因是:施工图设计文件未严格按该地区 6 度抗震设防的规定进行设计,结构体系不合理,整体性差,构造措施不符合要求;施工单位施工的砼梁不能满足设计砼强度等级的要求,梁的质量不均匀,离差太大。

二、事故处理

事故发生后,SXZ 省建设厅、YYL 地区建设局、ZZ 县建设局等有关部门非常重视,采取了一系列有效措施保证师生的安全,并对事故进行了认真的调查处理。2001 年 8 月 3 日,SXZ 省建设厅就这起事故的处理情况发出了《关于 ZZ 中学教学楼质量事故的通报》,对有关责任单位和责任人做出了严肃处理。

根据《中华人民共和国建筑法》、国务院《建设工程质量管理条例》以及 SXZ 省建筑市场、建设工程质量管理的有关规定,对 ZZ 中学教学楼质量事故有关责任单位和责任人处理如下:

1. 对事故主要责任方 YYL 市榆阳区规划设计院责令停业整顿,整顿经 YYL 市建设局验收合格后,方可承接新的设计任务。收回该项目设计负责人宋 X 二级注册建筑师资格证书,五年内不得承担设计任务。

2. 对事故次要责任方 YYA 市建筑工程总公司黄牌警告,收回项目经理杜 X 三级项目经理资格证书,一年内不得担任施工项目经理。

3. 对未认真履行建设单位职责、向 YYA 市建筑工程总公司介绍不符合条件的联营单位,并对事故负有一定责任的 ZZ 中学,由 ZZ 县委、县政府调查处理。

4. 对既无施工企业资质、又无企业法人营业执照的 ZZ 县东关建筑队,由 ZZ 县政府依法处理。

5. 对在质量监督过程中把关不严的 ZZ 县质监站予以通报批评。

6. 事故造成的经济损失，待加固结束后由 YYL 市建设局根据各方责任大小另行处理。

三、案例评析

建设行政管理部门及有关部门应当从这次质量事故中认真吸取教训，本着对国家、对人民生命财产高度负责的精神，认真贯彻《建设工程质量管理条例》，加强建筑市场管理，落实建筑市场主体各方质量责任制，严格执行工程建设强制性标准，依法查处工程质量事故，防止重大质量事故的发生。

案 例 53

一、基本案情

FXX 县贝港桥，位于 FXX 县南桥镇新建西路的贝港河上，该桥东西方向共三孔，两个边孔跨径各为 16 米，采用非预应力预制梁，中孔跨径为 20 米，采用预应力预制梁，全长 52.54 米，桥宽 16 米。该工程 1995 年 5 月 4 日开工，同年 10 月 16 日桥梁部分竣工，因桥接坡未完成，在桥梁坍塌时，尚未验收使用。1995 年 12 月 26 日下午 4 时 15 分，贝港桥两个桥墩突然下沉，致使整个桥面中间部位下沉后呈 V 字形。经过调查，事故原因查明，造成这起桥梁下沉坍塌事故的主要原因是两个桥墩的钻孔灌注桩施工质量低劣，桩身质量差，长度不足，桩尖没有达到设计要求的持力层，由于承载力不足，造成桥梁突然下沉。

二、事故责任及处理

1. 海华市政建设工程公司按工程承包合同承担桥梁下部结构施工，该公司承接任务后，转包给陈某私人承包施工。陈某施工时偷工减料弄虚作假，施工质量低劣。在施工过程中，施工单位未按规定桩基施工完成后应及时报质监站核验桩基质量，直至桥基和下盖梁完成后即 1995 年 8 月 10 日，才通知 FXX 县质监站核验检查质量，FXX 县质监站于 8 月 11 日到位检查时指出了贝港桥存在的包括钻孔灌注桩成桩后无质量检查报告等五个问题，并要求弄清情况后，再进行下一步施工。施工单位对质监站指出的质量问题，既未进行检测，也未予答复而继续施工。同时该公司为市政三级资质企业，按规定仅能承担跨度为 15 米以下的桥梁，却未办报批手续，属擅自越级施工。因此，该施工企业应对这起事故负主要责任。为此对其作出降低一级资质，赔偿事故直接经济损失 80% 的决定。

2. FXX 县市政管理所是该工程的建设单位，在工程开工前，将本工程的桥基进行了设计修改，其修改设计未提交原设计单位同意，却转给了无桥梁设计资质的 FXX 建筑设计所出图；在发包工程时，未对施工企业进行资质审核；违反规定，将工程发包给不具备相应资质的施工单位施工。在施工中现场管理形同虚设，质量管理严重失控，对质监站提出的整改意见，没有督促施工单位落实，而让其继续施工，因此对这起事故负重要责任。

对该单位给予通报批评，赔偿事故直接经济损失20%。

3. 海华市政建设公司法定代表人管理不严，违反规定擅自越级承包施工，将工程交给公司以外私人承包施工，负有领导责任，给予行政撤职处分。该公司技术负责人质量管理不严，未落实桩基质量验收措施，负有技术把关不严之责，给予行政记过处分。该工程承包方陈某，在施工中偷工减料，弄虚作假，致使工程质量低劣，对酿成这起重大事故应负直接责任，由司法部门立案侦查，追究刑事责任。FXX县市政管理所法人代表管理不严，违反规定，将工程发包给无桥梁设计资质的非桥梁设计单位修改设计，将工程发包给无相应资质企业施工，对现场管理人员缺乏教育，质量管理失控，负有领导之责，给予行政撤职处分。现场项目负责人对施工企业监督检查不严，质量管理失控，工作失职，给予留用察看一年处分。

三、案例评析

本案中，施工单位海华市政建设公司和建设单位FXX县市政管理所违反了多项法律禁止性规定。具体有：

1. 《建设工程质量管理条例》第七条第一款规定："建设单位应当将工程发包给具有相应资质等级的单位。"第五十四条规定："违反本条例规定，建设单位将建设工程发包给不具有相应资质等级的勘察、设计、施工单位或者委托给不具有相应资质等级的工程监理单位的，责令改正，处50万元以上100万元以下的罚款。"

2. 《建设工程质量管理条例》第二十五条规定："施工单位应当依法取得相应等级的资质证书，并在其资质等级许可的范围内承揽工程。禁止施工单位超越本单位资质等级许可的业务范围或者以其他施工单位的名义承揽工程。禁止施工单位允许其他单位或者个人以本单位的名义承揽工程。施工单位不得转包或者违法分包工程。"该条例第六十条第一款规定："违反本条例规定，勘察、设计、施工、工程监理单位超越本单位资质等级承揽工程的，责令停止违法行为，对勘察、设计单位或者工程监理单位处合同约定的勘察费、设计费或者监理酬金1倍以上2倍以下的罚款；对施工单位处工程合同价款2%以上4%以下的罚款，可以责令停业整顿，降低资质等级；情节严重的，吊销资质证书；有违法所得的，予以没收。"第六十二条规定："违反本条例规定，承包单位将承包的工程转包或者违法分包的，责令改正，没收违法所得，对勘察、设计单位处合同约定的勘察费、设计费25%以上50%以下的罚款；对施工单位处工程合同价款0.5%以上1%以下的罚款；可以责令停业整顿，降低资质等级；情节严重的，吊销资质证书。"

案 例 54

被告人：陈忠良，男，34岁，原系SHZ市FXX县南桥镇新建西路贝港桥工地负责人

被告人：乌银龙，男，29岁，原系SHZ市FXX县市政工程管理所施工一科科长兼该所驻贝港桥工程施工管理员

被告人：虞天明，男，31岁，原系SHZ市FXX县新建西路贝港桥工地技术负责人兼质量检查员（聘员）

公诉人：SHZ 市 FXX 县人民检察院

一、基本案情

1995 年 3 月至 10 月，SHZ 市海华市政建设工程公司和浙江萧山市市政工程公司分别与 FXX 县市政工程管理所签订了承建 FXX 县南桥镇新建西路贝港桥的合同，两份合同总造价 191 万元。被告人陈 X 作为两个承包单位在贝港桥工地的负责人，全面负责建造贝港桥。在桥梁施工过程中，陈 X 不尽职守，对工作严重不负责任，违反《SHZ 市建设工程质量监督管理办法》等有关规定，聘用无证人员上岗，又未按图纸要求施工，偷工减料，粗制滥造。该桥两个桥墩的钻孔灌注桩施工质量严重低劣，桩身质量差，长度不足，桩身混凝土没有达到设计持力层——26 米，承载能力严重不足，致使贝港桥刚竣工尚未通行，便于 1995 年 12 月 26 日下午 4 时 15 分下沉坍塌，造成直接经济损失 75 万余元。

1995 年 3 月至 10 月，被告人乌 X 受 FXX 县市政工程管理所指派，在担任本县南桥镇新建西路贝港桥工程施工管理员期间，不正确履行管理职责，在钻孔灌注桩施工过程中，违反市政工程及验收的有关规定，未对钻孔灌注桩的孔径、孔深、混凝土质量、用量等进行检查和计算，并盲目在有关施工质量验收单及施工记录上签字。由于被告人乌 X 玩忽职守，建桥施工人员偷工减料，使贝港桥施工质量严重低劣。被告人乌 X 对该桥事故的发生负有直接责任。

被告人虞 X，于 1995 年 3 月 7 日由其妻兄陈 X 聘为 FXX 县南桥镇新建西路贝港桥工地的技术员和质检员。在贝港桥的建造过程中，虞 X 违反 SHZ 市政工程管理局《市政工程施工及验收技术规程》等规章制度，未对钻孔灌注桩混凝土抗压强度、孔径、孔深等进行检验，并且伪造了钻孔桩钻孔终孔后灌浇混凝土前检查记录、钻孔桩记录（回转钻进）、水下混凝土灌注记录表等原始记录，从而掩盖了桩身混凝土存在的严重质量问题，导致了贝港桥的坍塌。

SHZ 市 FXX 县人民检察院分别于 1996 年 5 月 29 日，以玩忽职守罪对陈 X、乌 X 立案侦查；6 月 1 日，以重大责任事故罪对虞 X 立案侦查。经侦查认为，被告人陈 X、乌 X 在贝港桥的施工中有章不循，不正确履行自己的职责，致使国家遭受重大损失，其行为已构成玩忽职守罪；被告人虞 X 在贝港桥施工中不负责任，违反规章制度，伪造原始记录，致使国家遭受重大损失，其行为已构成重大责任事故罪。FXX 县人民检察院根据《中华人民共和国刑事诉讼法》第一百条之规定，分别于 1996 年 10 月 24 日、11 月 15 日向 FXX 县人民法院提起公诉。

二、案件审理

1996 年 12 月 6 日，SHZ 市 FXX 县人民法院经公开审理，依照《中华人民共和国刑法》第一百八十七条、第六十七条之规定，以玩忽职守罪判处被告人陈 X 有期徒刑二年，判处被告人乌 X 有期徒刑一年，缓刑一年；以重大责任事故罪判处虞 X 有期徒刑一年，缓刑一年。

三、案例评析

本案中，法院根据旧刑法第六十七条判处被告虞 X 犯有重大责任事故罪。关于重大责任事故罪，新《刑法》第一百三十七条的规定："建设单位、设计单位、施工单位、工程监理单位违反国家规定，降低工程质量标准，造成重大安全事故的，对直接责任人员，处五年以下有期徒刑或者拘役，并处罚金；后果特别严重的，处五年以上十年以下有期徒刑，并处罚金。"

法院根据旧刑法判处被告人陈X、乌X犯有玩忽职守罪。关于玩忽职守罪，新刑法第三百九十七条规定："国家机关工作人员滥用职权或者玩忽职守，致使公共财产、国家和人民利益遭受重大损失的，处三年以下有期徒刑或者拘役；情节特别严重的，处三年以上七年以下有期徒刑。本法另有规定的，依照规定。"

案例 55

远大开发公司计划开发建设一个居民小区，由于该小区在设计上采用了特殊工艺，经有关主管部门批准，远大开发公司于2005年6月1日将小区的设计任务直接发包给了美美设计院。但是，双方并没有签订书面合同。

2005年12月8日，美美设计院完成了工程设计。远大开发公司以没有书面合同不符合《合同法》中关于"建设工程合同应当采用书面形式"为由，拒绝支付设计费。远大开发公司的做法是否正确？

分析：远大开发公司的做法是不正确的。

尽管《合同法》第二百七十条对建设工程合同的形式作出了规定，使得签订建设工程合同成为了要式民事行为。但是，《合同法》第三十六条同时规定，法律、行政法规规定或者当事人约定采用书面形式订立合同，当事人未采用书面形式但一方已经履行主要义务，对方接受的，该合同成立。

在这里，我们要理解"应当"的含义。"应当"在法律上的意思是"必须"的意思。但是，这个"必须"是建立在除了特殊情况之外的"必须"，而并不是涵盖任何情况。上面的《合同法》第三十六条就是《合同法》第二百七十条的"特殊情况"。

因此，我们对于要式民事行为的理解不能僵化，认为只要属于要式民事行为就都必须要按照法律、法规要求的形式去做。事实上，这些要式民事行为是要在法律、法规所规定原则的基础上结合具体情况、参照具体的特殊规定来确认其效力的。

案例 56

张姗姗是路达公路公司聘用的试验人员，合同中约定，张姗姗的任务是编造实验数据。

由于工程进展很快，张姗姗编造实验数据的速度没能达到施工的进度要求。为此，项目经理要求张姗姗承担违约责任，向路达公路公司支付违约金。张姗姗拒绝了路达公司的要求。路达公路公司的要求是否应该予以支持？

分析：路达公路公司的要求是违法的，不应该予以支持。因为他们所签订的合同的标的，即编造实验数据的行为就是违法的。根据《合同法》的规定，此合同属于无效合同。无效合同自始没有法律约束力，路达公路公司不可以据此要求张姗姗承担违约责任。

案 例 57

赵军是顺达监理公司派出的监理人员，由于工作的需要，赵军需要长年住在施工单位。长时间的接触使得赵军与施工单位的人员建立起了很好的私人关系。

一天，施工单位的主要负责人找到了赵军，向赵军诉说了目前的困难。原来，施工单位目前正在施工沥青混凝土面层，但是由于所在地区不生产碱性石料，导致进度迟缓，希望赵军能够允许施工单位以一部分酸性石料代替碱性石料使用。赵军很清楚拌制沥青混凝土不可以使用酸性石料，但是碍于双方的密切关系，赵军同意了这个要求。

后来，使用酸性石料拌制的沥青混凝土出现了沥青与石料的剥离现象，不得不进行大面积返工，给建设单位造成了巨大损失。为此，建设单位要求顺达监理公司予以赔偿，这个要求是否合理哪？

分析：要求是合理的。工程监理单位接受建设单位的委托，代表建设单位进行项目管理。工程监理单位就是建设单位的代理人。赵军是顺达监理公司派出的监理人员，其行为就代表了工程监理单位。赵军与施工单位串通，为施工单位谋取非法利益，工程监理单位和施工单位要为此承担连带责任。因此，建设单位要求工程监理单位予以赔偿是合理的要求。

案 例 58

王军注册了一家公司，主营业务是对外租赁建筑机械。

2005年3月8日，王军委托李民去购买一台压路机。于是，李民启程去外地压路机的生产厂家。王军在等待中由于心脏病突发而死亡。由于王军去世的时候身边没有人，三天后，在外工作的儿子回家才发现父亲已经去世。此时，李民已经购买了王军委托购买的压路机。

李民回到王军的家中，向王军的儿子说明了购买压路机的事宜。但是，王军的儿子以父亲已经于签订购买压路机的合同之前就去世了，他与李民的委托代理终止，李民要自行为购买压路机承担责任。王军的儿子的说法你认为正确吗？

分析：这种说法是不正确的。

《民法通则》中仅仅规定了代理人死亡会导致委托代理的终止，而没有规定被代理人死亡也会导致委托代理的终止。事实上，被代理人死亡不一定导致委托代理的终止。最高人民法院《民通意见》第八十二条规定了四种情况下，被代理人死亡的，委托代理人实施的代理行为有效。

1. 代理人不知道被代理人死亡的；
2. 被代理人的继承人均予承认的；

3. 被代理人与代理人约定到代理事项完成时代理权终止的;

4. 在被代理人死亡前已经进行,而在被代理人死亡后为了被代理人的利益继续完成的。

李民在外购买压路机,并不知道王军已经死亡,所以其代理行为依然是有效的,其发生的费用由王军所遗留的遗产中支付。

案 例 59

愚公采石场专门生产建筑用石料,2006年7月5日,愚公采石场将应该发给蓝天建筑公司的5 000立方米碎石发给了顺达路桥公司。2006年7月20日,愚公采石场向顺达路桥公司索取这批石料,但是顺达路桥公司却以愚公采石场要支付这些天的保管费用为归还石料的前提,顺达路桥公司的要求合理吗?

分析:合理。本案例中顺达路桥公司与愚公采石场都负有债务,顺达路桥公司的债是基于不当得利的债,应该将所得的石料归还给愚公采石场。愚公采石场所负的债是基于无因管理的债,应该向顺达路桥公司支付这批石料的保管费用。

案 例 60

远方建筑公司(施工单位)与长城开发公司(建设单位)签订了一个施工承包合同。合同中约定竣工日期为2002年9月28日,竣工验收合格后14天内(即最迟于2002年10月12日)长城开发公司向远方建筑公司支付全部工程款。2002年9月28日,远方建筑公司按时竣工,经验收符合合同要求。但是,长城开发公司却迟迟不予支付工程款。由于远方建筑公司的总经理与长城开发公司的总经理私人关系很好,远方建筑公司也就没有去催要这笔工程款。到了2005年3月1日,由于资金紧张,远方建筑公司向长城开发公司催要这笔工程款,但是长城开发公司拒绝支付。于是,2005年3月5日远方建筑公司提起诉讼。法院经审理认为长城开发公司尽管应该支付这笔工程款,但是由于远方建筑公司怠于行使权利,已经超过了诉讼时效期间,法律已经消灭了它的胜诉权,长城开发公司可以不予支付。

分析:远方建筑公司的诉讼时效期间始于2002年10月12日,诉讼时效期间为2年(参见下文),将截止于2004年10月12日。而远方建筑公司在诉讼时效期间并没有主张自己的权利,其胜诉权已经消灭。

案 例 61

李冰开了一家工程试验用品商店,由于其器具和药品种类齐全且质量优良,赢得了广泛的赞誉。

刘斌是路达路桥公司的试验人员,也是李冰的好朋友。自2000年始,刘斌就到李冰的商店取三氯乙烯用于试验,每次都是打个欠条,欠条上面的字样都是相同的:某年某月某日,取走三氯乙烯10箱。所有欠条上都没有写明还款日期。

2005年2月2日,李冰向刘斌追讨所欠的药品费用,刘斌以超过了诉讼时效期限为由拒绝偿还。你认为刘斌的理由成立吗?

分析:理由不成立。

尽管此案例的诉讼时效期间是2年,但是,此诉讼时效期间始于当事人知道或者应当知道自己的权益受到侵害。在李冰没有追讨欠款前,他并不知道自己的权益受到了侵害,只是在刘斌拒绝还债的情况下才知道自己的权益受到了侵害。此时不仅没有超过诉讼时效期间,恰恰相反,诉讼时效期间才刚刚开始。

案 例 62

2003年3月1日,四海建筑公司与天鹅水泥厂签订了一个购买水泥的合同,合同中约定天鹅水泥厂于2003年4月12日将100吨水泥运至四海建筑公司的施工现场,四海建筑公司验收货物后三天内支付水泥款。

2003年4月12日,天鹅水泥厂如约将水泥运至四海建筑公司的施工现场并通过了四海建筑公司的验收。但是,四海建筑公司却一直没有支付水泥款。

2003年5月4日,天鹅水泥厂计划起诉,但是,由于2003年5月4日至6月4日发生了洪水导致交通中断,使得起诉活动无法进行。

2005年4月20日,天鹅水泥厂正式提起诉讼,要求四海建筑公司偿还水泥款。但是,法院却以超过了诉讼时效期间为由对其请求不予支持。天鹅水泥厂认为,由于不可抗力的原因使得诉讼时效中止,目前还没有超过诉讼时效。你认为天鹅水泥厂的观点正确吗?

分析:天鹅水泥厂的观点是错误的。由于不可抗力导致无法进行诉讼的事由必须是发生在诉讼时效期间的最后6个月才能导致诉讼时效中止。本案例并不符合这个条件,因此,不能导致诉讼时效中止。已经超过了诉讼时效期间。

案 例 63

金龙建筑公司承揽了强威开发公司开发的某住宅小区的施工项目,建筑面积20万平方米。2006年3月12日,在没有办理施工许可证的情况下开始施工。经群众举报,有关主管部门到施工现场命令金龙建筑公司必须立即停止施工,补办施工许可证。但是考虑到《建筑法》并没有强制要求予以罚款,也就没有对金龙建筑公司予以处罚。你认为主管部门的处理正确吗?

分析:主管部门这样处理是不正确的。

在没有领取施工许可证的情况下施工,的确要补办施工许可证。但是,是否停工,确是要取决于是否具备申请施工许可证的条件。主管部门在没有确认是否具备申请施工许可证的条件的前提下就要求施工现场停工是不合法的。

另外,是否要对建设单位和施工单位予以处罚,也是取决于是否具备申请施工许可证的条件。如果不具备申请施工许可证的条件,就必须要对建设单位和施工单位予以处罚。因为即使《建筑法》没有对处罚作出强制性的规定,但是《建筑工程施工许可管理办法》对此是有强制性规定的。《建筑工程施工许可管理办法》第十条规定:"对于未取得施工许可证或者为规避办理施工许可证将工程项目分解后擅自施工的,由有管辖权的发证机关责令改正,对于不符合开工条件的责令停止施工,并对建设单位和施工单位分别处以罚款。"

《建筑法》是上位法,《建筑工程施工许可管理办法》是下位法,在下位法不违反上位法的前提下,下位法是有效的。而《建筑工程施工许可管理办法》的适用范围为"在中华人民共和国境内从事各类房屋建筑及其附属设施的建造、装修装饰和与其配套的线路、管道、设备的安装,以及城镇市政基础设施工程的施工,"所以,此处应适用《建筑工程施工许可管理办法》的规定,如果不符合申请施工许可证的条件,必须要对建设单位和施工单位予以处罚。

案 例 64

2006年5月12日,四海建筑公司作为中标人与建设单位远方开发公司签订了施工承包合同。合同中约定由四海建筑公司负责材料、设备的采购。

2006年7月18日,由于外界环境的变化需要进行设计变更。在新的图纸中,对于某特种设备指定了供应商。四海建筑公司认为这个指定属于违约行为,要求建设单位取消指定。但是建设单位拒绝了四海建筑公司的要求。你认为建设单位的指定是否应该予以支持?

分析:应该予以支持。

尽管《建筑法》明确规定"按照合同约定,建筑材料、建筑构配件和设备由工程承包单位采购的,发包单位不得指定承包单位购入用于工程的建筑材料、建筑构配件和设备或者指定生产厂、供应商。"这是原则性规定。

《建设工程质量管理条例》第二十二条规定:"除有特殊要求的建筑材料、专用设备、工艺生产线等外,设计单位不得指定生产厂、供应商。"这是特别规定。

这就意味着对于特殊的设备,建设单位是可以指定供应商的。不属于合同约定的由施工单位采购的材料、设备的范围之内。

案 例 65

四海建筑公司与强大建筑公司组成了一个联合体去投标,他们在共同投标协议中约定如果在施工的过程中出现质量问题而遭遇建设单位的索赔,各自承担索赔额的50%。后来在施工的过程中果然由于四海建筑公司的施工出现了质量问题并因此遭到了建设单位的索赔，索赔额是10万元。但是，建设单位却仅仅要求强大建筑公司赔付这笔索赔款。强大建筑公司拒绝了建设单位的请求，其理由有两点：

1. 质量事故的出现是四海建筑公司的技术原因，应该由四海建筑公司承担责任。

2. 共同投标协议中约定了各自承担50%的责任，即使不由四海建筑公司独自承担，起码四海建筑公司也应该承担50%的比例，不应该由自己拿出这笔钱。

你认为强大建筑公司的理由成立吗？

分析：理由不成立。

依据《建筑法》，联合体中共同承包的各方对承包合同的履行承担连带责任。也就是说，建设单位可以要求四海建筑公司承担赔偿责任，也可以要求强大建筑公司承担赔偿责任。已经承担责任的一方，可以就超出自己应该承担的部分向对方追偿。但是却不可以拒绝先行赔付。

案 例 66

李刚是光明监理公司派出的监理工程师。自2004年入住施工单位之后，李刚勤勤恳恳地工作，积极为施工单位出谋划策，为施工单位解决了不少的技术难题。出于感激，施工单位决定每个月为李刚提供补助费1 000元。李刚认为自己确实为施工单位做了不少工作，就收下了这些补助费。你认为李刚可以收下这些补助费吗？

分析：不可以。

如果李刚收下了这些补助费，李刚实质上就变成了施工单位的员工，与施工单位就存在了实质上的利害关系，这是与《建筑法》的规定不符的。实际上，收下这些补助费属于受贿，是违法行为。情节比较严重的话，可能会涉嫌犯罪。

案 例 67

有两个项目被直接发包，理由是一个项目涉及国家安全，另一个项目属于以工代赈，需要使用农民工的。你认为这个理由充分吗？

分析：对于涉及国家安全的项目，分为两种情况：不适宜招标的和适宜招标但不适宜公开招标的。前者经批准可以不招标而直接发包，后者则经批准后需要邀请招标。所以，仅仅以涉及国家安全为由就不招标是不合适的。

对于以工代赈，需要使用农民工的项目，经批准可以不招标。这个理由是充分的。

案 例 68

2006年6月8日，招标人发出招标文件。招标文件中规定了提交投标文件截止的日期为 2006 年 6 月 25 日。某投标人认为这个时间的规定违反了《招标投标法》。因为《招标投标法》第二十四条规定："招标人应当确定投标人编制投标文件所需要的合理时间；但是，依法必须进行招标的项目，自招标文件开始发出之日起至投标人提交投标文件截止之日止，最短不得少于二十日。"你怎么认为？

分析：是否违法应根据具体项目来确定。

必须招标的项目，根据《招标投标法》应该符合两个条件：既要属于必须招标的项目范围，也要符合相应的规模标准。如果不同时符合这两个条件，就不是必须招标的项目。

不是必须招标的项目也可以招标，但是就不受《招标投标法》第二十四条的"不得少于二十日"的限制了，而仅仅满足"投标人编制投标文件所需要的合理时间"就可以了。

所以，如果这个案例中的项目不属于必须招标的项目，招标人的行为就不违法。相反，就是违法的。

案 例 69

四海建筑公司是某施工项目的投标人，其投标时没有提交投标保证金。评标委员会以此为理由确认其所投的标书为废标。你认为这样的确认结果合法吗？

分析：是否合法要根据具体情况。

因为提交投标保证金并不是法律上的强制性规定，招标人可以不要求投标人提交。《招标投标法》中并没有关于提交投标保证金的规定。《工程建设项目施工招标投标办法》第三十七条规定："招标人可以在招标文件中要求投标人提交投标保证金。"也并没有对提交投标保证金作出强制性规定。因此，如果没有这个要求，就不能以投标人没有提交投标保证金为由确认其标书为废标。

案 例 70

四海建筑公司所投的投标文件只有单位的盖章而没有法人代表的签字，被评标委员会确定为废标。

评标委员会的理由是：招标文件上明确规定必须要既有单位的盖章也要有法人代表的签字，否则就是废标。

四海建筑公司认为评标委员会的处理是不当的，与《工程建设项目施工招标投标办法》关于废标的规定不符。根据《工程建设项目施工招标投标办法》，只要有单位的盖章就不是废标。你认为评标委员会这样处理是否正确？

分析：评标委员会的处理是正确的。

《工程建设项目施工招标投标办法》第五十条规定："投标文件有下列情形之一的，由评标委员会初审后按废标处理：

（1）无单位盖章并无法定代表人或法定代表人授权的代理人签字或盖章的；
……"

通过分析上面这个条款可以得出将被作为废标的条件是：投标文件上既没有单位的盖章，也没有法定代表人或法定代表人授权的代理人签字或盖章。也就是说，签字或盖章的栏目是空白的。由此，也可以从反面得出结论，以下的情形不能被认定为废标：

1. 只有单位的盖章而没有法人代表或法人代表授权的代理人的盖章；
2. 只有单位盖章而没有法人代表或法人代表授权的代理人的签字；
3. 只有法人代表或法人代表授权的代理人的盖章，而没有单位盖章；
4. 只有法人代表或法人代表授权的代理人的签字，而没有单位盖章。

但是，《工程建设项目施工招标投标办法》第五十条同时也规定："投标文件有下列情形之一的，由评标委员会初审后按废标处理：

……

（2）未按规定的格式填写，内容不全或关键字迹模糊、无法辨认的；

……。"

本案例中的招标文件中如果规定了必须要既有单位的盖章也要有法定代表人的签字或盖章，就属于对投标文件格式的要求，如果投标文件仅有单位的盖章而没有法定代表人的签字或盖章，就是"未按规定的格式填写"，将被作为废标。而如果招标文件中没有这个规定，就不以缺少单位盖章或者法定代表人签字或者盖章将投标文件认定为废标。

案 例 71

张颖是顺达路桥公司新聘用的试验人员。2006年7月8日，张颖检测土壤含水量的时候，不小心将所使用的一瓶酒精碰翻，地上的酒精与土样中燃烧的酒精很快相连并燃烧起来。这次火灾将实验室的部分设备烧毁，张颖本人也在救火的过程中被轻度烧伤。事后，顺达路桥公司要求张颖为此事故负全部责任。张颖以顺达路桥公司没有告知作业场所和工作岗位存在的危险为由，要求顺达路桥公司承担部分责任。但是顺达路桥公司认为张颖在进入新岗位之前并没有询问现场是否存在危险因素，已经放弃了知情权，自己就不需要为没有告知作业场所和工作岗位存在的危险因素而承担责任了。你认为顺达路桥公司的观点正确吗？

分析：顺达路桥公司的观点是错误的。

询问现场是否存在安全隐患是从业人员的权利，这个权利可以放弃。但是告知作业场所和工作岗位存在的危险因素也同样是施工单位的义务，这个义务并不以从业人员是否已经询问为前提。即使没有询问，施工单位也必须要告知存在的危险因素。本案例中，施工单位没有尽到告知的义务，需要对此事故承担部分责任。

案例 72

农民工张山是项目经理部新聘用的员工,其职责是负责运输拌制水泥混凝土的材料。一天,项目经理要求张山将一些不合格的石料掺进合格的石料之中。张山拒绝这个要求。项目经理以张山没有按照劳务合同履行义务为由要求张山承担违约责任。你认为项目经理的理由成立吗?

分析:项目经理的理由不成立。

拒绝权是法律赋予公民的权利,如果合同约定了张山不享有拒绝权,则合同将由于违法而无效。因此张山的拒绝不属于违约,也不需要承担违约责任。

案例 73

2006年7月6日,某施工现场为了浇筑钻孔桩而钻了10处深20米,直径约1.5米的孔。为了避免有人掉入孔中,在孔旁设立了明显的警示标志。但是,当晚这些警示标志被当地居民盗走。工人王兵看到孔旁没有了警示标志,感到缺少了警示标志后容易出现安全事故,于是通告了自己宿舍的工友,提醒他们路过这些孔时要小心一些。

次日晚,有农民工落入孔中,造成重伤。你认为王兵对此是否应承担一定责任?

分析:王兵应为此承担一定的责任。

根据《安全生产法》第五十一条,从业人员发现事故隐患或者其他不安全因素,应当立即向现场安全生产管理人员或者本单位负责人报告。而不仅仅是通告本宿舍的工友。危险报告义务是从业人员必须要遵守的,而王兵并没有履行这个法定义务,与农民工掉入孔中有间接关系,应为此承担一定的法律责任。

案例 74

某施工现场发生了安全生产事故,堆放石料的料堆坍塌,将一些正在工作的工人掩埋,最终导致了三名工人死亡。工人张骏江在现场目睹了整个事故的全过程,于是立即向本单位负责人报告。由于张骏江看到的是掩埋了五名工人,他就推测这五名工人均已经死亡。于是向本单位负责人报告说五名工人遇难。此数字与实际数字不符,你认为该工人是否违法?

分析:不违法。

依据《安全生产法》,事故现场有关人员应当立即报告本单位负责人,但并不要求如实报告。因为在进行报告的时候,报告人未必能准确知道伤亡人数。所以,即使报告数据与实际数据不符,也并不违法。

但是,如果报告人不及时报告,就会涉嫌违法。因为可能由于其报告得不及时而使得救援迟缓,伤亡扩大。

案例 75

四海建筑公司首次进入河北省施工，为了"干一个工程，竖一块丰碑"，创造良好的社会效益，项目经理李明山决定暗自修改水泥混凝土的配合比，使得修改后的混凝土强度远高于原配合比的混凝土强度。项目经理部也愿意承担所增加的费用。你认为这个决定可取吗？

分析：不可取。

根据《质量管理条例》，施工单位不得擅自修改工程设计。这样做的结果不仅是违约，要承担违约责任，而且也是违法，将受到行政处罚。

案例 76

美姿装饰公司承揽了某办公楼的装饰工程。合同中约定保修期为1年。竣工后2年，该装饰工程出现了质量问题，美姿装饰公司以已过保修期限为由拒绝承担保修责任。你认为美姿装饰公司的理由成立吗？

分析：不成立。

1年的保修期违反了国家强制性规定，该条款属于违法条款，是无效的条款。美姿装饰公司必须继续承担保修责任。

案例 77

某质量监督站派出的监督人员到施工现场进行检查，发现工程进度相对于合同中约定的进度严重滞后。于是，质量监督站的监督人员对施工单位和监理单位提出了批评，并拟对其进行行政处罚。你认为质量监督站的决定正确吗？

分析：不正确。

首先，政府监督的依据是法律、法规和强制性标准，不包括合同。所以，进度不符合合同要求不属于监督范围之内。

其次，即使应该予以行政处罚，也不是由监督人员直接处罚，而是由其报告委托部门后实施。

案例 78

由于实验任务繁重，顺达路桥公司招聘了两个15周岁的男孩帮助施工单位的实验人员做实验。你认为施工单位的行为是否合法？

分析：不合法。

依据《劳动法》，施工单位可以聘用未成年工，未成年工指的是年满16周岁未满18周岁的劳动者。但是却不可以聘用不足16周岁的劳动者，后者我们俗称为"童工"。

案例 79

上诉人（原审被告）：戴某某
被上诉人（原审原告）：A钢铁有限公司

一、基本案情

2012年10月12日，A钢铁公司、戴某某双方签订《施工合同》，合同约定：戴某某承包A钢铁公司厂区给水、排水及检查井施工工程；承包方式为包工包辅料；工程暂定总价为1 000 000元；合同价款采用含税包干单价不变，总量可调合同；以双方约定为准，具体参照含税包干单价一览表。其中安全文明措施费：合同价款已含，与合同款项一并支付。含税包干单价中已包含：直接费、间接费、人工费、机械费、规费、利润、税金等与本合同有关的一切费用。合同最终结算价款以发包人审计结果为准。根据发包人委托，在其设计资质等级和业务允许的范围内，完成施工图设计或者与工程配套设计，经双方确认后使用；涉及工程变更时，应以工程鉴证方式变更；工程未验收合格后，按照A钢铁公司要求在限定期间返工，维修直至达到合格标准，并在限定期限内，工程经处理仍达不到合格标准或A钢铁公司拒绝履行质量责任，承包人按工程总价的100%向发包人承担赔偿责任。戴某某依约完成工程，并交付A钢铁公司，A钢铁公司未经修复即使用至今。

另，2013年12月13日，戴某某出具"承诺书"一份，其内容是"A钢铁公司与戴某某个体施工队，双方签订一期100万吨特钢给水、排水、检查井工程施工合同，该工程于2012年10月4日开工，截止2013年5月1日完工，因双方对部分质量及工程费用存在异议，未就工程决算造价达成一致。为尽快解决拖欠民工工资一事，2013年12月8日，经济开发区管委会及市机关相关部门多日调解，A钢铁公司同意于2013年12月13日在工程决算未达到一致前，先行支付戴某某施工队工程款人民币250 000元，作为支付民工工资。现戴某某承诺：（1）自本承诺签字后，戴某某及其属下民工不再到市政府上访，如再发生上访事件，所产生一切后果由戴某某承担。（2）双方决算等纠纷采取司法程序进行解决。

二、案件审理

2014年3月4日，A钢铁公司向一审法院申请鉴定涉案工程质量是否合格，如质量不合格所需的后续维修费用是多少。2014年3月14日，一审法院依法委托某建设工程质量安全检测中心对戴某某完成的工程质量进行鉴定。2014年9月3日，某建设工程质量检测中心作出（20××）新建质司鉴字×××号司法鉴定检验报告书。2014年10月22日，某价格评估事务所作出某价评字（20××）第××号评估报告书，鉴定意见为工程质量不合格后续工程修复价格鉴定为1 151 064.84元。2015年1月6日，某价格评估事务所作出某价评字（20××）第×××号评估报告书，鉴定意见为戴某某已完成工程量费用为1 234 313元（不含双方无争议的工程量）。2015年7月17日，一审法院作出(20××)某法民一初字第××号民事判决书，判决：A钢铁公司于判决生效后10日内支付戴某某剩余工程款665 603.75元；驳回戴某某其他诉讼请求。

二审法院认为，本案的争议焦点是：（1）双方争诉的是建设工程施工合同纠纷还是拖欠劳务费纠纷；（2）本案涉诉的工程保修期是否已过，戴某某是否应当承担维修责任。

（1）双方争议的是建设工程施工合同纠纷还是拖欠劳务费纠纷？对于戴某某在上诉状中称："戴某某与A钢铁公司之间应当是劳务关系，而不应当是建设工程施工合同纠纷关系。戴某某仅仅提供劳务，戴某某提供劳务的全过程均有甲方人员及监理在现场全程监督，施工过程中没有任何人对戴某某提供的劳务质量提出任何异议。"戴某某现场施工时因有甲方及监理人员在现场监督，从而否认双方在2012年10月12日签订的《施工合同》。故戴某某的上诉内容是不真实的，与客观事实相悖。因为建设工程就是建筑材料与人工劳动相融合的特殊产品，单一的建筑材料不经人工再劳动和再创造无法完成建设工程。戴某某的上诉内容属是对建设工程施工合同的曲解，其理由不能成立，本院不予采纳。故双方的基础法律关系是建设工程施工合同纠纷。

（2）本案涉诉的工程保修期是否已过？戴某某与A钢铁公司签订的《施工合同》，因戴某某无相关建筑施工资质，违反最高人民法院《关于审理建设工程施工合同纠纷案件适用法律问题的解释》第一条第（一）项："承包人未取得建筑施工企业资质或者超越资质行者等级的；"的规定，故双方当事人签订的《施工合同》无效。双方当事人因工程质量发生争议，2013年12月13日，戴某某在《承诺书》中说明"因双方对部分质量及工程费用存在异议，未就工程决算造价达成一致。"后双方为此诉讼一直持续，双方未就有关工程质量是否返修及保修问题协商一致。某经济开发区管委会虽经调停但无结果，戴某某以拖欠工程款为由将A钢铁公司诉至法院，而A钢铁公司以工程存在质量问题作为抗辩理由。该工程经某建设工程质量安全检测中心进行鉴定，证实存在多处质量问题，应予返工维修。某价格评估事务所对因质量问题后续工程修复费用作出某价评字（20××）第××号评估报告，经鉴定以上工程质量不合格后续工程修复价格为1 151 064.84元。因该报告的有效期为自报告完成之日起一年，故A钢铁公司起诉要求戴某某承担工程修复费用及违约金一案中，不能使用某价评字（20××）第××号评估报告，原审法院于2016年5月26日另行委托某建设项目管理有限公司作出鉴定，经鉴定后期维修费用1 102 779.87元。综上，2013年12月13日戴某某在《承诺书》中已明确表明双方对工程存在质量问题未达成一致，2014年3月经原审法院委托某建设工程质量安全检测中心鉴定，该工程存在多处质量问题，而本次诉讼中所作鉴定仅为对以上质量不合格所需修复费用的价格鉴定，戴某某上诉称质保期已过的理由不能成立，本院不予采信。

由于戴某某与A钢铁公司签订的《施工合同》无效。A钢铁公司作为发包方，擅自将工程发包给没有任何建筑资质的个人戴某某，对涉案工程造成一定的质量问题，A钢铁公司也有明显过错。依照《中华人民共和国合同法》第五十八条的规定："合同无效或者被撤销后，因该合同取得的财产，应当予以返还；不能返还或者没有必要返还的，应当折价补偿。有过错的一方应当赔偿对方因此所受到的损失，双方都有过错的，应当各自承担相应的责任。"本案中，对造成工程质量问题，A钢铁公司与戴某某双方均存在过错，双方应各自承担相应的责任。本案所涉质量问题也需具有相对资质和技术能力的单位予以修复，故双方当事人在本案中的责任集中表现在对不合格工程修复费用的承担上，综合本案的具体情况，本院认定 A 钢铁公司与戴某某对修复费用 1 102 778.87 元的承担，双方分别按 30%、70%的比例承担较为妥当，即 A 钢铁有限公司承担 30%为 330 833.96 元，戴某某承担 70%为 771 945.90 元。

据此二审法院判决：

1. 维持某人民法院（20××）某法民一初字第×××号民事判决第二项，即"驳回 A 钢铁有限公司的其他诉讼请求"；

2. 撤销某人民法院（20××）某法民一初字第×××号民事判决第一项；

3. 变更某人民法院（20××）某法民一初字第×××号民事判决第一项"为上诉人戴某某在判决生效之日起十日内向 A 钢铁有限公司支付维修费 771 945.90 元"；

4. 驳回上诉人戴某某的其他诉讼请求。

如果未按本判决指定的期间履行上述给付金钱义务的，应当依照《中华人民共和国民事诉讼法》第二百五十三条的规定，加倍支付迟延履行期间的债务利息。

一审案件受理费 18 268 元，保全费 5 000 元，邮寄送达费 88.80 元，鉴定费 20 000 元，合计 43 356.80 元，A 钢铁有限公司承担 13 007.44 元，戴某某承担 30 349.76 元。二审案件受理费 14 725 元，A 钢铁有限公司承担 4 417.50 元，戴某某承担 10 307.50 元。

三、案例分析

《中华人民共和国建筑法》第十三条规定："从事建筑活动的建筑施工企业、勘察单位、设计单位和工程监理单位，按照其拥有的注册资本、专业技术人员、技术装备和已完成的建筑工程业绩等资质条件，划分为不同的资质等级，经资质审查合格，取得相应等级的资质证书后，方可在其资质等级许可的范围内从事建筑活动"和最高人民法院《关于审理建设工程施工合同纠纷案件适用法律问题的解释》第一条第（一）项："承包人未取得建筑施工企业资质或者超越资质行者等级的；"。本案戴某某作为个人承包涉案工程，并无相应资质，因该行为违反法律、行政法规的强制性规定，故 A 钢铁公司与戴某某之间签订的《施工合同》无效。

《建设工程质量管理条例》第四十条的规定："在正常使用条件下，建设工程的最低保修期限为：……（四）电气管线、给排水管道、设备安装和装修工程，为 2 年"，本案 A 钢铁公司并无证据证实其占有使用涉案工程的时间，故应当以戴某某向 A 钢铁公司及工程监理单位提出验收之日起计算，即 2013 年 6 月 3 日开始计算最低质保期 2 年，因 A 钢铁公司在 2014 年 3 月 4 日即提出涉案工程质量不合格需要维修，未超过最低质保期 2 年，故戴某某应当承担质量保修责任。

案 例 80

上诉人（原审被告）：B 钢结构有限公司

被上诉人（原审原告）：A 混凝土有限公司

一、基本案情

2013年4月17日，B公司作为需方，A公司作为供方，签订商品砼购销合同一份。合同约定：交货地点为某净水材料有限公司；商品砼标号、数量及单价为：C15：235元/m³、C20：245元/m³、C25：255元/m³、C30：265元/m³，此单价为固定单价，不因材料浮动而变动；混凝土总量按实际方量计算；价款支付每400立方米结算一次，按合同价格，承兑、现金均可，并开具相应发票；供方负责向需方提供有关商品砼的技术资料（水泥、沙、石报告、混凝土强度报告等）。供方保证砼塌落度符合要求，若需方在工地发现塌落度过大或过小，需方有权拒收或退回；未按需方约定时间提供商品砼，以及因所设计的砼配合比，质量达不到标准要求引发工程质量事故的，供方承担给需方造成的全部经济损失。

合同签订后，A公司按照约定多次向B公司供应混凝土，货送交货地点后分别由B公司的工作人员陈某某、刘某某、巩某某等人在发货单上签字收货。其中，C15为179m³，价值42 065.00元；C20为9.5m³，价值2 327.50元；C25为303m³（用于CUTTINGSYSTERM设备基础和喷漆间设备基础），价值77 265.00元；C30为1 221.50m³，（用于室外地面214m³、室内1 007.50m³），总价值323 697.50元。A公司所供上述混凝土共计445 355.00元。B公司分别于2013年6月8日、2013年7月23日支付A公司混凝土款共计200 000.00元。

二、案件审理

一审法院依法委托某建筑工程司法鉴定中心进行鉴定，并于2014年5月15日作出（20××）鉴字第×××号《司法鉴定检验报告书》。鉴定意见为：室外地面混凝土强度推定值为24.3MPa，达不到C30要求；CUTTINGSYSTERM设备基础混凝土强度推定值为21.3MPa，达不到C25要求；喷漆间设备基础混凝土强度推定值为25.3MPa，达到C25要求。经质证，A公司对鉴定报告的真实性无异议，但认为鉴定报告得出鉴定结论的计算过程未载明，鉴定结论的得出存在人为因素，造成混凝土强度达不到标准的原因是B公司在施工过程中的不规范操作导致。B公司对鉴定报告没有异议。重审中，B公司反诉要求A公司赔偿拆除、重新购置、施工等支出的费用112 812.40元，但未在指定时间内交纳案件受理费。一审法院认为，A公司与B公司签订的商品砼购销合同系双方当事人的真实意思表示，不违背法律法规的强制性规定，合法有效，双方当事人均应按照合同的约定全面履行各自的义务一审法院判决：（1）B钢结构有限公司支付A混凝土有限公司欠款188 645.00元，于本判决生效后10日内付清；（2）驳回A混凝土有限公司的其他诉讼请求。案件受理费4 980.00元，由A混凝土有限公司承担1 151.00元，B钢结构有限公司承担3 829.00元。鉴定费20 000.00元，由A混凝土有限公司承担12 000.00元；B钢结构有限公司承担8 000.00元。

二审法院认为，双方当事人对于一审判决关于CUTTINGSYSTERM设备基础所使用的C25混凝土达不到标准的认定，并未提出异议，本院予以确认。在上述情况下，要求B公司支付全部C25混凝土货款77 265.00元，即显失公平，也会纵容A公司的违约行为。鉴于此，对该部分货款应予以适当扣除。另因双方当事人均并无证据证明涉案CUTTING-

SYSTERM 设备基础所使用 C25 混凝土的数量,根据公平原则,可适当扣除货款的 50%,即 38 632.50 元。扣除上述费用后,剩余货款 150 021.50 元（188 645.00 元 - 38 632.50 元）,B 公司应予支付。其他方面支持一审认定。二审法院判决：(1) 维持某省某县人民法院（20××）某商初字第×××号民事判决第二项,即：驳回 A 混凝土有限公司的其他诉讼请求。(2) 变更某省某县人民法院（20××）某商初字第×××号民事判决第一项为：B 钢结构有限公司支付 A 混凝土有限公司欠款 150 021.50 元,于本判决生效后 10 日内付清。如果未按本判决指定的期间履行给付金钱义务,应当按照《中华人民共和国民事诉讼法》第二百五十三条之规定,加倍支付迟延履行期间的债务利息。一审案件受理费 4 980.00 元,由 A 混凝土有限公司负担 1 851.00 元,B 钢结构有限公司负担 3 129.00 元。鉴定费 20 000.00 元,由 A 混凝土有限公司负担 12 000.00 元,B 钢结构有限公司负担 8 000.00 元。二审案件受理费 4 073.00 元,由上诉人 B 钢结构有限公司负担 3 323.00 元,被上诉人 A 混凝土有限公司负担 750.00 元。

三、案例评析

《中华人民共和国合同法》第一百一十一条："质量不符合约定的,应当按照当事人的约定承担违约责任。对违约责任没有约定或者约定不明确,依照本法第六十一条的规定仍不能确定,受损害方根据标的的性质以及损失的大小,可以合理选择要求对方承担修理、更换、重作、退货、减少价款或者报酬等违约责任。"

案例 81

某市某项目工程由被告 A 建筑工程有限公司有限公司承建,被告 A 建筑工程有限公司又将该工程的护坡、抗滑桩工程承包给了自然人王某,双方于 2014 年 11 月 25 日签订了《护坡、抗滑桩工程项目承包协议》,甲方为发包方 A 建筑工程有限公司,乙方为承包方王某,协议约定：(1) 甲方将位于某市某护坡、抗滑桩工程包给乙方。本合同为单价合同,按照图纸或施工放线进行安全施工,现场实际收方量为最终结算工程量。(2) 要求乙方所有员工必须持证上岗,自行解决上岗证事宜。……在施工中所发生的伤、亡、病、残事故和工程质量事故所发生的一切费用由乙方负责,若发生重大质量安全事故,影响甲方声誉,甲方按照有关规定作出相应处罚。2015 年 4 月 22 日,王某聘请原告张某某到某市某项目工地上做工,从事挖孔桩工作,工资实行计件制。2015 年 5 月 30 日,原告张某某受伤后就未再在工地上做工,也未明确解除聘用关系。2015 年 12 月 28 日原告张某某向某市某区劳动人事争议仲裁委员会申请仲裁,要求确认原、被告之间存在劳动关系。某市某区劳动人事争议仲裁委员会以其他理由不符合受理条件为由,不予受理,并于当日作出某劳人仲不〔20××〕×××号不予受理通知书。原告张某某向本院提起诉讼,要求确认原告张某某与被告 A 建筑工程有限公司之间存在劳动关系。张某某与 A 建筑工程有限公司之间存在劳动关系吗？

分析：根据《人力资源和社会保障部关于确立劳动关系有关事项的通知》（劳社部发〔2005〕12 号 2005 年 5 月 25 日）。用人单位招用劳动者未订立书面劳动合同,但同时具备下列情形的,劳动关系成立。(1)用人单位和劳动者符合法律、法规规定的主体资格;(2)用人单位依法制定的各项劳动规章制度适用于劳动者,劳动者受用人单位的劳动管理,从事用人单位安排的有报酬的劳动;(3)劳动者提供的劳动是用人单位业务的组成部分。被告 A 建筑工程有限公司在承包了某市某项目工程后,又违反法律、法规规定,将该工程的护坡、抗滑桩工程项目承包给不具备用工主体资格的自然人王某。原告张某某是王某招用到该工地上做工的,工资由王某进行发放,受王某的管理与约束,原被告之间即未签订劳动合同,也无人身依附关系,原告与被告之间不存在劳动关系。

案例 82

原告:卢某某

被告:A 房地产开发有限公司(下简称"A 房地产公司")、施某某、蔡某某

一、基本案情

原告卢某某与被告 A 房地产公司于 2009 年 4 月 22 日签订一份商品房预销售合同书,原告向被告 A 房地产公司购买位于某市某街道某巷××号 1-2 层营业房一套,总房价为人民币 69 万元,原告已将房款一次性付清,被告 A 房地产公司也已将某巷××号的房屋交付给原告,同年 5 月 13 日原告办理了房屋产权证(某房权证兰江字第××号)。之后原告将营业房出租给他人,但由于房屋漏水严重,造成租户减租或退房,影响了原告的房屋使用价值。多年来原告为房屋漏水问题一直要求被告 A 房地产公司进行维修,也曾多次向建设局等部门反映情况,被告 A 房地产公司也曾进行过维修,但漏水问题依旧,建设局多次进行过协调,但问题仍不能解决,为此原告向本院提起了诉讼。

二、案件审理

原告卢某某诉称,了解到该房屋系 2002 年竣工,因为没有卖掉,被告就将房屋出租给某休闲中心,2009 年 4 月由不知情的原告购买了。为了维护原告的合法权益,根据《民法通则》第 111 条,最高人民法院《关于审理商品房买卖合同纠纷》司法解释第十三条之规定,由于建筑工程质量问题,其重要因素是设计时该楼与东侧七号楼之间有二堵墙之隔,而被告只建一堵墙,造成了没有伸缩沉降缝允许变形的缺陷。因房屋严重漏水,造成原告把房屋出租后,租金收不回损失惨重。原告不懂房屋漏水原因,除找被告单位修补外,同时原告自己也进行修补,特别是只要外面下大雨,屋内就下小雨后,屋内墙壁有漏水痕迹就只好再修补一次,如此循环数十次,又造成原告实际经济损失 8 万元。因被告房屋质量有问题,造成原告心神不宁、寝食不安。现原告向法院提起诉讼:请求(1)判令被告因建筑工程质量问题的房屋严重漏水要求进行修复,并赔偿人民币 50 万元,赔偿精神损失费 1 万元,赔偿修补实际损失人民币 8 万元,共计 59 万元。(2)由被告承担本案全部诉讼费用。并提供了相关证据。

被告 A 房地产公司在庭审中辩称,(1)被告向原告交付房屋时不存在渗漏水情况,房屋后经人为改动,与交付时的房屋状态已大不一样。(2)原告在诉状中称,因建筑工

程质量问题造成房屋漏水,这不是事实。被告 A 房产公司开发建设的某苑房产,于 2001 年 12 月竣工验收,被某市建设工程质量监督站定为优良质量等级,原告购买的某巷××号房屋就是某苑的商品房,既然是优良质量等级,又怎么会有建筑工程质量问题呢?(3) 本案所涉房屋已经超过法律规定的保修期限。根据 2001 年 6 月 1 日国家建设部发布施行的《商品房销售管理办法》第三十三条规定"保修期从交付日起计算"保修期不得低于规定中确定的最低保修期限,该规定中第五条第三项规定正常使用情况下各部位、部件保修内容与保修期:屋面防水 3 年;墙面、厨房和卫生间地面、地下室、管道渗漏 1 年。本案所涉房屋的交付日期为 2009 年 4 月,从那时起算也早已超过了法律规定的 3 年及 1 年的保修期限。(4) 最高人民法院《关于审理商品房买卖合同纠纷案件适用法律若干问题的解释》第十三条规定"交付使用的房屋存在质量问题,在保修期内,出买人应当承担修复责任。"根据这一司法解释,出卖人承担修复责任的法定条件有二:一是房屋存在质量问题;二是在保修期内。而本案所涉的某巷××号房屋,既不存在房屋质量问题,又早就超出了保修期限。并提供相关证据。

法院认为,原告卢某某与被告 A 房地产公司于 2009 年 4 月 22 日签订的商品房预销售合同书合法有效,应当受到国家法律的保护。原告已将购房款一次性支付被告 A 房地产公司,被告 A 房地产公司也已交付了原告某巷××号 1-2 层的营业房,可被告 A 房地产公司交付的房屋有质量问题(严重漏水等),在保修期内被告 A 房地产公司负有维修义务。原告在接收房屋后不久即发现房屋有质量问题,之后原告不断要求被告 A 房地产公司进行维修及向有关部门投诉,可问题一直没有得到解决,无奈原告才走诉讼程序,故原告的房屋本院认定还在保修期内。法院判决:(1) 被告 A 房地产开发有限公司于本判决生效之日起 10 日内赔偿原告卢某某房屋修复费用人民币 31 899 元。(2) 被告 A 房地产开发有限公司于本判决生效之日起 10 日内赔偿原告卢某某房屋修复期间两个月的租金损失 4 167 元、7 年来的租金损失(没法出租、减租、退租) 23 333 元、历年房屋修补费用 20 000 元,合计人民币 47 500 元。(3) 被告施某某、蔡某某于本判决生效之日起一个月内拆除原告卢某某房屋二楼顶层的花坛、水池及恢复原状(原则上要求恢复到房屋时交付的状态),所产生的费用自理。(4) 原告卢某某在按某建筑设计有限公司出具了修复方案修复某巷××号营业房时,被告 A 房地产开发有限公司、施某某、蔡某某负有协助义务。(5) 驳回原告卢某某其他的诉讼请求。如果未按本判决指定的期间履行给付金钱义务,应当依照《中华人民共和国民事诉讼法》第二百五十三条之规定,加倍支付迟延履行期间的债务利息。本案受理费 6 850 元(因原告诉讼标的降低,受理费也作了相应调整,实际预收原告受理费 9 700 元),由原告卢某某负担 4 000 元,被告 A 房地产开发有限公司负担 2 850 元。本案鉴定费 65 782 元(原告已垫付),由被告 A 房地产开发有限公司负担。

三、案例评析

1.《中华人民共和国合同法》。

第八条 依法成立的合同,对当事人具有法律约束力。当事人应当按照约定履行自己的义务,不得擅自变更或者解除合同。

依法成立的合同,受法律保护。

第一百一十一条 质量不符合约定的,应当按照当事人的约定承担违约责任。对违约责任没有约定或者约定不明确,依照本法第六十一条的规定仍不能确定的,受损害方根据标的的性质以及损失的大小,可以合理选择要求对方承担修理、更换、重作、退货、减少价款或者报酬等违约责任。

第一百一十三条 当事人一方不履行合同义务或者履行合同义务不符合约定,给对方造成损失的,损失赔偿额应当相当于因违约所造成的损失,包括合同履行后可以获得的利益,但不得超过违反合同一方订立合同时预见到或者应当预见到的因违反合同可能造成的损失。

经营者对消费者提供商品或者服务有欺诈行为的,依照《中华人民共和国消费者权益保护法》的规定承担损害赔偿责任。

2.《最高人民法院关于审理商品房买卖合同纠纷案件适用法律若干问题的解释》。

第十三条 因房屋质量问题严重影响正常居住使用,买受人请求解除合同和赔偿损失的,应予支持。

交付使用的房屋存在质量问题,在保修期内,出卖人应当承担修复责任;出卖人拒绝修复或者在合理期限内拖延修复的,买受人可以自行或者委托他人修复。修复费用及修复期间造成的其他损失由出卖人承担。

3.《中华人民共和国民法通则》。

第八十三条 不动产的相邻各方,应当按照有利生产、方便生活、团结互助、公平合理的精神,正确处理截水、排水、通行、通风、采光等方面的相邻关系。给相邻方造成妨碍或者损失的,应当停止侵害,排除妨碍,赔偿损失。

案 例 83

公诉机关:某省某县人民检察院
被告:卢某某、万某某甲、刘某某甲、胡某某甲、胡某某乙、吕某某

一、基本案情

2010年8月份,某县委决定在某县第三中学兴建两栋教学楼工程(即某学校教学楼工程)。2012年1月16日,该工程经某市发改委立项,项目建设单位为某县第三中学(以下简称"某三中")。某三中确定被告人万某某甲作为建设单位项目负责人。

2011年,某县教育体育局邀请A规划建筑设计研究院有限公司(以下简称"A公司")进行设计。A公司指定建筑设计师刘某某甲负责该项目具体设计工作。后因该公司入某省手续不全,某三中便委托某县建筑设计院对该工程进行设计。经某三中与A公司、某县建筑设计院协商,某县建筑设计院将刘某某甲设计的图样以某县建筑设计院的资质出图,同时聘用刘某某甲为该项目的设计负责人。2012年1月,该设计图纸通过相关部门图审。

2012年3月23日,B建筑工程有限公司(以下简称"B公司")中标承建某三中教学楼工程。被告人胡某某甲作为拟派项目经理参加了招投标活动。中标后,B公司将该工程转包给无资质的程某某(已病故)承建。被告人胡某某甲在参加招投标活动后,没有

去确认是否中标，于 2012 年 5 月份，违法将其注册建造师证变更注册至另一企业，仅在 2012 年 8 月、2012 年 11 月参与了两次验收，没有到岗履职。

2012 年 3 月 26 日，某三中委托某县 C 工程建设监理有限公司（以下简称"C 监理公司"）负责该工程项目的监理。C 监理公司委派没有总监理工程师资质的被告人胡某某乙任该项目的总监理工程师，委派没有监理员资质的被告人吕某某任监理员，负责监理该工程项目质量。胡某某乙安排吕某某负责该项目小学教学楼的质量监理。

2012 年 3 月 28 日，某三中到某县建筑工程质量监督站（以下简称县质监站）办理了建设工程质量监督登记手续。该站委派了被告人卢某某为该项目的质监员，负责工程质量监督，办理工程竣工验收、备案等工作。

2012 年 3 月下旬，某三中教学楼工程开工。同年 8 月份，该工程完工。2012 年 8 月 31 日，某三中组织施工单位、设计单位、监理单位、质监站等单位的人员进行预验收。被告人卢某某、万某某甲、胡某某甲、刘某某甲、胡某某乙、吕某某均参加了此次验收。经验收，该校建工程为合格工程。同年 10 月份，某三中向质监站申请竣工验收。11 月 1 日，某三中组织施工单位、设计单位、监理单位、质监站等单位进行验收，上述六名被告人再次参与验收。在验收过程中，验收人员没有依据设计图纸进行验收，只是凭感观、经验查看了整体工程。验收后，参与验收人员召开了座谈会。会上，部分人员提出工程质量存在问题，并要求整改，其中包括阳台、楼梯栏杆存在安全隐患。11 月 2 日，监理单位召集建设单位、施工单位开会，强调存在的问题并要求整改。被告人万某某甲、胡某某乙、吕某某参加了此次会议。同日，被告人卢某某起草了《工程质量整改通知书》，并以质监站的名义下发，要求 B 公司在 5 日内整改到位，以便复查。B 公司接到通知后，只是对阳台护栏、楼梯栏杆进行了焊接加固、加密，并没有按照设计图纸标准进行整改。11 月 6 日，B 公司出具了《工程质量整改情况报告》，某三中和监理单位在没有认真复查的情况下，在该情况报告上签字加盖公章，其中被告人胡某某乙签署了"已整改到位、符合要求"的复查意见并报县质监站备案。11 月 20 日，县质监站在未复查的情况下，主观认为工程合格，进行了竣工验收备案。设计单位、监理单位、建设单位的项目负责人均在备案表上签字、盖章。

2015 年 12 月 18 日上午 8 时 50 分许，因某三中小学教学楼四楼西侧护栏与膨胀螺丝脱焊，导致该校学生欧阳同学、王同学坠楼死亡，造成国家直接经济损失 147 万余元。

二、案件处理

被告人卢某某、万某某甲能够主动投案，并如实供述自己的罪行，系自首，依法可从轻或者减轻处罚。被告人刘某某甲、胡某某甲、胡某某乙、吕某某到案后，能够如实供述自己的罪行，系坦白，依法可从轻处罚。被告人卢某某、万某某甲具有自首情节，且犯罪情节较轻，依法可免除处罚。被告人刘某某甲身为设计人员，其设计图纸本身没有问题，在参与竣工验收过程中存在失职行为，犯罪情节轻微，不需要判处刑罚，依法可以免予刑事处罚。被告人胡某某甲身为施工单位的项目经理，本案中属于次要的直接责任人员，犯罪情节轻微，不需要判处刑罚，依法可以免予刑事处罚。被告人胡某某乙、吕某某身为监理单位的职责责任人员，没有严格依法履职，违反国家规定，对降低工程质量标准负有直接的责任，考虑到其二人年龄较大，认罪态度较好，有悔罪表现，宣告缓刑对所居住社区没有重大不良影响，决定对被告人胡某某乙、吕某某宣告缓刑。

法院通过各方依照《中华人民共和国刑法》第三百九十七条第一款、第一百三十七条、第六十七条第一、三款、第三十七条、第七十二条，判决如下：

1. 被告人胡某某甲犯工程重大安全事故罪，免予刑事处罚。
2. 被告人胡某某乙犯工程重大安全事故罪，判处有期徒刑一年，缓刑一年六个月，并处罚金人民币三万元。

（缓刑考验期，从判决确定之日起计算。罚金已缴纳。）

3. 被告人吕某某犯工程重大安全事故罪，判处有期徒刑一年，缓刑一年六个月，并处罚金人民币二万元。

（缓刑考验期，从判决确定之日起计算。罚金已缴纳。）

4. 被告人卢某某犯玩忽职守罪，免予刑事处罚。
5. 被告人万某某甲犯工程重大安全事故罪，免予刑事处罚。
6. 被告人刘某某甲犯工程重大安全事故罪，免予刑事处罚。

案 例 84

原公诉机关：某省某县人民检察院

上诉人（原审被告人）郭某某、赵某甲、衡某某、刘某甲

原审被告人杜某某、邹某某

一、基本案情

2012 年 7 月 11 日，某县发改局为某酒店式公寓项目核发《某省企业投资项目备案证》，建设规模为兴建一栋 17 层客房式酒店及二栋 25 层公寓式酒店。2012 年 8 月 14 日，某县人民政府批准同意《关于批准某国际大酒店规划设计方案的请示》，设计为建一栋 17 层客房式酒店及二栋 23、24 层公寓式酒店。某县城乡规划管理局于 2012 年 8 月 14 日为该项目补办了《建设用地规划许可证》，并于 2012 年 8 月 24 日在明知该项目未办理《建设工程规划许可证》的情况下，同意进行规划放线。次日，某县城乡建设局在明知该项目未办理《建设工程规划许可证》的情况下，在放线请示上补签同意。2012 年 9 月 3 日对该项目进行了施工放线，2012 年 11 月 17 日，衡某某组织施工人员开始施工。2013 年 3 月 27 日，某大酒店交纳配套费 200 万元后，某县城乡规划管理局为某项目补办了《建设工程规划许可证》。因衡某某无建筑资质，无法到建设主管部门办理相关审批手续。为顺利办理相关审批手续，2012 年 11 月 26 日，某大酒店的法定代表人王长城与有建筑施工资质的 A 建筑工程有限公司（以下简称"A 公司"）的法定代表人余某某签订建设工程合同，合同约定由 A 公司负责承建某酒店式公寓项目土建及主体工程，某大酒店于 2013 年 1 月 17 日向 A 公司交纳了质量保证金 10 万元。A 公司襄阳分公司负责人即被告人邹某某负责对该项目工地安全、质量和工程进度进行管理。2012 年 11 月 27 日，郭某某与邹某某签订《建筑工程施工责任书》，由郭某某本人承建某酒店式公寓项目的土建及主体工程。后郭某某将该项目土建及主体工程转包给衡某某，A 公司于 2012 年 12 月 10 日以通知成立某国际大酒店及某酒店式公寓工程项目部的形式，任命衡某某为该项目部负责人及

安全员。衡某某实际为该项目施工方的单包人和负责人，负责施工现场的工程质量和安全管理，衡某某担任该项目施工工地的安全员。衡某某又聘请被告人赵某甲为项目施工现场技术负责人，具体负责施工现场技术及生产安全管理。2012年12月19日，郭某某与某县工程建设监理有限公司（以下简称"B监理公司"）法定代表人即被告人刘某甲签订监理合同，由刘某甲等人对该项目进行监理，约定酬金为394 700元，监理期限自2012年9月11日至2014年9月10日止。因B监理公司不具备14层楼房以上的监理资质，刘某甲找到某市C工程建设监理有限公司（以下简称"C公司"）总经理耿某某，要求借用该公司的资质，耿某某同意。后C公司下达文件通知成立某国际大酒店有限公司某酒店式公寓及酒店工程项目部监理部，负责对该项目进行监理，并下文任命刘某甲任该项目总监理工程师、刘某丙为现场监理工程师、吴某某为旁站监理员。2013年4月，郭某某持伪造的某县城乡规划管理局批复文件，变更某酒店式公寓项目的原规划设计，变更设计了某酒店式公寓项目及附属商业用房的施工图（未经图审及消防审查），将23层、24层的二栋酒店式公寓改为4层（局部5层）的商业用房，增加商业用房天井部分。2013年7月，再次变更设计施工图，将天井顶部由钢架结构改为混凝土结构，并将设计标高为22.47米的天井部分加高至29.8米。因设计发生变更且增加了天井部分高度，增加了工作量，衡某某以增加部分不属其包工范围为由拒绝施工，经协商，约定该项目增加部分由郭某某直接与刘某乙、彭某某等人结算工钱。2013年10月1日，衡某某、赵某甲等人组织不具备特种行业从业资格的架子工即被告人杜某某等人，在未制定高支模安全施工方案的情况下，开始搭设附属商业用房中厅高大模板支撑脚手架，致使搭设的模板支撑体系存在严重安全隐患。2013年4月至10月，某县安监站、质量监督检测站针对该项目存在的违规建设及安全隐患等问题，多次下达整改通知和停工通知，衡某某、赵某某、刘某甲、郭某某、邹某某等人未按要求停工整改，致使安全隐患一直未得到纠正。刘某甲、刘某丙、吴某某等监理人员在某酒店式公寓项目施工现场监理中，在工程内容发生重大变更时，未履行监理方的责任，对某酒店式公寓项目监理工作失管；没有建立危险性较大的分部分项工程安全管理制度，对不符合标准搭设的模板支撑系统，既不制止，也不报告；旁站监理不到位，现场施工监管失控；未对施工现场特种作业人员从业资质进行审核，致使高大模板架体搭设由不具备特种作业从业资格的架子工杜某某等人负责完成；对施工单位未编制高大模板支撑系统安全专项方案擅自组织施工的行为未采取监理措施予以制止，在施工单位未报送混凝土浇筑专项施工方案，未签署浇筑令的情况下，未对支撑架体进行安全检查验收，放任施工人员进行混凝土浇筑作业。2013年11月20日上午，赵某甲在明知该分部分项工程没有按要求组织制定高大支模的安全专项施工方案的情况下，也未确认模板支撑体系是否具备混凝土浇筑的安全生产条件，未签署混凝土浇筑令，未制定和落实模板支撑体系位移的检测监控及施工应急救援预案等安全保证措施，便开始实施混凝土浇筑。当日18时许，施工工人进行混凝土浇筑时模板支撑体系发生坍塌，致使工人王某某、陈某某、聂某某等7人当场死亡、赵某甲等2人重伤、3人轻伤。事故发生后，衡某某、杜某某、刘某甲、郭某某积极组织参加救援，并随工作人员到公安机关接受办案民警讯问，如实供述了犯罪事实。2014年1月16日，某省安全生产委员会办公室关于某市某县"11·20"较大建筑施工坍塌事故调查报告认定，某市某县某酒店式公寓项目"11·20"较大建筑施工坍塌事故是一起生产安全责任事故。

二、案例评析

根据各方人员供述和辩解，一审法院判决：（1）被告人郭某某犯重大责任事故罪，判处有期徒刑三年，缓刑五年；（2）被告人赵某甲犯重大责任事故罪，判处有期徒刑三年，缓刑四年；（3）被告人杜某某犯重大责任事故罪，判处有期徒刑三年，缓刑三年；（4）被告人衡某某犯重大责任事故罪，判处有期徒刑二年六个月，缓刑三年；（5）被告人刘某甲犯重大责任事故罪，判处有期徒刑二年，缓刑三年；（6）被告人邹某某犯重大责任事故罪，免予刑事处罚。

二审法院认为，上诉人郭某某作为某国际大酒店及某酒店式公寓工程项目的投资方、建设方，在未办理《建设工程施工许可证》以及安全、质量监督手续的情况下，借用他人建设施工资质，违规分包工程，聘请无建筑工程施工资质人员承建工程施工，擅自改变工程规划设计，是造成事故的主要原因，应负事故主要责任。上诉人赵某甲无建筑施工相关资质，却在某国际大酒店及某酒店式公寓工程项目施工现场履行技术负责人的职责，对高大支模的搭设不组织制定安全专项施工方案，也未确认高大支模是否具备混凝土浇筑的安全生产条件，没有制定模板支撑体系位移的检测监控及施工应急救援预案等安全保证措施，明知高大支模的搭设存在安全隐患，仍冒险组织浇筑混凝土，导致事故的发生，应负事故主要责任。原审被告人杜某某无特种作业资质，违规上岗，作为高大支模搭设的组织者，不编制高大支模系统专项施工方案，并组织无特种作业资质人员搭设高大支模系统，致使搭设的高大支模系统存在安全隐患，也是事故发生的原因之一，对事故发生亦应承担相应的责任。上诉人衡某某作为某国际大酒店及某酒店式公寓工程项目的实际施工人，没有建筑工程施工资质，聘请无相关资质的人员担任施工现场技术负责人、安全管理人员，负责技术与安全，并任用无特种作业资质的人员上岗作业，亦是导致事故发生的原因之一，亦应承担一定责任。上诉人刘某甲明知自己所在的 B 监理公司不能对某国际大酒店及某酒店式公寓工程项目进行监理，却违法挂靠 C 工程建设监理有限公司承揽该工程项目的监理业务，且在某国际大酒店及某酒店式公寓工程项目内容发生重大变更时，不履行监理方的责任，对不符合标准搭设的模板支撑系统监理不到位，亦是造成事故的原因之一，应负相应责任。原审被告人邹某某作为 A 公司襄阳分公司负责人，违法出借资质，不安排有资质人员在某国际大酒店及某酒店式公寓工程项目从事施工管理，对违法分包不制止，安排非公司人员衡某某，为该项目负责人、安全员，对该项目工程质量和安全生产管理不到位，亦是造成事故的原因之一，应负相应责任。驳回上诉，维持原判。

案 例 85

原告：徐某某
被告：A 建设工程总承包有限责任公司
被告：B 建设工程有限公司
被告：仇某某

一、基本案情

某市绥满公路建设指挥部于 2012 年 6 月 4 日与被告 A 公司签订了国道绥满公司牡丹江至哈牡界段改造工程 K23+000 至 K28+000 段公路工程合同协议书,将该标段(第 A6 标段)改造发包给被告 A 公司施工。

某市绥满公路建设指挥部于 2012 年 6 月 4 日与被告 B 公司签订了国道绥满公司牡丹江至哈牡界段改造工程 K33+000 至 K38+000 段公路工程合同协议书,将该标段(第 A8 标段)改造发包给被告 B 公司施工。

被告 A 公司、被告 B 公司与被告仇某某分别于 2012 年 6 月 10 日签订了工程项目施工承包协议书,将中标的 A6 标段、A8 标段、A7 标段(与中标的 C 建设工程集团有限公司)工程承包给被告仇某某施工,被告仇某某挂靠以上三公司进行施工,其是实际施工人,未有相关的施工资质。

被告仇某某施工过程中,原告为其雇用了机械设备、人工、拉运沙石进行施工,工程结束后,于 2014 年 6 月 15 日给原告出具了欠条,载明:今欠徐某某人民币柒拾叁万柒仟元整(737 000),已还款壹拾陆万元整(160 000),还欠伍拾柒万柒仟元整(577 000),此款包括工资、设备、沙款。之后,被告仇某某陆续给付原告部分款项,尚欠人工费 300 000 元、沙石款 145 000 元,合计 445 000 元,至今未给付。

二、案件审理

本院认为:某市绥满公路建设指挥部将国道绥满公路牡丹江至哈牡界段改造工程 A6、A8 标段工程分别发包给中标的被告 A 公司、B 公司,该二公司又将中标工程分别承包给被告仇某某进行施工,被告仇某某与被告 A 公司、B 公司形成挂靠关系,对挂靠事实,三被告均没有异议。被告仇某某在具体施工过程中,原告为其施工,被告仇某某于 2014 年 6 月 15 日给原告出具欠条后,偿还了部分款项,尚欠人工费 300 000 元、沙石款 15 000 元,合计 445 000 元,应履行给付义务,对原告这一主张,予以支持。被告 A 公司、B 公司与被告仇某某形成挂靠关系,应承担连带责任。被告 A 公司辩解其不是适格的被告的观点,与事实、法律相悖,不予支持。被告仇某某辩解已付清原告所有的费用观点,在释明的期限内未向法庭提供相关的证据佐证,视为对其举证不利的法律后果。

根据《中华人民共和国合同法》第四十四条:依法成立的合同,自成立时生效。法律、行政法规规定应当办理批准、登记等手续生效的,依照其规定。第一百零九条:当事人一方未支付价款或者报酬的,对方可以要求其支付价款或者报酬。《最高人民法院关于审理建设工程施工合同纠纷案件适用法律问题的解释》第一条:建设工程施工合同具有下列情形之一的,应当根据合同法第五十二条第(五)项的规定,认定无效:(一)承包人未取得建筑施工企业资质或者超越资质等级的;(二)没有资质的实际施工人借用有资质的建筑施工企业名义的;(三)建设工程必须进行招标而未招标或者中标无效的。判决:被告仇某某于本判决生效后 5 日内给付原告徐某某人工费 300 000 元、沙石款 145 000 万元,合计 445 000 元;被告 A 建设工程总承包有限责任公司、被告 B 建设工程有限公司承担连带给付责任。如果未按本判决指定的期间履行给付金钱义务,应当依照《中华人民共和国民事诉讼法》第二百五十三条之规定,加倍支付迟延履行期间的债务利息。案件受理费 7 975 元,由被告仇某某负担。

案 例 86

一、基本案情

2006年5月21日，C水力电力建筑勘测设计院（以下简称C设计院）经某市××南区水利农机局批准改制成立C公司。2008年11月，E房地产有限公司（以下简称E公司）与C设计院签订建设工程设计合同（以下简称设计合同），约定E公司将其开发建设的位于某市××南区某城项目涵洞工程设计委托C设计院进行，设计费为22万元；由于C设计院原因造成返工、工程质量事故及设计时间延误等损失，C设计院除负责补救措施外，应免收损失部分的设计费，并根据损失程度向A公司偿付赔偿金，赔偿金最多与免收的设计费金额相等；根据A公司要求，C设计院应在工地派驻设计监察员，在施工现场监察并与A公司共同解决施工过程中遇到的各种与设计有关的技术问题等，直到竣工。C设计院完成施工设计后，E公司分期支付设计费19.80万元，尚欠2.2万元因本案纠纷至今未付。

2009年，A公司与B公司签订建设工程施工合同（以下简称施工合同），约定A公司某城二期项目拱涵工程发包B公司施工，工程总造价暂定约170万元，结算时按实际工程量收方结算；承包方应按设计图纸要求，以及工程师指令施工，随时接受工程师检查检验；工程质量因承包方原因达不到约定标准，由承包方承担拆除和重新施工的费用，工期不予顺延。工程完工后，A公司陆续支付工程款1 239 667元。同年，A公司与D市政公司签订某城项目土石方施工协议书（以下简称土石方协议），约定A公司将其开发建设的某城项目二期土石方工程发包D市政公司施工，工程内容包括土石方回填、碾压。工程完工后，A公司按双方结算，扣除涵洞垮塌修复费50万元后支付D市政公司工程款12 809 487元。2009年8月，二期涵洞工程完成基础施工、主体浇筑及土石方回填作业后投入使用。因在使用过程中发生排水不畅并完全阻塞，A公司经查发现涵洞内局部区段发生垮塌现象。同年9月，A公司委托某市建设工程质量检验测试中心对涵洞约20米垮塌区域进行安全性鉴定。2010年2月5日，该中心出具J/F10-030-00006鉴定报告。A公司支付鉴定费5.6万元。

2010年5月18日，E公司与C设计院签订补充协议，由C设计院对某城项目主涵洞（含2号、3号涵洞）和3号支涵洞重新进行施工图设计，并配合现场施工，设计费15万元。同年7月14日，A公司与B公司签订建设工程施工合同，约定将二期涵洞垮塌修复工程计98.6米交B公司修复施工，修复工程实行综合总价包干1 128 000元，工程完工结算后支付工程款的97%即1 094 160元，余款33 840元作为质保金在一年质保期满无质量问题后一次性返还。B公司完成二期涵洞修复工程，A公司支付工程款1 094 160元。现二期涵洞已交付A公司交付使用。2011年12月23日，E公司与A公司签订合同权利义务转让协议书，将E公司与C设计院间合同权利转让A公司，并由E公司向C设计院邮寄送达权利转让通知。2012年12月，A公司起诉至法院，要求C公司、B公司及D市政公司共同赔偿二期涵洞垮塌造成的损失1 150 160元及利息。

二、案件审理

一审法院认为，E 公司与 C 设计院签订的设计合同及补充协议、A 公司与 B 公司签订的施工合同、与 D 市政公司签订的土石方协议有效成立。C 公司在改制后仍以 C 设计院名义与 E 公司订立合同，该合同的法律后果应由 C 公司承担。E 公司将其与 C 设计院合同权利转让 A 公司并履行通知义务，A 公司依法享有对 C 公司的权利。A 公司通过上述三份合同，完成其开发的某城二期项目 2 号涵洞的建设。由于 C 公司、B 公司及 D 市政公司在合同履行过程中，均存在过错致使二期涵洞垮塌，A 公司重新修建垮塌涵洞，为此支付的工程款 1 094 160 元及鉴定费 56 000 元，合计 1 150 160 元应由 C 公司、B 公司及 D 市政公司按各自过错程度承担相应赔偿责任。根据 J/F10 – 030 – 00006 鉴定报告的认定，及 C 公司、B 公司及 D 市政公司对造成涵洞垮塌原因力大小，确认 C 设计院承担 30% 赔偿责任，B 公司承担 50% 赔偿责任，D 市政公司承担 20% 赔偿责任。即 A 公司的损失由 C 公司赔偿 345 048 元，B 公司赔偿 575 080 元，D 市政公司赔偿 230 032 元。但据 A 公司与 C 设计院审计合同约定，C 设计院造成质量事故的后果是免收损失部分的设计费，并根据损失程度向 A 公司偿付最多与免收的设计费金额相等的赔偿金，故 C 设计院在本案中应赔偿 A 公司与其尚未收取的设计费相当的 2.2 万元。同时，由于 A 公司与 D 市政公司进行土石方工程款结算时，已扣取 50 万元作为涵洞垮塌维修费，本案中可不再向 A 公司支付赔偿款。对于 A 公司主张的利息，认定以 A 公司提出诉讼时开始计算为宜。为此，依照《中华人民共和国合同法》第六十条、第一百零七条、最高人民法院《关于审理建设工程施工合同纠纷案件适用法律问题的解释》第十二条之规定，判决：(1) C 水利电力工程勘察设计有限公司赔偿 A 房地产有限公司因涵洞工程垮塌造成的损失 22 000 元及以 22 000 元为基数，自 2011 年 12 月 29 日起至本判决确定的履行期限届满之日止，按中国人民银行发布的同期同类贷款利率计算的利息损失；(2) B 建设（集团）有限公司赔偿 A 房地产有限公司因涵洞工程垮塌造成的损失 575 080 元及以 575 080 元为基数，自 2011 年 12 月 29 日起至本判决确定的履行期限届满之日止，按中国人民银行发布的同期同类贷款利率计算的利息损失；(3) 驳回 A 房地产有限公司的其他诉讼请求。上述第 (1)、(2)、(3) 项限本判决生效之日起 15 日内履行，逾期按《中华人民共和国民事诉讼法》第二百五十三条之规定加倍支付迟延履行期间的债务利息。案件受理费 15 150 元，减半收取 7 575 元，由 A 房地产有限公司承担 3 787.50 元，C 水利电力工程勘察设计有限公司承担 1 515 元，B 建设（集团）有限公司承担 2 272.50 元。此款已由 A 房地产有限公司自愿垫付，限 C 水利电力工程勘察设计有限公司、B 建设（集团）有限公司于本判决发生法律效力后 15 日内径付 A 房地产有限公司。

二审法院基本认定一审事实，至于 C 公司与 B 公司在就 A 公司剩余损失 650 160 元承担赔偿责任的比例分配上，根据质量鉴定结论，因 B 公司作为施工单位，其施工质量存在问题是造成涵洞垮塌的主要原因，故其应承担主要责任；而 C 公司设计上存在瑕疵，应承担次要责任，因此，本院确认由 B 公司承担 60% 即 390 096 元（650 160×60%）的赔偿责任、C 公司承担 40% 即 260 064 元（650 160×40%）的赔偿责任。B 公司虽辩称某市建设工程质量检验测试中心的鉴定结论错误，却又未提供其他证据予以证明，且在本院指定的期间内又不申请重新鉴定，对其该上诉理由，本院不予支持。二审法院判定：(1) 维持某市某区人民法院（20××）某法民初字第××××号民事判决第一项；（2）变更某市某区人民法院（20××）某法民初字第××××号民事判决第二项为"B建设（集团）有限公司赔偿A房地产有限公司因涵洞工程垮塌造成的损失390 096元及以390 096元为基数，自2011年12月29日起至本判决确定的履行期限届满之日止，按中国人民银行发布的同期同类贷款利率计算的利息损失"；（3）撤销某市某区人民法院（20××）某法民初字第××××号民事判决第三项；（4）驳回A房地产有限公司的其他诉讼请求。上述第一、二项限本判决生效之日起15日内履行，逾期按《中华人民共和国民事诉讼法》第二百五十三条之规定加倍支付迟延履行期间的债务利息。一审案件受理费7 575元，二审案件受理费15 151元，合计22 726元，由上诉人A房地产有限公司承担18 938元，由上诉人B建设（集团）有限公司承担2 273元，由被上诉人C水利电力工程勘察设计有限公司承担1 515元。

三、案例评析

本案争议焦点为：（1）A公司因涵洞垮塌可以主张的实际损失具体金额；（2）C公司、B公司、D市政公司是否应就涵洞垮塌事故承担责任以及具体责任比例；（3）在责任性质上，C公司、B公司及D市政公司是否应承担连带责任。对此，分别评析如下：

1. A公司因涵洞垮塌可以主张的实际损失具体金额。经查，涵洞垮塌的事实客观存在，为此，A公司重新修建垮塌的涵洞，支付工程款1 094 160元，应属直接损失。同时，为了确定涵洞垮塌的原因，A公司又委托某市建设工程质量检验测试中心进行鉴定所产生的鉴定费56 000元亦系因涵洞垮塌导致的直接损失，故，上述两笔共计1 150 160元属A公司因涵洞垮塌实际已发生的损失。B公司辩称A公司尚未支付完毕垮塌涵洞的工程款，其损失尚未产生的理由，属另一法律关系，B公司可另行主张权利，但不能以此否认A公司因重新修建垮塌部位的涵洞已实际支付上述费用而产生损失的客观事实，对B公司的该抗辩理由，本院不予支持。

但是，涵洞垮塌事件发生后，A公司与D市政公司在就土石方回填工程进行结算时，A公司从D市政公司应收的工程款中已扣取50万元作为涵洞垮塌的赔偿款，该行为表明A公司与D市政公司达成合意，A公司同意D市政公司就涵洞垮塌事故仅承担50万元的赔偿责任，D市政公司亦表示认可，且D市政公司所承担的该赔偿金额已接近A公司所遭受损失的50%，已超出D市政公司根据质量鉴定结论所应承担的次要赔偿责任，因此，并不损害同为责任承担主体的C公司和B公司的利益，在此情形下，A公司不得就涵洞垮塌再行向D市政公司主张赔偿责任，同时，A公司因已从D市政公司获得50万元的赔偿而导致其损失减少至650 160元，故，A公司因涵洞垮塌向C公司与B公司可以主张的实际损失具体金额应为650 160元（1 150 160 - 500 000）。B公司辩称应扣除D市政公司已支付的赔偿款后再确定A公司因涵洞垮塌所产生的损失的理由成立，本院予以支持。

2. C公司、B公司、D市政公司是否应就涵洞垮塌事故承担责任以及具体责任比例。根据某市建设工程质量检验测试中心就质量问题作出的鉴定结论，C公司在设计上存在一定瑕疵，而B公司未按设计要求进行施工，施工质量又存在问题，是造成涵洞垮塌的主要原因，D市政公司在土石方回填时未按正常施工程序进行弃土倾倒，存在较大石块直接撞击涵洞结构现象，是加速涵洞垮塌的一个重要影响因素。因此，C公司、B公司、D市政公司均应承担涵洞垮塌的赔偿责任。如前所述，D市政公司在不损害C公司与B公司利益的情况下，与A公司达成并实际履行了赔偿义务，现A公司又要求其承担赔偿责任，缺乏依据，一审予以驳回正确。

至于C公司与B公司在就A公司剩余损失650 160元承担赔偿责任的比例分配上，根据质量鉴定结论，因B公司作为施工单位，其施工质量存在问题是造成涵洞垮塌的主要原因，故其应承担主要责任；而C公司设计上存在瑕疵，应承担次要责任，因此，本院确认由B公司承担60%即390 096元（650 160×60%）的赔偿责任、C公司承担40%即260 064元（650 160×40%）的赔偿责任。B公司虽辩称某市建设工程质量检验测试中心的鉴定结论错误，却又未提供其他证据予以证明，且在本院指定的期间内又不申请重新鉴定，对其该上诉理由，本院不予支持。

同时，根据A公司与C设计院所签订的设计合同约定，C设计院造成质量事故的后果是免收损失部分的设计费，并根据损失程度向A公司偿付最多与免收的设计费金额相等的赔偿金。本案中，涵洞垮塌事故发生后，A公司尚有22 000元设计费未支付C公司，C公司亦未向A公司催收，且现C公司已明确该22 000元即为免收的损失部分设计费，而A公司虽予以反驳，却又未提供C公司确定的其他免收损失部分设计费金额的证据，故一审认定22 000元即为C公司最终应承担的赔偿金额并无不当。A公司要求C公司按鉴定结论确定的责任比例全部承担赔偿责任的理由与双方合同约定不符，本院不予支持。

3. 在责任性质上，C公司、B公司及D市政公司是否应承担连带责任。首先，某市建设工程质量检验测试中心作出的质量鉴定结论明确了C公司、B公司及D市政公司在涵洞垮塌事故上的主次责任的，是可分的，不存在连带责任的问题。其次，D市政公司通过与A公司的合意已承担并履行完毕全部赔偿义务，亦不存在连带责任的问题。

案 例 87

原告、反诉被告：江苏某二建集团有限公司（以下简称"某二建"）
被告、反诉原告：某房地产开发有限公司（以下简称"某房开公司"）

一、基本案情

2004年10月15日，某二建与某房开公司依法签订建设工程施工合同，其中约定由某二建承建某房开公司发包的吴江恒森国际广场全部土建工程，合同价款30 079 113元，开工日期2004年10月31日，竣工日期2005年4月28日。同日，双方签订补充初议约定：开工日期计划2004年10月2日（以开工令为准），竣工日期2005年3月11日，工期141天（春节前后15天不计算在内）。每迟后一天，某二建支付违约金10万元。土建工程造价按标底暂定为3 523万元，竣工结算经吴江市有资质的审计部门审计核实后，按审计决算总价下浮9.5%为本工程决算总价。补充协议还对付款方式进行了约定，并约定留总价5%款项作为保修保证金，两年后返还。

2004年10月30日，某二建致函某房开公司，认为因设计变更造成其钢筋成型损失约6万元，要求某房开公司承担该损失。2004年11月10日，某房开公司致函某二建，认为应对成型钢筋尽量利用，对确实无法利用的，由某二建上报明细，经双方核对后，由某房开公司给予补偿。其后，某二建未报损失明细。

2005年1月6日，某二建与某房开公司签会议纪要，双方确认某二建为总包单位，由某二建收取某房开公司分包合同总价1%总包管理费。该会议纪要同时明确，由于工期延误引发的争议已经双方协商解决，因地下室等各种因素的制约导致工期延误，双方不追究合同工期，双方同意既不奖也不罚，但某房开公司法定代表人强调必须在2005年4月中旬全部竣工通验。

2005年4月20日，某二建与某房开公司签订补充合同，约定某房开公司将恒森国际广场室外铺装总体工程发包给某二建施工，工程总价暂按270万元计，最终结算价按江苏省建安2004定额审计下浮12%确认，室外工程工期为2005年4月20日至2005年6月20日。

2005年6月27日，某二建与某房开公司就工程现场签证单确认问题等事项订立会议纪要，双方经协商确认工程于6月底前全部竣工，如不能如期竣工，根据原因由责任方承担责任。

施工期间，某房开公司陆续将水电、消防、暖通通风、二次装修、幕墙工程分别分包给第三方施工。其中幕墙分包工程固定总价205万元，另四份协议均约定由某二建按分包合同总价2.5%向分包单位收取配合管理费。经确认某二建已收取配合管理费323 750元。

涉案工程于2005年7月20日竣工验收。工程竣工后，某房开公司将其中建筑面积22 275m^{2}的房屋出租。

原告某二建诉称：2004年10月15日，原、被告签订《建设工程施工合同》一份，约定由原告承建吴江恒森国际广场的土建工程。2005年7月20日涉案工程全部竣工验收合格，并同时由被告某房开公司接收使用。被告仅支付了26 815 307元，余款计16 207 442元拒不支付。请求判令：（1）被告支付工程余款及逾期付款违约金153 922.39元合计16 361 364.39元。（2）被告赔偿由于设计变更造成原告钢筋成型损失6万元。

被告某房开公司辩称：被告已按约定要求支付工程款，请求驳回原告某二建诉讼请求，并反诉称：（1）反诉被告偷工减料，未按设计图纸施工，质量不合格，导致屋面广泛渗漏，该部分重作的工程报价为3 335 092.99元，请求判令反诉被告赔偿该损失。（2）双方约定工程竣工日期为2005年4月中旬，实际工程竣工日期为2005年7月26日，逾期91.5天，反诉被告应赔偿延误工期违约金915万元。

二、案件处理

一审法院认定本案争议焦点为：第一，工程价款如何认定。第二，因屋面渗漏某二建作为施工单位应如何承担责任。第三，某二建是否应承担延误工期的违约责任。

1. 关于工程价款如何认定的问题。诉讼中某二建、某房开公司均同意以鉴定造价35 034 260.23元作为工程款结算的依据，并一致认可已支付工程款26 815 307元。某二建同时认为，工程价款还应加上总包管理费15万元及钢筋成型损失6万元。

一审认为，因诉讼中双方一致认可按司法鉴定造价为工程款结算依据，应予准许。关于总包管理费问题。施工期间双方曾确定某二建为总包单位，某二建可收取某房开公司分包合司总价 1% 总包管理费，此系双方真实意思表示，应予确认。某房开公司分包合同总价为 1 500 万元，故某房开公司应按约支付 15 万元。关于钢筋成型损失问题双方曾约定某房开公司给予损失补偿的前提是由某二建上报无法利用钢筋的明细，现因某二建未能提供因设计变更导致无法利用的钢筋数明细，应视为该部分成型钢筋已合理用于本案工程中，施工方未实际发生成型钢筋损失，故对某二建该项诉讼请求不予支持。另，因保修期限届满，且屋面广泛性渗漏问题将在本案中作出处理，故某房开公司应退还保修保证金。综上，一审法院认定某房开公司应付工程总价款为 35 184 260.23 元（35 034 260.23 + 150 000），扣除某房开公司已付工程款 26 815 307 元，某房开公司尚应支付某二建工程价款 8 368 953.23 元。某房开公司欠付工程款的利息可参照双方确认的补充协议中的付款期限计算。

2. 关于屋面渗漏，某二建作为施工单位应如何承担责任的问题。一审认为，结合鉴定意见及现场情况，应确认屋面渗漏系某二建未按原设计图纸施工导致隐患及承租人擅自安装路灯破坏防水层两方面因素所致，其中未按设计图纸施工为主要原因，路灯破坏防水层为局部和次要原因。某二建提出的原设计不合理的问题，因标准或规范中对伸缩缝部位设计翻边并无强制性要求，其也无其他依据得出伸缩缝部位无翻边必然会漏水的结论，故对某二建该抗辩不予支持。

某二建主张自己仅应承担保修义务，而不应承担全面修复费用的问题。一审认为，因现有屋面板构造做法与原设计不符，存在质量隐患，局部修复方案不能保证屋面渗漏问题得到彻底解决，还会因维修施工带来其余部位的渗漏；况且某二建因偷工减料造成质量不符合设计要求是全面性而非局部性的问题。东吴设计院建议将原防水层全面铲除，重做屋面防水层，并由此出具全面设计方案，该方案较原设计方案相比，仅增加了伸缩缝翻边设计。因此，可以认定全面设计方案宜作为彻底解决本案屋面渗漏的修复方案。鉴于诉讼双方目前已失去良好的合作关系，由某二建进场施工重做防水层缺乏可能性，故某房开公司可委托第三方参照全面设计方案对屋面缺陷予以整改，并由某二建承担整改费用。

关于对全面设计方案修复费用 3 975 454 元应如何承担的问题。一审认为，全面设计方案中相较原设计，伸缩缝部位加了一道翻边，由此增加的费用 8 713 元应扣除。某二建在实际施工中少做的工序并未计入工程总价款，而全面设计方案中包含了该几道工序，基于权利义务相一致的原则，该部分费用应扣除。但屋面渗漏主要系某二建施工原因造成，工程实际修复时建筑行业人工、材料价格均有上涨，此事实上增加了某房开公司的负担，该上涨部分的费用应由某二建承担。经鉴定，2004 年 10 月 15 日，某二建工程屋面结构层以上实际施工部分工程价款为 1 677 635 元，而 2009 年 4 月 27 日，相同工程量的工程价款为 3 198 436.68 元（全面修复总费用 3 975 454 元 - 屋面防水构造做法中增做部分 755 036.46 元 - 伸缩缝部位增做部分 13 267.56 元 - 伸缩缝翻边 8 713.30 元）。因此，屋面防水构造做法与伸缩缝部位中应做而未做的部分在 2004 年 10 月 15 日的实际工程价款为 402 988.66 元，而在 2009 年 4 月 27 日相应工程价款则为 768 304.02 元，两者之间的差额 365 315.36 元应由某二建承担。另，承租人在屋顶打洞装灯破坏防水层，亦是导致屋面渗漏的原因之一，当相应减轻某二建的责任。鉴于该处路灯位于屋面停车场中央较高位置及该路灯仅对屋面板渗漏有影响，而实际渗漏部位还包括伸缩缝、落水管、出屋面排气管等多部位，酌情认定应予扣除修复工程款金额 15 万元。综上，某二建应支付的修复费用合计为 3 413 752.04 元。

3. 关于某二建是否应承担延误工期的违约责任。一审认为,根据双方补充协议,某二建应于 2005 年 3 月 11 日完工,否则按每天 10 万元承担违约责任;实际施工期间,因地基工程施工失败,双方约定由某二建接替原地基工程施工单位实施地下室围护的抢险施工及围护桩加固工作。该项工作并非总包单位合同内容,属于增加工程,必然导致工期延长,故双方就工期协商约定互不追究原合同工期,既不奖也不罚,但某房开公司并未放弃工期要求,在承诺不针对原工期奖罚的同时要求某二建必须于 2005 年 4 月中旬竣工。此外,某房开公司将室外铺装工程另行发包给某二建施工,并明确室外铺装工程工期至 2005 年 6 月 20 日止,结合双方于 2005 年 6 月 27 日会议纪要中作出的工程应于六月底前竣工,否则根据原因由责任方承担责任的意思表示。可认为双方因地下室及工程新增加等原因,已协商将竣工时间延长至 2005 年 6 月 30 日。事实上本案工程于 2005 年 7 月 20 日竣工,某二建逾期完工 20 天,某二建未能举证证明该 20 天存在可据实延长的情形,故逾期完工 20 天的责任应由某二建承担。因某房开公司投资建房的目的之一系对外招租开设大卖场以获取租金收益,某二建逾期完工必然导致某房开公司迟延接收使用房屋并获得租金收益,结合某房开公司将所建房屋对外实际出租的状况及规模,一审法院酌定由某二建赔偿工期延误损失 25 万元。

综上,一审法院遂依照《中华人民共和国合同法》第七十七条、第一百零七条、第二百八十一条,最高人民法院《关于审理建设工程施工合同纠纷案件适用法律问题的解释》第十四条、第十七条、第十八条,《中华人民共和国民事诉讼法》(2007 年修正)第十三条,最高人民法院《关于民事诉讼证据的若干规定》第二条、第七十一条之规定,于 2012 年 8 月 31 日作出判决:(1)某房开公司支付某二建工程价款 8 368 953.23 元。(2)某房开公司支付某二建工程余款利息。(3)某二建赔偿某房开公司屋面修复费用 3 413 752.04 元。(4)某二建赔偿某房开公司工期延误损失 250 000 元。(5)驳回某二建及某房开公司其他诉讼请求。

江苏省高级人民法院查明事实与一审相同。二审法院认为屋面广泛性渗漏属客观事实并已经法院确认的事实,竣工验收合格证明及其他任何书面证明均不能对该客观事实形成有效对抗。屋面渗漏的质量问题不在于原设计而在于某二建偷工减料,未按设计要求施工,故应按全面设计方案修复,修复费用在考虑案情实际基础上合理分担,一审法院分配合理。二审认为,0~100 厚细石混凝土找平层是原设计方案没有的,系全面设计方案增加的,由此增加的 536 379.74 元应从总修复费用中扣除。综上,某二建应支付修复费用合计 2 877 372.30 元。其他项维持原判。

三、案件评析

承包人交付的建设工程应符合合同约定的交付条件及相关工程验收标准。工程实际存在明显的质量问题,承包人以工程竣工验收合格证明等主张工程质量合格的,人民法院不予支持。在双方当事人已失去合作信任的情况下,为解决双方矛盾,人民法院可以判决由发包人自行委托第三方参照修复设计方案对工程质量予以整改,所需费用由承包人承担。

案例 88

原告：某建设公司
被告：某房开公司

一、基本案情

原告某建设公司与扎旗某房地产开发有限责任公司于 2011 年 7 月 28 日就涉案的扎旗某小区签订了建设工程施工合同，后扎旗某房地产开发有限责任公司更名为扎鲁特旗某房地产开发有限公司（以下简称"某房开公司"）。此后原告某建设公司对此项目进行了施工，后因为某房开公司无法按时支付工程款，被告某房开公司从 2012 年 11 月 22 日起，向原告某建设公司连续发出联系函，要求原告垫资建设，后因原告拒绝，被告某房开公司于 2014 年 2 月 25 日，向原告某建设公司发出了解除合同通知书，要求解除双方签订的建设工程施工合同。原告某建设公司同意解除合同并已撤离。经双方结算，工程总造价为 43 301 546.75 元。2014 年 7 月 25 日，被告某房开公司就工程款的支付事宜向原告某建设公司出具了《××项目还款承诺》，承诺书载明：双方工程总造价为 43 301 546.75 元，已支付工程 26 123 698.85 元，尚欠 23 172 238.9 元，其中包括工程款 17 177 847.9 元，因资金短缺给原告造成的损失 6 594 391 元。同时承诺被告应该按以下时间点向原告支付欠款本金：（1）4#、5#、6#楼封顶（2014 年 9 月 15 日之前），付总欠款的 20%，共 4 634 000 元；（2）2014 年 10 月 30 日之前付总欠款的 30%，共 6 952 000 元；（3）2014 年 12 月 20 日之前付总欠款的 30%，共 6 952 000 元；（4）2015 年 4 月 30 日之前付总欠款的 20%，共 4 634 000 元；（5）如被告未按上述时间点支付欠款本金，被告应按中国人民银行同期同类贷款利率的 4 倍向原告支付违约金。此承诺书出具后，被告一直未支付任何款项。据此原告向法院提起诉讼，请求支付工程欠款及违约金。

二、案件处理

本院认为，原被告双方签订的建设工程施工合同是双方当事人的真实意思表示，合同内同不违反法律法规的强制性规定，合同合法有效，双方当事人均应当按照合同的约定履行义务。在合同履行过程中，被告某房开公司提出解除合同，合同解除后，被告某房开公司仍应当按照合同约定履行给付工程款的义务。因无法按时支付工程款，被告扎旗某房开公司为原告某建设公司出具了还款承诺函，该还款承诺函是被告某房开公司的真实意思表示，其应当按照还款承诺函履行，故被告某房开公司要求按照合同约定下调 4% 的主张，本院不予支持。因此，原告某建设公司要求被告某房开公司按照承诺函的约定支付欠款本金 23 172 238.90 元并承担违约利息的诉讼请求应当予以支持。

案 例 89

申请再审人（一审被告、反诉原告、二审上诉人）：某十九局集团有限公司（以下简称"某十九局"）

被申请人（一审原告、反诉被告、二审被上诉人）：某建工集团股份有限公司（以下简称"某建工集团"）

一、基本案情

2003年8月22日，重庆某实业股份有限公司（以下简称"某实业公司"）作为重庆市北部新区经开园金山大道西延段建设项目业主单位和监管单位，与某建工集团签订《金山大道西延段道路工程建设工程施工合同》，将金山大道西延段道路工程发包给某建工集团承包。在《金山大道西延段道路工程工程造价计价原则》中，双方对未定价的材料、立交桥专用材料、路灯未计价材料价格的确定方式约定为"某实业公司、经开区监审局审定后纳入工程结算"。某十九局经某实业公司确认为岚峰隧道工程分包商，并于2003年11月17日与某建工集团签订《单项工程项目承包合同》（以下简称"分包合同"），主要约定：某建工集团将金山大道西延段岚峰隧道工程分包给某十九局，合同价暂定80 000 000元（最终结算价按照业主审计为准）；第6条资金管理6.2约定：工程竣工经综合验收合格，结算经审计部门审核确定后，扣除工程保修金，剩余工程尾款的支付，双方另行签订补充协议明确；合同对工程内容、承包结算等内容进行了具体约定。之后，某十九局按照合同约定施工。

2003年12月，某实业公司改制，重庆市北部新区经开园金山大道西延段项目业主变更为重庆市经开区土地储备整治中心，即重庆市北部新区土地储备整治中心（以下简称"土储中心"）。2005年，金山大道更名为金渝大道。

2005年9月8日，金山大道西延段道路工程竣工，同年12月通过验收并于2006年2月6日取得《重庆市建设工程竣工验收备案登记证》（建竣备字〔2006〕024号）。之后，出于为该路段工程岚峰隧道、花沟隧道部分竣工结算提供价值依据的目的，重庆市经开区监察审计局（以下简称"经开区监审局"）委托重庆西恒招标代理公司（以下简称"西恒公司"）对上述工程进行竣工结算审核。2006年8月10日，西恒公司出具《基本建设工程结算审核报告》（以下简称"审核报告"），载明岚峰隧道造价为114 281 365.38元（包含岚峰隧道内人行道面层费用28 569.53元，非本案诉争工程范围）。以该审核报告为基础，某建工集团与某十九局于2007年12月5日对某十九局分包的工程进行结算，确认某十九局图纸范围内结算金额为114 252 795.85元，扣除各项费用后，分包结算金额为102 393 794元（税金等费用由财务部门按规定收取）。至一审起诉前，某建工集团累计已向某十九局支付涉案工程的工程款98 120 156.63元。

2008年10月9日至11月21日，重庆市审计局以土储中心为被审计单位，对金渝大道（原金山大道）道路工程竣工决算进行审计，并出具渝审报〔2008〕142号审计报告，审定土储中心应核减该工程竣工结算价款15 481 440.93元，其中本案所涉的岚峰隧道工程在送审金额 114 252 795.85 元的基础上审减 8 168 328.52 元。同年 12 月 24 日，重庆市审计局以《关于北部新区经开园金渝大道道路工程竣工决算的审计决定》（渝审决〔2008〕111 号），责令土储中心核减该工程结算价款 15 481 440.93 元，调整有关账目，并要求土储中心在 2009 年 3 月 20 日前执行完毕。

2009 年 2 月 9 日，土储中心向某建工集团发出《关于执行重庆市审计局对金渝大道（原金山大道）工程竣工决算审计决定的函》（渝新土储函〔2008〕5 号），要求其按照重庆市审计局复议结果，将审减金额在 3 月 1 日前退还土储中心。某建工集团已经扣还了部分款项。

2010 年 9 月 1 日，某建工集团向重庆一中院起诉称，根据重庆市审计局对金山大道西延段项目的审计，对某十九局完成工程的价款审减 8 168 328.52 元，扣除双方约定的费用，实际分包结算金额应为 94 878 931.76 元（含某建工集团应退的管理费）。某建工集团在上述审计前已累计向某十九局支付工程款 98 120 156.63 元，多支付了工程款 3 241 224.87 元，故请求：（1）某十九局立即返还某建工集团多支付的工程款 3 241 224.87 元；（2）本案诉讼费用由某十九局承担。

二、案件处理

重庆一中院认为：

根据审计法以及《重庆市国家建设项目审计办法》的相关规定，案涉工程为重庆市市级重点建设项目，应当由重庆市审计局对其竣工决算进行审计。经开区监审局作为经开区的内部审计机构，并非国家审计机关，无权代表国家行使审计监督的权力。本案双方当事人在分包合同中对合同价款的约定，并未明确该审计是指被审计单位的内部审计还是国家审计机关的审计，不能推断双方当事人之间约定的审计就是指内部审计。本案中，西恒公司受经开区监审局的委托作出的审核报告系以该公司名义出具，即使经开区监审局认可该审核结果，也不能据此认定该审核报告具有内部审计结论和决定的性质。经开区监审局既非法律规定对案涉工程具有审计管辖权的国家审计机关，西恒公司出具的审核报告亦非审计结果，某十九局主张经开区监审局是本案适格审计主体，西恒公司是符合双方合同约定的审计单位，理由不成立。因案涉工程的审计管辖权属重庆市审计局，故该局对案涉工程竣工决算审计是依法行使国家审计监督权的行为，不存在重复审计，其作出的审计决定具有一定的强制性，被审计单位及有关协助执行部门或单位应当主动自觉予以执行或协助执行。虽然审计是国家对建设单位的一种行政监督，其本身并不影响民事主体之间的合同效力，但是本案双方当事人"最终结算价按业主审计为准"的约定，实际上就是将有审计权限的审计机关对业主单位的审计结果作为双方结算的最终依据。结合土储中心要求某建工集团按照重庆市审计局的复议结果退还审减金额的事实，证明业主最终认可并执行的是重庆市审计局审计报告审定的金额。根据本案中双方当事人的合同约定，以及我国对政府投资和以政府投资为主的建设项目预算管理的相关规定，结合案涉工程的具体情况，经开区监审局委托西恒公司作出的审核报告仅是对案涉工程的结算提供阶段性的依据，而本案双方当事人根据该审核报告确认涉案工程总价为 102 393 794 元，某建工集团亦按照上述结算支付部分款项等行为，仅是诉争工程结算过程中的阶段性行为，不能以此对抗本案双方当事人之间关于工程结算的合同约定以及审计监督的相关法律法规。因此，某建工集团诉请某十九局返还多支付的工程款，于法有据，该院予以支持。

重庆高级人民法院认为：

某十九局与某建工集团签订的分包合同既是双方当事人真实意思表示，同时所涉承包事项也得到业主同意，且不违反法律、行政法规的强制性规定，故一审判决关于分包合同有效的认定正确。双方当事人在合同中约定"最终结算价按照业主审计为准"，"审计"一词本身有其特定的含义，能否进行扩张解释，应当结合案涉工程的实际情况，以及双方当事人作此约定的真实目的进行分析。案涉工程系政府投资的重点工程，应当受到国家的审计监督，即工程业主的财务收支须受此审计监督的约束，且该种审计监督并不当然以业主或当事人的意志为转移。对此，本案双方当事人是明知的。双方当事人在合同中约定以独立于双方之外的第三方审计作为结算依据，充分表明其知晓该种审计是严格的、重要的，并将影响双方以及业主最终结算结果的行为。基于此，对合同中约定的"审计"应当限缩解释为法定审计，而非广义的审核。从审计的主体资格上讲，案涉工程的业主并非审计部门或审计机关，不具备审计主体资格，不能成为审计主体，亦不能完成审计行为，本案中的审核报告、审计报告的出具方或委托方均非业主。因此，合同并未将审计主体限定为业主，案涉工程的审计主体应当遵循审计的法定主体。根据审计法和《重庆市国家建设项目审计办法》的规定，案涉工程作为重庆市市级重点建设项目，法定审计主体是重庆市审计局。经开区监审局作为经开区内部审计机构，并非法定国家审计机关，不能代表国家对案涉工程行使审计监督职能。因此，重庆市审计局才是符合合同约定的审计主体，其出具的审计结果才是符合双方当事人合同约定的结算依据。而且，即使按照某十九局提出的"业主审计"是指"业主同意的审计"来理解，业主最终同意和认可的审计仍然是重庆市审计局的审计结论。审核报告仅是施工过程中阶段性的审核意见，而非最终的审计结果，由于此时工程审计尚未完成，双方当事人根据审核报告所做的结算，只是双方结算过程中的一个阶段性行为，而非最终结算，双方最终结算仍有待于符合合同约定的审计结果形成后决定。但双方在结算中就其他费用的计算方式所达成的合意是有效的，对双方仍具有约束力。故一审法院按照重庆市审计局的审计结果以及双方无争议的其他费用计算方式计算出双方的最终结算价，并无不当。审计作为国家的一种行政监督，在当事人没有约定以审计结果作为结算依据的情况下，通常不会直接对当事人的结算产生法律后果。但在双方当事人约定以审计结果作为结算依据的情况下，由于双方当事人自愿选择以审计结果约束双方之间的结算，虽然从形式上表现为行政权力对民事法律关系的干涉，但这正是当事人意思自治的体现。本案双方当事人在合同中明确约定以审计作为结算依据，对可能出现的后果，当事人是知道或应当知道的，也是必须接受的。因此，某十九局的上诉请求，缺乏事实和法律依据，驳回上诉，维持原判。

最高人民法院认为：

关于某建工集团主张案涉工程属于法定审计范围，因此必须按照国家审计机关的审计结果进行结算的问题，本院认为，根据审计法的规定及其立法宗旨，法律规定审计机关对政府投资和以政府投资为主的建设项目的预算执行情况和决算进行审计监督，目的在于维护国家财政经济秩序，提高财政资金使用效益，防止建设项目中出现违规行为。某建工集团与某十九局之间关于案涉工程款的结算，属于平等民事主体之间的民事法律关系。因此，本案诉争工程款的结算，与法律规定的国家审计的主体、范围、效力等，属于不同性质的法律关系问题，即无论案涉工程是否依法须经国家审计机关审计，均不能认为，国家审计机关的审计结论可以成为确定本案双方当事人之间结算的当然依据，故对某建工集团的上述主张，本院不予采信，对案涉工程的结算依据问题，应当按照双方当事人的约定与履行等情况确定。

关于分包合同是否约定了案涉工程应以国家审计机关的审计结论作为结算依据的问题。本院认为，分包合同中对合同最终结算价约定按照业主审计为准，系因该合同属于分包合同，其工程量与工程款的最终确定，需依赖合同之外的第三人即业主的最终确认。因此，对该约定的理解，应解释为工程最终结算价须通过专业的审查途径或方式，确定结算工程款的真实合理性，该结果须经业主认可，而不应解释为须在业主接受国家审计机关审计后，依据审计结果进行结算。根据审计法的规定，国家审计机关的审计系对工程建设单位的一种行政监督行为，审计人与被审计人之间因国家审计发生的法律关系与本案当事人之间的民事法律关系性质不同。因此，在民事合同中，当事人对接受行政审计作为确定民事法律关系依据的约定，应当具体明确，而不能通过解释推定的方式，认为合同签订时，当事人已经同意接受国家机关的审计行为对民事法律关系的介入。

虽然在本案一、二审期间，双方当事人对西恒公司出具的审核报告是否属于分包合同约定的"业主审计"存在争议，但在该审核报告上，业主、承包人和分包人均签字盖章表示了对审核结果的认可。之后，某建工集团与某十九局签订结算协议，其确定的结算数额也与上述审核报告审定的数额一致。本案一审起诉前，某建工集团累计已向某十九局支付涉案工程的工程款 98 120 156.63 元，数额已经到达结算协议约定结算数额的96%。结算协议的实际履行情况，也佐证了其系双方当事人的真实意思表示。结合结算协议的签订和实际履行情况，本院认为，虽然本案审理中，双方当事人对西恒公司出具的审核报告是否就是双方在分包合同中约定的业主审计存在争议，但该审核报告已经得到了案涉工程业主和本案双方当事人的认可，某建工集团与某十九局又在审核报告的基础上签订了结算协议并已实际履行。因此，即使西恒公司的审核报告与双方当事人签订分包合同时约定的业主审计存在差异，但根据《中华人民共和国合同法》第七十七条第一款的规定，双方当事人签订结算协议并实际履行的行为，亦可视为对分包合同约定的原结算方式的变更，该变更对双方当事人具有法律拘束力。在双方当事人已经通过结算协议确认了工程结算价款并已基本履行完毕的情况下，国家审计机关作出的审计报告，不影响双方结算协议的效力。因此某建工集团应向某十九局支付剩余工程款。

三、案件评析

根据审计法的规定，国家审计机关对工程建设单位进行审计是一种行政监督行为，审计人与被审计人之间因国家审计发生的法律关系与本案当事人之间的民事法律关系性质不同。因此，在民事合同中，当事人对接受行政审计作为确定民事法律关系依据的约定，应当具体明确，而不能通过解释推定的方式，认定合同签订时，当事人已经同意接受国家机关的审计行为对民事法律关系的介入。在双方当事人已经通过结算协议确认了工程结算价款并已基本履行完毕的情况下，国家审计机关作出的审计报告，不影响双方结算协议的效力。

案 例 90

原告：赵某某

被告：四川某建设工程集团有限公司（以下简称"某建设公司"）、李某某、袁某

一、基本案情

被告某建设公司系邛崃市油榨乡桃花社区聚居点项目农房（A区）建设项目工程承包单位。2014年4月1日，被告李某某以某建设公司邛崃分公司名义与被告袁某签订《内部承包协议书》，将案涉工程转包被告袁某。《内部承包协议书》未加盖相关印章。后被告袁某与被告李某某陆续相互发生款项往来。邛崃市油榨乡人民政府向某建设公司支付过工程款。后被告袁某将项目工程内外墙漆交由原告施工。2015年12月20日被告袁某确认工程未付款为501 032元，现原告尚有416 032元工程款未受偿。另查明，涉案工程现已经竣工验收。

原告赵某某向法院提出诉讼请求：被告公司某建设公司、李某某、袁某连带支付原告工程款416 032元，并从起诉之日起按照同期银行贷款利率支付利息。被告某建设公司辩称，油榨乡桃花社区聚居点项目的承包人是被告某建设公司，但是某建设公司并未实际施工，是李某某挂靠某建设公司进行的施工，某建设公司邛崃分公司是不存在的，被告袁某、李某某也不是某建设公司员工，原告与某建设公司没有合同关系，请求驳回原告的诉讼请求。

二、案件处理

虽被告某建设公司系桃花社区A区工程的承包单位，被告李某某以某建设公司邛崃分公司的名义将工程转包给被告袁某，被告袁某是工程的实际施工人，被告袁某在实际施工中将工程内外墙漆交由原告实施，并签字确认应支付原告工程款999 032元，现原告尚有416 032元工程款未受偿，但根据《中华人民共和国合同法》第四十九条之规定，表见代理制度不仅要求代理人的无权代理行为在客观上形成具有代理权的表象，而且要求相对人在主观上善意且无过失地相信行为人有代理权。合同相对人主张构成表见代理的，应当承担举证责任，不仅应当举证证明代理行为存在诸如合同书、公章、印鉴等有权代理的客观表象形式要素，而且应当证明其善意且无过失地相信行为人具有代理权。但本案中，一方面，无证据证明被告袁某系某建设公司员工或受雇于被告李某某，其本身不具有代表某建设公司及被告李某某对外订立合同的职权，也未取得被告某建设公司及被告李某某授权或事后追认，故其以自己的名义与原告进行结算的行为不能认定为职务行为，亦为无权代理行为。另一方面，原告并未出具有效的证据证明，在被告袁某将签订工程内外墙漆交由原告实施前，审查过相关授权委托手续，被告袁某与原告签字确认的结算单上未加盖某建设公司的印章及被告李某某的签字，因此被告袁某的无权代理行为在客观上并未形成具有代理权的表象，被告某建设公司虽系案涉工程承包单位，但工程施工主体众多，故在无其他有效证据进一步佐证的情况下，不能以此作原告相信袁某有代理权的理由，如原告据此

相信被告袁某有代理权，亦系自身疏于审查的过失所致。审理中，原告出具了李某某在涉案工程支付民工工资、租赁费等费用的收条复印件，拟证明被告李某某代表被告某建设公司，本院认为，上述证据材料均系复印件，本院对该组证据的真实性不予采信，即使上述复印件属实也与本案无关联性。故被告袁某的行为不构成表见代理，被告某建设公司、李某某不应承担支付工程款的民事责任。被告袁某将工程内外墙漆交由原告实施，因违反法律、法规强制性规定无效，但涉案工程已竣工验收，且被告袁某在结算单上签字确认，故原告有权向被告主张袁某支付工程款，被告袁某审理中主张对原告的未付款并没有416 032元之多并未出示证据予以证明，故本院确定被告袁某应支付原告416 032元。对原告请求从起诉之日起按照同期银行贷款利率承担利息的诉讼请求，本院认为符合法律规定，予以支持。

三、案件评析

表见代理制度不仅要求代理人的无权代理行为在客观上形成具有代理权的表象，而且要求相对人在主观上善意且无过失地相信行为人有代理权。合同相对人主张构成表见代理的，应当承担举证责任，不仅应当举证证明代理行为存在诸如合同书、公章、印鉴等有权代理的客观表象形式要素，而且应当证明其善意且无过失地相信行为人具有代理权。